U0596452

Public Administration and Public Management Classics

CLASSIC TEXTBOOK SERIES

CLASSIC TEXTBOOK SERIES
公共行政与公共管理经典译丛
经典教材系列
Public Administration and Public Management Classics
“十二五”国家重点图书出版规划项目

非营利组织管理

Managing Nonprofit Organizations in the 21st Century

[美] 詹姆斯·P·盖拉特（James P. Gelatt） 著
（繁体版）张誉腾　桂雅文　等 译
（简体版）邓国胜　等 译

中国人民大学出版社
·北京·

《公共行政与公共管理经典译丛》总　　序

在当今社会，政府行政体系与市场体系成为控制社会、影响社会的最大的两股力量。理论研究和实践经验表明，政府公共行政与公共管理体系在创造和提升国家竞争优势方面具有不可替代的作用。一个民主的、负责任的、有能力的、高效率的、透明的政府行政管理体系，无论是对经济的发展还是对整个社会的可持续发展都是不可缺少的。

公共行政与公共管理作为一门学科，诞生于20世纪初发达的资本主义国家，现已有上百年的历史。在中国，公共行政与公共管理仍是一个正在发展中的新兴学科。公共行政和公共管理的教育也处在探索和发展阶段。因此，广大教师、学生、公务员急需贴近实践、具有实际操作性、能系统培养学生思考和解决实际问题能力的教材。我国公共行政与公共管理科学研究和教育的发展与繁荣，固然取决于多方面的努力，但一个重要的方面在于我们要以开放的态度，了解、研究、学习和借鉴国外发达国家研究和实践的成果；另一方面，我国正在进行大规模的政府行政改革，致力于建立与社会主义市场经济相适应的公共行政与公共管理体制，这同样需要了解、学习和借鉴发达国家在公共行政与公共管理方面的经验和教训。因此无论从我国公共行政与公共管理的教育发展和学科建设的需要，还是从我国政府改革的实践层面，全面系统地引进公共行政与公共管理经典著作都是时代赋予我们的职责。

出于上述几方面的考虑，我们组织翻译出版了这套《公共行政与公共管理经典译丛》。为了较为全面、系统地反映当代公共行政与公共管理理论与实践的发展，本套丛书分为六个系列：(1) 经典教材系列。引进这一系列图书的主要目的是适应国内公共行政与公共管理教育对教学参考及资料的需求。这个系列所选教材，内容全面系统、简明通俗，涵盖了公共行政与公共管理的主要知识领域，涉及公共行政与公共管理的一般理论、公共组织理论与管理、公共政策、公共财政与预算、公共部门人力资源管理、公共行政的伦理学等。这些教材都是国外大学通用的公共行政与公共管理教科书，多次再版，其作者皆为该领域最著名的教授，他们在自己的研究领域多次获奖，享有极高的声誉。(2) 公共管理实务系列。这一系列图书主要是针对实践中的公共管理者，目的是使公共管理者了解国外公共管理的知识、技术、方法，提高管理的能力和水平，内容涉及如何成为一个有效的公共管理者、如何开发管理技能、政府全面质量管理、政府标杆管理、绩效管理等。(3) 政府治理与改革系列。自20世纪80年代以来，世界各国均开展了大规模的政府再造运动，政府再造或改革成为公共行政与公共管理的热点和核心问题。这一系列选择了在这一领域极具影响的专家的著作，这些著作分析了政府再造的战略，向人们展示了政府治理的前景。(4) 学术前沿系列。这一系列选择了当代公共行政与公共管理领域有影响的学术流派，如新公共行政、批判主义的行政学、后现代行政学、公共行政的民主理论学派等的著作，以期国内公共行政与公共管理专业领域的学者和学生了解公共行政理论研究的最新发展。(5) 案例系列。这一系列精心选择了公共管理各领域，如公共部门人力资源管理、组织发展、非营利组织管理等领域的案例教材，旨在为国内公共管理学科的案例教学提供参考。(6) 学术经典系列。这一系列所选图书包括伍德罗·威尔逊、弗兰克·约翰逊·古德诺、伦纳德·怀特、赫伯特·A·西蒙、查尔斯·E·林德布洛姆等人的代表作，这些著作在公共行政学的发展历程中有着极其重要的影响，可以称得上是公共行政学发展的风向标。

总的来看，这套译丛体现了以下特点：(1) 系统性。基本上涵盖了公共行政与公共管理的主要领域。(2) 权威性。所选著作均是国外公共行政与公共管理的大师，或极具影响力的作者的著作。(3) 前沿性。反映了公共行政与公共管理研究领域最新的理论和学术主张。

在半个多世纪以前，公共行政大师罗伯特·达尔（Robert Dahl）在《行政学的三个问题》中曾这样讲道："从某一个国家的行政环境归纳出来的概论，不能够立刻予以普遍化，或被应用到另一个不同环境的行政管理上去。一个理论是否适用于另一个不同的场合，必须先把那个特殊场合加以研究之后才可以判定"。的确，在公共行政与公共管理领域，事实上并不存在放之四海而皆准的行政准则。按照建设有中国特色的社会主义的要求，立足于对中国特殊行政生态的了解，以开放的思想对待国际的经验，通过比较、鉴别、有选择的吸收，发展中国自己的公共行政与公共管理理论，并积极致力于实践，探索具有中国特色的公共行政体制及公共管理模式，是中国公共行政与公共管理发展的现实选择。

本套译丛于 1999 年底由中国人民大学出版社开始策划和组织出版工作，并成立了由该领域很多专家、学者组成的编辑委员会。中国人民大学政府管理与改革研究中心、国务院发展研究中心东方公共管理综合研究所给予了大力的支持和帮助。我国的一些留美学者和国内外有关方面的专家教授参与了原著的推荐工作。中国人民大学、北京大学、清华大学、厦门大学等许多该领域的中青年专家学者参与了本套译丛的翻译工作。在此，谨向他们表示敬意和衷心的感谢。

《公共行政与公共管理经典译丛》编辑委员会

译者前言

以往，学者们将社会划分为政府和市场两个部分。然而，20世纪80年代以来，随着非营利组织在全球范围内的勃兴，一个健康、完整的社会则被看成是由政府、企业和非营利组织构成的“三足鼎立”。如果说政府构成了行政资本，企业构成了市场资本，那么非营利组织则构成了社会资本。无怪乎一些学者惊呼，21世纪将是社会部门的世纪。

伴随着全球化的浪潮，中国的非营利组织也开始迅速成长。除了以往的社会团体、民办非企业单位以外，大量的事业单位也正在逐步分化为非营利组织，例如非营利的医院、非营利的学校和非营利的科研机构。然而，非营利组织毕竟是一个刚刚从西方引进的概念，人们对这一领域还非常陌生，特别是实际部门在改革过程中遇到了许多疑惑，最常见的问题就是：作为一个非营利组织究竟应当如何管理？它与传统的管理方式有什么区别？这些问题都亟待回答。

虽然早在20世纪80年代国内就有学者关注非营利组织，但是那时多是从政治经济学、社会学的角度切入，关注的是非营利组织的形成、作用及其与国家、市场的关系等基础理论层面的东西，而应用层面的研究几乎没有。直到最近几年，特别是国内开展MPA教育以后，人们才开始意识到公共管理不仅包括政府部门的管理，也包括非营利组织的管理。由此，国内从管理学、组织学角度对非营利组织的研究才有所进展，但有关非营利组织管理方面的著述仍然少之又少。

詹姆斯·P·盖拉特教授所著的《非营利组织管理》一书是当代美国非营利组织管理著作中较为经典的一部。盖拉特教授在导言中从宏观上对非营利组织进行了分析，开门见山地指出了非营利组织管理过程中的十大难题，同时也总结了优秀非营利组织的五个特征。随后，盖拉特教授分十二章对非营利组织管理的方方面面进行了详尽的阐述。

全书从非营利组织的使命出发，不仅论述了使命对于非营利组织的重要性，更详细具体地为读者剖析了如何确定组织的使命，并重点分析了 21 世纪影响非营利组织的十个影响因素。

有了使命之后，非营利组织接下来要做的工作就是制定组织的战略规划。而有了战略规划之后，就需要付诸行动。盖拉特教授分三章详细阐述了非营利组织行动的三个关键环节：营销、公共关系和募款。

随后，全书用了较大的篇幅介绍非营利组织内部管理的核心要点：财务管理、人力资源管理、管理沟通、董事会与员工、志愿者管理。

可以说，以上这些方面都是非营利组织的管理人员在实际工作中可能要遇到的难题。而盖拉特教授结合自己丰富的理论与实际工作经验给出了许多有益的解决方案。盖拉特教授是美国马里兰大学经营管理研究所的所长，同时兼任了多家非营利组织的秘书长，也是许多非营利机构的咨询顾问。正是由于丰富的职业经历，才使得作者在写作过程中游刃有余。全书不仅深入浅出、通俗易懂，而且给出了大量的案例，生动活泼，具有可操作性。可以说，这是一本不可多得的好书，无论是对于刚刚参与非营利组织管理工作的人员、刚刚接触非营利组织管理知识的学生，还是对于国内资深的非营利组织管理人员、非营利组织管理的研究人员，本书都值得一读。

需要说明的是，原书最初在喜玛拉雅研究发展基金会的资助下由台湾五观艺术管理有限公司于 2001 年翻译出版。考虑到繁体版中的很多用词造句，甚至专业术语与简体不一样，再加上繁体版是由十位译者翻译而成的，前后有一些不统一的地方，因此中国人民大学出版社的刘晶女士提出为了更好地满足大陆读者的需求，能否重译或将繁体版译为简体版。在阅读完繁体版译本之后，我自觉台湾的几位同仁翻译的质量较高，我正确的选择就是在对照原书的基础上将繁体版转译为简体版，以便于大陆的读者更好地阅读和理解本书。

繁体版译本的前言由张誉腾翻译，第 1 章、第 9 章由桂雅文翻译，第 2 章由李港生翻译，第 3 章、第 12 章由戚伟恒翻译，第 4 章由郑纯宜翻译，第 5 章、第 11 章由高映梅翻译，第 6 章由郑惠玲翻译，第 7 章由周怡君翻译，第 8 章由黄于峻翻译，第 10 章由陈丽如翻译。而繁转简的前言、第 1 到第 3 章由邓国胜完成，第 4 到第 9 章由李卓完成，第 10 到第 12 章由孙宁完成。最后全书由邓国胜审校。

喜玛拉雅基金会江显新秘书长、高永兴副秘书长、中国人民大学出版社刘晶女士、责任编辑曹沁颖女士、台湾五观艺术管理有限公司桂雅文女士为简体中文版的出版付出了许多艰辛的努力。我相信，这些努力对于正在转型的中国事业单位、社会团体和民办非企业单位以及这些非营利机构的政府管理部门，中国非营利机构的管理人员和中国 MPA、MBA 的教育而言，都是非常值得的。而在繁转简的过程中，如有不当之处，还请读者批评指正。

邓国胜

目　录

导言：未来十年管理人应该知道的事 ………………… 1
0.1　非营利世界：新的洞悉……………………… 1
0.2　管理者不知道的事…………………………… 2
0.3　新世纪的管理模式…………………………… 2
0.4　营利与非营利：一些指导性原则………… 3
0.5　非营利组织领导人的十大共同问题……… 3
0.6　什么是管理…………………………………… 6
0.7　非营利组织的学习标杆……………………… 7
0.8　本书内容摘要………………………………… 8

第1章　使命：目标意识………………………………… 10
概要……………………………………………………… 10
1.1　美国女童子军协会的例子 ……………… 11
1.2　明确地加以陈述，是了解使命的要诀 ……………………………………… 11
1.3　你的组织真的需要一个使命吗？ ……… 12
1.4　创造愿景 ………………………………… 13
1.5　使命陈述：一些精彩的例子 …………… 15
1.6　十个会影响使命的趋势 ………………… 16
1.7　后续几章重点 …………………………… 19
结语：催化变革……………………………………… 20

第2章 非营利组织战略规划指南 …… 21
概要 …… 21
2.1 战略规划的定义 …… 22
2.2 成功的战略规划 …… 24
2.3 战略规划与行动计划的比较 …… 25
2.4 战略规划的重要步骤 …… 26
2.5 计划的准备 …… 29
2.6 选择适合组织的计划 …… 31
2.7 了解及使用新信息 …… 31
2.8 让计划切实可行 …… 33
2.9 系统思考 …… 34
结语 …… 35

第3章 非营利组织的营销 …… 36
概要 …… 36
3.1 买只大肥猪 …… 36
3.2 营销与非营利组织 …… 37
3.3 营销的几个趋势 …… 38
3.4 你的组织是市场导向的吗? …… 40
3.5 展开营销活动 …… 41
3.6 是否该成立营销总部? …… 43
3.7 在非营利组织中进行市场研究 …… 43
3.8 组织的相关利益群体有哪些? …… 45
3.9 市场细分 …… 46
3.10 营销失败的十大原因 …… 46
3.11 撰写业务计划 …… 47
3.12 将营销原理应用在募款活动上 …… 48
3.13 营销与公共关系 …… 50
总结 …… 50

第4章 公共关系:组织的自我营销 …… 52
概要 …… 52
4.1 公关……不只是发新闻稿而已! …… 52
4.2 适当的称谓 …… 53
4.3 建立公关策略 …… 53
4.4 组织形象定位 …… 54
4.5 塑造组织形象 …… 55

4.6　确立组织出版物的标准格式 …… 56
4.7　你的组织适合使用计算机排版、出版吗? …… 56
4.8　组织给人的印象 …… 58
4.9　如何雇用并管理优秀的公关人员 …… 59
4.10　管理公关部门 …… 62
4.11　上报纸、上节目 …… 64
4.12　21 世纪的公关趋势 …… 66
最后的建议 …… 67

第 5 章　成功的募款 …… 69
概要 …… 69
5.1　募款究竟是艺术、科学，还是骗局? …… 69
5.2　21 世纪的募款趋势 …… 70
5.3　募款方法的优点与难处 …… 72
5.4　营销与募款 …… 79
5.5　小型非营利组织的经费筹募 …… 79
5.6　开拓资源四部曲 …… 80
5.7　聘请募款高手 …… 81
5.8　洞悉最佳募款时机 …… 85
5.9　非营利组织的秘书长在募款计划中担任的角色 …… 87
5.10　资助动机是什么? …… 87
总结 …… 88

第 6 章　非营利组织的财务管理 …… 90
概要 …… 90
6.1　财务术语 …… 91
6.2　现金会计原则与权责会计原则 …… 93
6.3　会计账户表：记账 …… 94
6.4　借方和贷方 …… 96
6.5　预算的编制和使用 …… 96
6.6　基金会计 …… 99
6.7　独立审计 …… 100
6.8　董事会对组织的财务报表有何问题? …… 101
6.9　向捐赠者提交财务报告 …… 102
6.10　作最坏的打算 …… 104
6.11　财务功能自动化 …… 105
6.12　小型非营利组织的特别策略 …… 106
总结 …… 107

第 7 章　人力资源管理：建立卓越的工作团队 …… 109
概要 …… 109
7.1　什么是管理：七项原则 …… 109
7.2　如何做好绩效管理 …… 110
7.3　授权的艺术 …… 113
7.4　如何激励员工 …… 115
7.5　激励与士气 …… 116
7.6　管理风格 …… 117
7.7　管理或领导 …… 121
7.8　新世纪高效管理人的任务 …… 123

第 8 章　沟通：在你的组织中创建知识产业 …… 127
概要 …… 127
8.1　良好的沟通需要高度的努力 …… 128
8.2　沟通的价值是什么？ …… 129
8.3　培养倾听的艺术 …… 130
8.4　你是一个好的倾听者吗？ …… 131
8.5　倾听的策略 …… 131
8.6　六个建立良好沟通气氛的步骤 …… 132
8.7　公开演讲 …… 133
总结 …… 137

第 9 章　如何开个有成效的会 …… 139
概要 …… 139
9.1　关键角色和任务 …… 140
9.2　高效率会议的主持技巧 …… 142
9.3　高效率会议的秘诀 …… 144
总结 …… 145

第 10 章　董事会与员工：走向伙伴关系 …… 146
概要 …… 146
10.1　真实故事一则 …… 146
10.2　关于董事会与员工的二三事 …… 147
10.3　怎样才算健全的董事会？ …… 147
10.4　角色与责任 …… 148
10.5　职责补充说明 …… 149
10.6　董事会遴选标准的制定 …… 150
10.7　董事会的方针 …… 150

10.8 加入董事会之前需要考虑的问题 …… 151
10.9 通过工作职责阐述董事会的角色与责任 …… 153
10.10 促使董事会募款 …… 154
10.11 遴选秘书长并评价其工作表现 …… 156
结语 …… 157

第 11 章 志愿者 …… 159
概要 …… 159
11.1 志愿者“市场” …… 159
11.2 志愿者角色 …… 160
11.3 志愿行为的动机 …… 161
11.4 志愿者制度：相关的趋势 …… 161
11.5 志愿者的重新定位 …… 164
11.6 成立有作为的委员会 …… 165
11.7 肯定志愿者的奉献 …… 174
结语 …… 175

第 12 章 保持竞争优势：管理学院学不到的实务 …… 177
概要 …… 177
12.1 打造职业生涯的阶梯 …… 177
12.2 追求成长的机会 …… 178
12.3 面对身心疲惫的挑战 …… 179
12.4 想想人生的目标 …… 180
结语 …… 181

作者在本书中所提到的非营利组织网站索引 …… 183
索引 …… 185

导言

未来十年管理人应该知道的事

2000年的到来引起了世人的关注。热闹非凡的媒体一再提醒我们，这将是一个与过去迥然不同的崭新世纪，人类的生活也将有大幅度的改变。

为什么人们如此关注21世纪呢？部分是因为这将是一个新的时代；部分是因为21世纪已无可置疑地迈入“信息的时代”。计算机科技的进步，使得信息数量呈几何级数增长。面对如此繁多的信息，我们目不暇接。另一个更重要的原因则是在美国和世界各地所发生的一些戏剧性的变化。这一戏剧性的变化就是“非营利组织”（或称“独立部门”、“第三部门”）的勃兴。

0.1 非营利世界：新的洞悉

法国史学家托克维尔（Alexis de Tocqueville）在1830年访问美国时，曾注意到美国社会中所发展出的独特的志愿者制度和志愿精神，他对美国人不满于所有事务都由企业（第一部门）或政府（第二部门）垄断的观念，深感惊讶。在迈入21世纪的今天，美国的这个优良传统不仅依然存在，而且日益发扬光大；企业管理和营销大师彼得·德鲁克（Peter Drucker）先生，在晚年就认识到非营利组织的活力与专业化的趋势，并大力赞扬它在当今社会的重要价值。

虽然如此，但并非所有的人都能熟悉并理解非营利组织领导

人所需具备的技巧。企业界的老板们常消遣那些在非营利组织上班的同仁，说他们
Ⅷ “不够细致、没有效率、不可靠而且薪水又少得可怜！”[1]在街上随便找个人，问问他对非营利组织的看法，通常你会得到这样的回答：“如果你想找一位优秀管理人，到企业里找吧，因为他才能帮你完成目标。而非营利组织里的人，大部分是一些缺乏资质和冲劲而无法继续在企业界冲刺的人；他们有心做善事，但通常也是一些要求不多，容易满足现状的人。”

不幸的是，这种负面的印象，也经常存在于一些在非营利组织工作的人的心里。一位退休的基金会秘书长就曾写道：“非营利组织，常常是由一群完全没有管理理念的人在运作。”[2]

以上这些人对非营利组织管理人的负面看法，在几年前可能还有点道理，但是在今天，如果还固守这样的看法，可能就太离谱了。事实上，不管是营利还是非营利组织，都需要与时俱进。20 世纪 80 年代美国企业界兴起一股向日本学习的风潮，正可作为注释。本书将通过一些案例，说明非营利组织逐步精进的情况及其当前的管理理念。

0.2 管理者不知道的事

事实上，无论营利组织还是非营利组织的专业管理者，通常都缺乏几项基础的技能和知识。以下是我们以一些管理人为对象所进行的一项名为“管理者 IQ 测验”的调查成果：

- 50%的管理者不懂得：“人们的行为一旦受到奖赏时，会倾向于重复这样的行为。”
- 60%以上的管理者认为：“夸奖部属的功劳是不太适宜的。”
- 7%～10%的管理者不相信：“解决抱怨的方法是寻求一个双方都能满意的解决方案。”
- 8%～10%的管理者不知道：“绩效管理并不是建立在一般性观察的基础上，而是需要有个明确的目标。”[3]

0.3 新世纪的管理模式

本书内容将涵盖 21 世纪非营利组织所面临的重要议题与发展趋势，它对非营利组织的管理人将会有重要的启示。21 世纪在人口结构、价值观、医疗健康、教育政策、科技发展等层面上的变革，对非营利组织的结构和管理也将会有巨大的影响。21 世纪的管理人的形象，将与 20 世纪 70 年代或 80 年代的管理者截然不同。
Ⅸ 虽然有些管理上的观念是永恒不变的，但是有些在 20 世纪 80 年代非营利组织中行得通的事，今天可能就值得反思。

0.4　营利与非营利：一些指导性原则

以下是本书所遵循的三大基本准则：

1. 非营利组织与营利企业的本质差别。

我们必须承认，非营利组织与营利组织的界限有时是相当模糊的。举例来说，有许多企业纷纷投入高利润的健康医疗事业，与此同时，许多非营利的健康医疗机构也开始谈起如何建立类似于“盈利中心”的部门。虽然如此，营利性健康医疗机构与非营利性健康医疗机构在组织和功能上仍然有明确的界限。

非营利性健康医疗机构存在的目的，是为了向公众提供服务，或者是为了实现某一主张，并且为了成功地达到这个目的，它们必须在财务上创造盈利，否则就难以为继。

营利性的健康医疗机构的存在，是为了创造财务上的利润，为达此目的，它们就必须满足特殊对象的需求。

换而言之，在营利机构，创造财务上的利润，是一种目的，而在非营利组织，它则是一种手段。

2. 虽然彼此性质不同，非营利组织仍然可以从营利组织学到很多东西。

非营利组织的使命与营利组织有别，但是如果它有时也能够以营利组织的角色来看事情，就有比较多的成功机会。

3.“非营利”一词所涵盖的内容十分广泛。

非营利组织的范围很广，从宗教组织到环境保护团体，从全国性的大型商会和专业团体到小型的、地方性的甚至社区组织都有。尽管其间差异性很大，但是作为非营利组织，它们所面临的一些问题仍有共同之处。下面是我整理出来的十个主要问题。

0.5　非营利组织领导人的十大共同问题

如果从概率上来说，非营利组织的管理在某些阶段可能会比较轻松，但是，几乎每一个非营利组织都正面临或在未来发展的某些时候不得不面临以下十个问题：

1. 一些非营利组织需要不断地处理危机和应付紧急事件

这个问题通常会以不同的借口和许多不同的形态出现，例如：

● “我们根本没有时间去做计划。我们忙得只要能把手边工作做完，就谢天谢地了。”

● “哪有必要写计划书？那根本是没人看的东西；一旦有紧急的事，计划书就扔到一边去了！你看着吧！新的董事长一上任，什么事不都是又再从头来过？”

● “计划当然是好事啦。但是，每天柴、米、油、盐，谁管？这恐怕才是最现实的吧!"

● "能领到下月的薪水已经不错了! 做未来三年的计划? 我看免了吧!"

这些问题的形态和借口都不相同，但都来自同一根源，那就是：这个非营利组织对它未来五年想做什么并没有明确的想法。事实上，这是可以避免的。本书第1章"使命：目标意识"中，将让读者了解非营利组织使命的重要性以及如何撰写使命。在第2章"非营利组织战略规划指南"中，则会教导读者如何定位和制定一个可行性较高的计划。

2. 非营利组织通常忘了"要从大处着眼"

这个问题可能以下列的方式出现：

● "未来几年有哪些事情会影响我们的机构? 我们又怎么会知道呢?"

● "眼前的计划零零碎碎，哪有什么重点或主题可言?"

● "我们只是一个劲地做，哪里还有时间想到后果，所以，有时结果出来后，我们自己也很意外!"

● "我们需要一个更好的决策方式。"

"系统管理"(systems management)是规划中最有趣的议题之一，它能帮助我们了解各种决策和行动路线的可能后果，本书第2章对此有所涉及，并有助于读者了解决策过程。

如果要对组织目标有清晰的认定，非营利组织就必须知道：它为哪些对象服务? 他们的需要和期待是什么? 如何满足他们的需要和期待? 换言之，我们必须从
XI 营销的角度来思考事情。在本书第3章里为读者提供了这方面的相关管理工具。

3. 所在社区通常不了解非营利组织在做什么

通常，距我们仅有几步之遥的人们都不知道我们在干什么，更别说我们所在的社区了。非营利组织无法通过直接邮件更好地募集资金，一个简单的原因是我们没能让人们更好地了解我们。如果人们没有向我们捐款的理由，我们又怎么能够责怪他们不支持我们的工作呢? 新闻媒体对我们的支持也好不了多少。让媒体刊登我们的消息是一件非常困难的事情。它们整天关注的是城市中的枪击事件，谁枪杀了谁，谁该对此负责等诸如此类的事情。问题是我们该如何吸引它们的注意力呢?

媒体总是偏爱所谓的"重要新闻"，这是一个不争的事实。而我们应当如何提高自己的知名度呢? 本书第4章将提供一些这方面的技巧。

4. 非营利组织通常为钱所累

有谁不需要更多的钱呢? 很难想象会有一个非营利组织由于有充足的资金而决定缩减它的筹款计划。(实际上，也有一些这样的组织，如一个名为"男儿镇"的非营利组织，每次当这个组织的画面出现在电视上时，它就能收到很多的捐款。因为募集了很多钱，所以不得不开发新的项目。当然，该组织现在又在为新发展的项目募款，如同其他非营利组织一样。)

令人欣慰的是，事实表明，无论处于什么样的经济环境(即使是经济萧条时)，只要有好的募款计划，就能够筹集到源源不断的资金。第5章我将讨论如何建立和管理一个高效的筹款办公室。

5. 非营利组织的财务记录通常非常混乱

> 我们通常很难掌握到底花了多少钱，募款成效如何，哪些地方可以再节约一些经费。会计部门的报表通常只有它们自己才看得懂，我们因此也很难向资助人交代，向他们解释说他们的赞助到底用到哪儿去了。

在非营利组织里，像这样的抱怨经常可以听到。如果说存在一个所有的非营利组织管理者都遇到的难题，那就非财务问题莫属了。如何看懂财务报表，是所有非营利组织的管理人都必须解决的问题。本书第 6 章将告诉你如何看懂财务报表，它也将深入浅出地介绍一些管理财务和做财务报告的技巧。

6. 非营利组织通常很难吸引或留住人才

如何留住肯干又能干的人才，是所有非营利组织面临的严重挑战。这样的人才 XII
在计算机、法律、医药等营利组织中，有愈来愈多的发展机会，因此非营利组织常常遇到人才流失的问题。与此同时，也有愈来愈多的人开始认识到传统价值的重要性，他们并不把赚钱当做人生的最优目标，而是希望自己能有所创新，对社会有所贡献。

因此，21 世纪的非营利组织，必须了解人口统计、个人和家庭价值观的变化趋势，同时，也要了解人们为之努力的原因，以便发展出相应的激励机制，本书第 7 章将提供这方面的信息，告诉你如何聘用与留住人才。

7. 非营利组织内部的沟通通常很糟

> 非营利组织的通病之一，是甲部门通常不清楚乙部门在做些什么，即使它们所从事的工作密切相关，情况似乎也好不到哪儿去。在非营利组织里我们经常开会，但是会议时间不是太长就是过短，或者是争吵激烈，以至于机构的工作人员毫无沟通可言。非营利组织的内部沟通情形尚且如此，也难怪它们无法和社会大众沟通。

随着非营利组织规模的扩大，通常内部沟通会愈来愈困难，但是，这并不表示机构还小时，就不存在沟通问题。本书的第 8 章和第 9 章将通过实例告诉你作为一个非营利组织的管理人应如何改善沟通不良的情况，并使会议更有效率。

8. 非营利组织的董事会通常是“该管的不管，不该管的管一堆”

> 我们的志愿者董事们几乎什么都要管，从墙壁应该漆什么颜色，到应该聘用什么人，他们都发表意见，他们要求我们提供有关活动、财务或新计划的月报，有时连买什么型号的计算机也要追问。
>
> 但是，这些董事们却不帮助我们去了解组织所在的社区，不告诉我们应该向哪个政府部门寻求赞助或如何去找一个合适的办公地点。他们也不能为我们提供机构未来十年的发展规划，像这样的董事有什么用？

上述问题并没有现成的答案。但是，在本书第 10 章里将讨论其中的一些议题 XIII
并提供一些可能的解决方案。

9. 非营利组织愈来愈难找到志愿者

正如后边在讨论影响非营利组织的一些趋势中所提到的，我们越来越难招募和留住好的志愿者。这包含以下几个问题：非营利组织需要了解自身的属性或志愿者属性的变化，并了解志愿者真正想加入什么样的非营利组织。成功的非营利组织不仅要做好招募工作，还要做好对不同层次的志愿者的训练和培养工作。

第 11 章提供了一些对志愿者属性变化的理解，并且提供了一些在你的组织中建立成功的志愿者团队的技巧。

10. 非营利组织的员工筋疲力尽

筋疲力尽是许多非营利组织工作的大敌。的确，需要做的事情太多，人手太少；挫折太多，酬劳太少。在某些工作中，例如照料和抚养残障儿童，扶助贫困潦倒的成年人等工作，筋疲力尽几乎是难以避免的。然而，在这种情况下，仍然会有个别人始终如一地保持着最初的热情和承诺。

我们将在第 12 章讨论这一问题。有一些方法能够使非营利组织的员工保持高昂的斗志，从而解决“筋疲力尽”的问题。同时，还将探讨进一步帮助员工成长的措施。

0.6 什么是管理

管理大师彼得·德鲁克先生在其著作《新现实》（*New Realities*）一书中，详尽说明了管理的一些准则，下面列举其中与本书内容相关的部分：

1. 管理是与人有关的一门学问。

如何使人们共同参与，强化其优点，减少其弱点，使之能有效率地一起工作，这是管理的要旨。

XIV 2. 有效的管理和社会的文化密不可分。

换言之，管理风格必须和文化环境相互契合。

3. 管理的首要任务，是创建一个可以共同为之献身的目标。

清晰的目标，是鉴别一个组织是团队还是乌合之众的标准，详见第 2 章。

4. 环境是不断变化的。

为了实现组织理想，我们必须与时俱进，随着社会变迁而改变。管理的任务是要使员工们能持续不断地成长，提升他们的工作技能。本书将专辟一章来谈谈员工培训的问题。

5. 几乎每一个组织都有不同性格的人、不同的工作技巧和不同的工作形态。

要让大家都动员起来，需要有效的沟通。

6. 衡量成功，不能仅靠财务账面的盈亏。

非营利组织要时时问自己：

- 我们有没有创新的能力？
- 与竞争者相比，我们是输还是赢？
- 我们所做的是否符合我们的使命？

7. 衡量成功最好的方法，就是问：“我们是不是满足了被服务者的需求？”[4]

0.7 非营利组织的学习标杆

上文列举了一些非营利组织经常面临的问题，但这并不表示所有的非营利组织都已病入膏肓。事实上，有许多文献也罗列了大量表现十分优异的非营利组织，以下五项是它们经常会被提到的特色：

清楚的使命感

美国独立部门（Independent Sector，由全美非营利组织和主要基金会共同组成）的一项调查显示，要成为卓越的非营利组织，首要条件就是要有“清楚的使命感，以便上至董事会下至全体员工都能据此凝聚共识，全力投入”。[5] 清楚的使命
感是建构长期性策略的基础，它为机构成员指引工作的方向，使整个机构能形成一 XV
体，朝共同目标前进，这可以说是组织成长演化的原动力。

有力的领导人

具有清楚的使命却无有力的领导人的非营利组织，就好像一条船有了航行图却没有称职的船长一样。卓越的非营利组织在董事会和员工层次，都需要有力的领导人。秘书长和董事会领导彼此观摩并朝共同目标前进，如此一来，机构的职员或志愿者才能有所遵循。为这样的机构工作，就不仅仅是进行一项工作或占据一个荣誉的职位而已，它还能让我们有一种乐于为之献身的感觉。

专业的管理

除了那些规模很小或创立时间很短的非营利组织之外，职员和志愿者的角色定位是来自于对机构使命的贯彻与完善的管理。“全国复活节图章社会”（National Easter Seal Society）的前总裁葛理森说过：“过去，有些在非营利组织工作的人，总以为只要我们做好事，遇到困难时交给上帝就行了。但是，现在大多数人都已认识到仅仅有热心做好事是不够的；我们还必须有专业的精神，否则就会遭到淘汰。”[6]

非营利组织不是以利润为导向的事业，但正因为如此，它们更需要有完善的管理。在 21 世纪来临时，专业管理的重要性将日益突出。

职员和志愿者间互信互重

“秘书长和董事会，是一种互信互重的关系”。[7] 同样的关系也存在于志愿者和

全职工作人员之间。这两者要能相互了解对方的长处，并敞开胸襟，勤于沟通。

健全的财务管理

XVI 成功的机构必然有健全的财务，募款是所有机构不可或缺的环节，也是所有员工和志愿者的责任。机构名声越好，越能争取到赞助。要让赞助者了解到他们所捐助的资金都有完善的记录，同时这些资金都被谨慎地使用。

0.8 本书内容摘要

- 使命
- 领导
- 管理
- 专业
- 财务健全

以上五大准则是本书的核心，也是贯穿本书的中心思想。本书的目标读者首先是资深的管理人（董事长、秘书长、部门主管或相当职位的资深管理者），但是，对于那些期望担当这些职位的人或想了解卓越的非营利组织究竟需要哪些特性的资浅管理人，本书的内容也将大有裨益。

如果你平常的工作非常忙碌，但是又想了解甚至精通非营利组织的重要议题，这本书就是专门为你而写的！

我在每一章的开头特别整理出该章的概要。一方面可以让你在进入每一章前，先有一个整体概念，另一方面可以供你在事务繁忙时，也能在短短几分钟内抓住该章的重点，并决定哪一部分可以跳过，哪一部分则要细读。

非营利组织在社会中一直扮演着重要的角色，但是它们的地位将在21世纪显得更加重要。我预言在未来十年内，一些最卓越的非营利组织将会成为带动潮流的先锋，并在领导、组织和创新方面成为其他非营利组织甚至营利组织的典范。

我深深期待，你所服务的非营利组织也能成为其中的一员。

注释

[1] (No author), "Perception Lags Behind Reality," *Association Management*, 42 (February 1990): 34. XVII

[2] Thomas Wolf, *The Nonprofit Organization: An Operating Manual* (New York: Prentice Hall Press, 1984), v.

[3] (No author), "What Managers Don't Know," *Communication Briefings*, 8 (no date): 1.

[4] Peter F. Drucker, *The New Realities: In Government and Politics, In Economics and Business, In Society and World View* (New York: Harper & Row, 1989), 228-231.

[5] “Profiles of Excellence：Studies of the Effectiveness of Nonprofit Organizations,” Executive Summary (Washington, DC：Independent Sector, 1989), 3.

[6] John Byrne, “Profiting from the Nonprofits,” *Business Week*, 3151 (no volume) (March 26, 1990)：67.

[7] “Profiles of Excellence,” 11.

第 *1* 章

使命：目标意识

1 如果你不知道自己想到哪里去，每一条路都会带你到那里。

——无名氏

概要

作为一位船长，有两件事是必须知道的；第一，他必须知道这条船要开到哪里去。第二，他必须知道怎样才能开到那里。对非营利组织而言，所谓“使命”指的是船长该知道的第一件事；所谓“计划”则指的是第二件事。

本章首先将举一个实例，说明一个原本岌岌可危的非营利组织，在彻底检讨机构的使命之后，如何重新焕发活力并逐步成为全国非营利组织的佼佼者。以此为例，本章将阐明“使命”的作用，以及将使命陈述为书面文字的重要性。同时，还将提供一些值得参考的“使命陈述”。另外，本章也将提供必要的工具，告诉你如何在计划过程中去塑造组织的愿景。在本章结语中，将探讨影响非营利组织使命的一些重要趋势，以及如何让非营利组织独具特色的一些建议。

什么是使非营利组织出类拔萃的秘诀？为什么有些非营利组织总是知道要做“正确”的事情？而另一些非营利组织则似乎像无头苍蝇一样，总是找不到方向？一个杰出非营利组织的主要特征是：它具有明确界定的，并且为所有成员认同和珍惜的使命。

1.1　美国女童子军协会的例子

当弗朗西斯·赫瑟尔本（Frances Hesselbein）接任美国女童子军协会（Girl Scouts of America）全国秘书长时，正值它的业务逐渐走下坡之际。这个组织的多数成员来自白人中产阶级家庭，然而由于当时的美国已转型为一个多元文化的社 2
会，所以它不管在吸收新会员还是寻找志愿者领袖时都遇到许多困难。

于是赫瑟尔本自问：“美国女童子军协会的核心业务应该是什么？究竟谁是我们的顾客？他们所重视的价值又是什么？”[1] 为了解答这些问题，赫瑟尔本重新思考美国女童子军协会的定位。她认为美国女童子军协会既非一个争取女权的团体，也非一个宗教信仰或以沿门兜售物品为业的廉价劳力组织，而应该是一个“帮助女孩或年轻妇女发挥潜能”的组织。赫瑟尔本认定这就是它使命之所在。

以这个明确界定的使命为焦点，赫瑟尔本提出了新的战略规划，为美国女童子军协会构思了许多新的工作方向和计划，并在相当短的一段时间之后，使该协会得以重整旗鼓，蓬勃发展为一个十分成功的非营利组织。

使命是非营利组织成败的关键，本章下面各节将深入探讨这个主题。至于战略规划，则是在组织有了明确界定的使命之后，才能逐步发展的东西，我们在下一章里才会对此有所论述。

1.2　明确地加以陈述，是了解使命的要诀

人们在从事规划工作时，常常会忽视使命的重要性，认为不值得为它花太多时间。下面是常听到的说法：

“我们不是都已清楚这个组织的目标了吗？为什么不直接进行规划工作，而要把时间浪费在这上面呢？”

“为什么要用一两句话来表达机构的‘使命’呢？我们所做的重要事情何止这些？怎么可能用一两句话说得清楚呢？”

“暂时把使命搁在一边，让我们先动手计划吧！只要做一阵子以后，我们就自然清楚使命何在了。”

千万要避免被以上说法所惑；一个机构在从事计划的过程中，即使其他的都一事无成，只要能够形成对使命的共识，就已经是一个最大的成功！

● 一个组织的使命乃是其命脉之所在

当有人问起“你的组织到底是做什么的”时，整个组织上上下下应该都有一致的看法。试想如果有赞助者问到这个问题而却获得不同答案时，他会赞助你们吗？ 3
接下来要做的是：想办法把组织的使命浓缩为一句话，或最多两句话。如果你做不到，那表示本组织的使命还不够明晰，或者是它想做的事情太多了！

● 有了明确界定的使命，才会有明确界定的目标

当一个机构开始尝试去明确分析它的使命时，就会发现不同的成员会有不同的看法。可以理解的是，这些看法通常也反映了他们的偏见和喜好。因此，最好的方式是明确地将使命写出来。

● 使命陈述必须能激发人们的参与

使命应该以一种能引起人们注意的方式加以叙述，一个好的使命陈述会产生下面的效果："对啊！这就是在说我们嘛，我们是这方面最领先的……我们是这方面最大的……我们是这方面唯一的……不仅如此，我们还会成为这方面最……的"。换个说法，一个好的使命陈述必须能在组织同仁或志愿者心目中激起一种豪气，并能激起外人对这个组织的好奇心。

1.3 你的组织真的需要一个使命吗？

一个组织如果不能了解自己的使命，它的命运是颇令人担忧的。让我们举个例子；在美国，美国铁路公司曾一度是个蓬勃的大企业，但是由于决策者未能以一个较宽广的角度去理解此企业自身的使命，导致了它今天的没落。事实上，它当时如果能仔细思考，并了解到铁路其实并非只是一个狭义的"运输"（freight）工具而应该是一个广义的"交通"（transportation）工具，美国铁路公司是有机会像今天欧洲或日本的铁路公司一样发达的。

另外，更值得注意的例子是美国的教育系统。从一开始，美国的学校就被公认为成效显著的机构。这部分是因为它与家庭、教堂和家庭医师形成了有效的互补，而后两者均是美国社会的中坚角色。学校、教堂和家庭形成了塑造健全国民的铁三角，彼此紧密结合，并具备共同的价值理念。然而，当社会逐渐复杂、多元化并且更富灵活性时，学校教育系统的责任也随之加重了。其结果是学校开始面临一些前所未有的挑战，下面就是这些挑战：

● 传统美国家庭（双亲、一个在家、至少有两个孩子、一套独立的房屋）的情况已大大改变了；现在的美国家庭只有半数是这样的形态。

4 ● 上教堂的美国人已大大减少了。

● 家庭医生已为医疗保健系统（health care system）所取代，而后者的覆盖面远不如前者。

用一个简单的比喻来说，20 世纪 50 年代的美国，老师所面对的是在一个大讲堂上如何应付教学、如何应付嚼口香糖的学生、如何应付经费匮乏、如何处理学生能力不同等问题。而今天，他们所要面对的则是未婚怀孕、校园毒品、暴力以及经费匮乏（这点倒是没什么改变）等问题。

如果教育系统能及早关注社会的变化趋势并且未雨绸缪，它们就可以重塑更为宽广的使命，并让自己成为社区的焦点。想象这样一个学校：它可以同时对儿童和成年人开放；它既是教育也是医疗保健系统的一环；它既可以为单亲父母分忧，也

可以照顾老年人白天的需要，同时还能担负职业中介的角色。像这样的学校，就能在社区生活中扮演枢纽性的角色，而且本身就可以算是一个社区了。

当然有人会质疑以上的看法，然而我想说的是，通常人们总是青睐于审视社会趋势的变化，但是他们却没有事先想想：“到底学校应该或能够扮演什么角色?”因此，每当事到临头时他们就会显得手忙脚乱，因为没有一个完备而可以应对环境变化的使命。

对所有非营利组织而言，审视人口统计学及其他社会趋势的变化，随时据此调整组织的使命，是管理阶层最重要的责任。关于社会趋势的变化，下章中还会再详细讨论。

1.4　创造愿景

你的组织是否出现类似以下的情况[2]：

> 整个组织基本上不缺好的点子。许多部门的职工经常提出重整组织的新计划。有些积极活跃的董事甚至自行拟订他们“最喜爱”的重整蓝图，准备径自进行改革，或者找来他们特选的职员们一起合作，推动组织的改造。

> 身为董事长或秘书长，你发现激发人们对组织的热情和让组织不断充电有些困难。这或许是因为许多职工与志愿者待在这个组织里已经太久，有点显露疲态；也可能是因为整个组织已相当成功，组织成员难免志得意满。无论原因为何，结果都一样：整个组织明显地缺乏活力。甚至在新的构想提出之后，过不了多久就乏人问津了。

> 你的组织实际上已经运作得相当不错，职工与志愿者为了组织的良性运作 5
> 纷纷贡献心力，对组织的整体发展方向，大家也都已达成共识，而你却仍觉得不太满意时，该怎么办呢？其实令你感到不安的应该是：你深信组织还没有发挥它应有的潜能。

上述三个例子都牵涉到欠缺组织“愿景”建设的问题。

愿景是你对未来几年组织发展蓝图的勾勒，也就是说，通过愿景建设，你能够拟订出几年后组织将有什么样的表现，而这个方法是一个已经得到证实的方法。作组织愿景规划，并将其书面化是组织发展旅程中至关重要的环节。

“我们要创一番什么样的事业?”组织使命所陈述的内容就是这个问题的答案。所谓“组织愿景”的描绘，就是运用想象力描述整个组织希望达成的目标。描绘愿景的用词可以充满豪气。例如：

- 我们是全国公认的一流商业学校之一，顶尖的毕业生都向往到本校就读。
- XYZ 协会对全球阿兹海默症的消除功不可没。
- 我们在表演艺术方面的杰出表现有口皆碑，享誉全国与国际，我们一年一度推出的巴哈音乐节，入场券早在半年前就销售一空。

有了这些组织愿景，组织使命就成为对预期目标的提炼和确定，还可能是对如何达到预期目标精辟的概括。此时就需明确描述组织的“使命”。

对组织愿景和使命的头脑风暴会议，需要有个称职的策划小组和主持人。一开始不妨请大家作憧憬未来的游戏，这个练习能使整个团体放松，对未来的任务有明确的概念。举例而言：

● 请团体成员闭上眼睛，想象五年或十年内整个组织变成什么样子。再请团员想象他们正走进一栋大楼，顺着宽大的走廊走下去。一路上他们看到了什么？

● 请一两位团员自动出列，表演组织某个成员在理想化的组织中的谈吐、走路模样。（提示：他们快乐吗？他们感到自豪吗？是否满怀信心？是否令人印象深刻？）

6 愿景练习法有好几种，不论采取哪种方法，切记最重要的一点是确定，组织的愿景要被每个成员分享后，它才能够推动组织发展。这就意味着与组织密切相关的人一定要在意识中具备这个愿景。

第一个方法是召集主要干部（举办一个决策活动可能提供理想的情境），请他们以文字的形式向不熟悉组织的人介绍组织的一些情况。包括在未来五年之内这个组织会变成什么样子？组织的规模有多大？它所服务的客户包括那些类型？整个社区、捐款者以及消费者对该组织提供的服务看法如何？该组织地址在哪里？整个组织拥有什么样的职工？（为了节省时间并讨论方便，请大家的文字描述以一页为限。）

让团体成员用半个钟头写出个人愿景。然后，根据团体性质，你可以决定是否请团体成员念出他们所写的内容；如果是采用匿名方式，你可以在收齐大家的报告后，自己选出其中部分样本，大声宣读出来。不妨利用黑板、幻灯机、活动挂图等，把每一个人的愿景要点呈现出来。

另一个方法是采用分组讨论，由每一组提出未来愿景报告。这个方法能促使小组成员对话，造成脑力激荡。等到大团体再集合报告各组心得时，只要把握住每一小组提出的愿景要点即可。

第三个方法可以接龙的方式完成。先请每一个团体成员对某一个问题写下答案，例如：“到公元 2005 年，本地社区如何看待我们的组织？”接着请每一个成员将自己手中的纸张传给坐在左手边的人。再请这些成员在他们接到的纸上，写下对另一个问题的响应。如此这般继续下去，直到你提示的问题全部完成作答为止。这种序列式憧憬的好处是，能够导致综合愿景出现。通常的情况是，某一团体成员在看过前一个人所写的答案后，会在回答下一个问题时有意识或下意识地考虑前一个人的响应。

无论采取那一种方法，请记住以下几个基本法则：

1. 以积极的语气陈述愿景。

以肯定句陈述组织的属性，而勿以否定语气陈述。（消极陈述会让团员的注意力集中在组织的毛病方面，而非组织将完成的目标上。）

2. 将愿景当做现实状态来叙述。 7

3. 勇于冒险。

在这个阶段，不要让团体的思维受到限制。这里所要传达的信息是：假定金钱不是目的，如果我们能够运用想象力，我们要钱就能拥有。

4. 叙述宜具体明确。

千万不要说："我们的组织是成功的典范"；而要具体描述组织如何获取成功，组织又何以成为楷模。

等每个人的愿景精要都展现出来之后，接下来就应把它们加以整合，以呈现整个组织的共同容貌。如果这个团体的功能运作和谐的话，主持人不妨请全体团员一起讨论来达到这个目标（但是要注意：如果让委员会就遣词用字达成协议，恐怕整个团体很快就会出现为语意与措辞而发生争执的情况）。更为可取的方式或许是暂停片刻，并在此期间请团体当中某一位不特别明显持某特定观点的团员出来，负责综合大家的愿景。

如何处理愿景陈述

愿景陈述对正式的策略计划非常管用。愿景陈述少则数百字，多则数千字，而使命陈述则是由愿景陈述浓缩成短短数十字的具体说明。其中有些部分还可以拣选出来成为战略目标。

愿景还可用来激发职工、志愿者领导、资金资助者和潜在的支持者彼此间的热忱。

1.5 使命陈述：一些精彩的例子

以下这些出色的实例，对你的组织在制定（或修改）本身的使命叙述时有所帮助。请注意每一个例子都把握到了该组织的本质，其中不乏某种兴奋之情——有时甚至是一种急迫之情，这些使命陈述还可对那些认同组织的信念、关心组织成败的职工、志愿者与其他人士形成号召力。

● 自然保护组织（Nature Conservancy）的使命是，通过保护赖以生存的水资源和陆地资源，来保护能够代表地球生物多样性的植物、动物、和自然界中的生物群落。

● 为了保障并改善现代人类与其后代的生活质量。——库斯托学会（The Coust- 8
eau Society）

● 我们的使命是成为社区内最出色的供应者，为婴儿、儿童和青少年提供高质量的健康护理服务。通过值得信赖的科研、教育，以及公共倡议项目，儿童医院将为增强和改善所有儿童的健康状况而努力奋斗。——国家医学中心儿童医院（Children's Hospital，National Medical Center）

● 帮助人们避免、预防和处理紧急事件。——美国红十字会（American Red Cross）

● 降低由心血管疾病和突发性疾病造成的儿童夭折和先天性残疾。——美国心脏协会（American Heart Association）

● 国家医院发展协会是一个通过慈善活动促进保健机构进步的国际性组织。——国家医院发展协会（National Association of Hospital Develo-pment）

● 国家城市联盟（National League of Cities）是一个通过加强地方治理能力和保护地方社区利益，实现保护公众利益，建设民主社区，改善生活质量的有综合目标的地方治理会员组织。

1.6 十个会影响使命的趋势

非营利组织是“开放的系统”，为了持续发展，组织必须随着外在环境的改变不断作调适。[3]为了蓬勃发展，组织需要预测和了解变化趋势，然后推出新的计划，提倡新主张，改变思考方式。使命声明必须能够反映这样一个事实：组织不是封闭的系统。20 世纪 80 年代的许多非营利事业，与 21 世纪头 10 年间的非营利事业的使命一定大不相同。

换句话说，为了对主流的社会趋势作出反应，成功的非营利组织的组织使命都要经历周期性的提炼。而不成功的组织不是未能看清时代趋势，就是未能制定出适合组织的使命。

当你在拟订或重新审视组织的使命时，以下十个趋势是值得考虑的。（其他趋势将会在其他章节讨论到，因为它们与非营利组织管理的特定主题有关。在第 2 章
9 论述策略规划时，将对这些趋势作深入的探讨）。你的组织规模、发展阶段、目的以及愿景等，个个都会对规划过程产生影响。这十个可能对未来造成影响的变化趋势如下：

人口老龄化

2000 年时，美国国民平均年龄是 36 岁（而在 1970 年，大约是 28 岁）[4]，这个影响可分三方面说明：

● 劳动者的年纪较大，其稳定性可能较好，同样也更为可靠；可能阅历也比较广泛，经验更为老到。

● 年纪大的劳动者也可能欠缺弹性，例如，比较不愿换到新的工作地点，或者不愿为新的工作接受再培训。

● 国民平均年龄增加，意味着国民财富增加，对基金会募款的前景有利。

社会急趋多元化

1989 年美国境内的少数民族只占全国人口的约 1/4。但十年之后，少数民族人口比率已增加到 1/3。美国全国人口约 2.5 亿，这个比率的增加代表空前的变化。只靠吸收白种男性中产阶级为其顾客源、职工或志愿者领导阶层的组织，势必赶不上时代潮流。

志愿者制度的改变

虽然有迹象显示愈来愈多人对志愿者感兴趣，但人们志愿服务的方式却与数年前有所不同。20 世纪 90 年代典型的志愿者多半不愿参与那些无限制的、长期的志愿服务工作，相反，他们要找的志愿者角色必须有明确的服务期限、重大的成果，并且能够证明其工作真正有助于改善社会所面临的诸多问题。[5]

因此，让志愿者参与组织的规划，激励他们的主导权与归属感，并制定符合他们个人需要与兴趣的角色与责任，才是明智之举。典型的非营利管理结构向来依赖常务理事会和委员会，或许有必要反思是否要继续维持这样的组织结构。

职业女性比率增加

在未来，不但外出工作的妇女人数将增加，而且在管理职位、专业领域与领导 *10*
阶层都将有更多的女性出现。有先见之明的组织将看出这种趋势发展所带来的莫大益处：劳动力市场（员工与志愿者）将因此增加许多能干、教育水准高、怀有人生目标的个人。

同时，工作场所也势必做些调整，例如，推出弹性就业、日间幼儿照顾计划，以及变更健康与福利计划等。有进取心的非营利组织将为顺应劳动力市场变化而投资和设计新的计划。

国家面临教育体系的危机

根据约翰·奈斯贝特（John Naisbett）的调查报告，美国高中毕业生有 1/4 简直就是文盲，因为他们连八年级的阅读能力都达不到。[6]数学方面情况也好不到哪儿。同时，年轻人所占的相对比率正逐渐下降。换句话说，未来美国将面临新进入劳动力人数减少，且其中多数人欠缺执行业务必备的基本技能的问题。

在非营利事业方面，一个机构必须仰仗的人手，如资料输入员、文案处理员与信件收发员等提供第一线服务或协助性服务的半专业人士，表面上似乎各尽其职，实际上一些人却根本无法胜任这些工作。

未来的社会将以服务业为主

全球大多数工业化国家的经济，将由以生产商品的制造业为基础转为以提供服务为主。未来不再是工业劳工的天下，取而代之的是专业与技术人员为主的劳动力。[7]从零售业到政府公务部门，从保健到快餐业，服务将成为工业化［或如丹尼尔·贝尔（Daniel Bell）所说的后工业化］国家经济的主要驱动力。

在服务业，经济是非营利事业成长的因素。非营利组织将在美国、加拿大与其他主要国家的经济中，扮演前所未见的重要角色。就好的一面来说，由于非营利世界的形象清新，将吸引更多精英人士加入，而人们的价值观也将改变，愈来愈重视做一些"起作用"的事情。然而负面的影响是，提供服务者彼此间的竞争将越来越激烈。唯有管理完善的非营利组织才能在21世纪继续生存。

医疗保健系统产生深远变化

11 美国社会的医疗保健服务将出现巨大的变化。凡是无法将健全的业务管理与医疗护理使命结合的非营利医院，将因为缺乏规模经济和严格的成本核算而被营利性的企业所取代。

虽然第三方赔偿政策仍是许多医疗保健业者的生命线，但是为了获得政策优惠，它们愈来愈需要将成本效益和其显著的成效联系在一起——也就是提供的服务真的发挥了影响。

对于病人的定义也将被修改。由于医学研究的日新月异，特别是基因研究，从事这方面研究的科学家，努力要发掘造成许多疾病的基因蓝图，所以今后所有的疾病或许有销声匿迹的一天。医疗业者将发现，要去照顾许多受惠于科技进步而得以存活的严重残障者。

主流职业价值观的改变

部分由于婴儿潮出生的人加入，工作场所的价值观将反映出受过高等教育人士的想法。哈佛大学商学院教授奎因·米尔斯（Quinn Mills）对第二次世界大战与越战影响下的价值观作了一番对照比较如下[8]：

价值观对照表：婴儿潮前与婴儿潮时代

婴儿潮之前时代	婴儿潮时代
二次大战——我们打赢的胜战	越战——一场不分胜负的战争
权威——当个好军人；服从命令	质疑权威——不因官衔而服从，但看是否有公认的真才实学
为人处世——彬彬有礼；避免与人冲突	真诚——有话直说
团体意识	个人主义当道

科技几乎对每一生活层面造成影响

对科技至上者而言，虽然科技不能取代社会管理，却有办法找出对付重大社会问题的解决方式："为解决某一社会问题，一个人必须引发社会变革……必须说服许多人改变昔日的行为……相形之下，科技问题的解决牵涉到的决定少得多……相较之下，科技管理简单多了。"[9] 12

对科技批判者而言，普遍的看法是科技使人类失去自我，人们无法看清科技对人类的控制，因为人们太沉迷于科技能为他们做的许多事情。

无论所持立场为何，我们不得不承认一点：科技的影响无处不在，每一个人的私生活与职业生涯都摆脱不了它的影响力。如果说 2000 年的非营利世界与 1950 年的先驱前辈极少有相似之处，那么其间的变化大部分都是由于科技的影响所致。非营利事业必须兼顾科技进步与服务品质才能展现绩效，而高品质的服务唯有依赖于那些真正关心该事业的专业人士提供。

不断顺应时代的变化

变化在现代社会的每一层面都会出现。在每一个职业领域都可看到变化。有人说，过去的改革要经历一代人才会实现，而今几乎在一夜之间就可完成。身为非营利事业的主管，我们必须具备看清时代潮流改变的方向的能力，以便迅速、妥善地回应。

1.7 后续几章重点

第 1 章主要讨论的是组织的使命，探讨如何决定组织的使命，如何认清主要问题以及可能影响组织发展的趋势。本章还探讨组织应该有愿景，而愿景的实现过程应与组织的使命相关。

接下来几章将探讨如何以愿景与使命为基础来开拓组织的运作，其重点包括：

- 如何研发战略计划，赋予使命形式与内容。
- 如何将计划付诸实施。

从计划到执行，靠的是营销，也就是计划要能切合顾客的需要。

说到策划必须考虑到公共关系。为什么在此要提到这点呢？因为一个计划要获得成功，必须让其他人对组织有清楚的认识，组织研发的行动计划必须能够影响思想，呈现的形象必须能够烘托使命。 13

结语：催化变革

彼得·德鲁克在其《新现实》一书中提到，所有非营利组织的一个共同点是："它们的目的都是要去改变人类……它们是催化变革的机构。"[10]非营利组织使人们的生活起了变化。所有参与非营利组织工作的人都必须了解这个变化。了解组织的使命和清楚地陈述组织的使命都非常重要。

注释

[1] John A. Byrne, "Profiting from the Nonprofits," *Business Week*, 3151 (no vol) (March 26, 1990): 70.

[2] Michael Doyle, "Quest for Vision," *Association Management*, 42 (September 1990): 30-34.

[3] James D. Thompson, *Organizations in Action* (New York: Mc Graw-Hill, 1967), 4-13.

[4] William B. Johnston and Arnold H. Packer, *Workforce* 2000: *Work and Workers for the 21st Century* (Indianapolis, IN: Hudson Institute, 1987), 80.

[5] Virginia Hodgkinson and Murray S. Weitzmann, "Giving and Volunteering in the United States" (Washington, DC: Independent Sector, 1988).

[6] John Naisbett, "John Naisbett's TrendLetter" (September 14, 1989): 1.

[7] Daniel Bell, *The Coming of the Post-Industrial Society*: *A Venture in Social Forecasting* (New York: Basic Books, Inc., 1976), 125.

[8] D. Quinn Mills, Keynote address, American Society of Association Executives Annual Meeting, Cincinnati, OH, March, 1989.

[9] Alvin M. Weinberg, "Can Technology Replace Social Engineering?" In *Technology and the Future*, Albert H. Teich, ed. (New York: St. Martin's Press, 1990), 30-31.

[10] Peter F. Drucker, *The New Realities*: *In Government and Politics/In Economics and Business/In Society and World View* (New York: Harper & Row, Publishers, 1989), 198-199.

第 2 章

非营利组织战略规划指南

一个策划者的工作就是思考什么是真正的工作。

——无名氏

概要

让我们将对未来的忧虑，转化成思考与计划。

——丘吉尔（Winston Churchill）

人们无法掌控未来，但却可以对未来发挥适度的影响力。人们不应当被动接受或回应，而应当主动面对及创造改变。这样的想法乍听起来似乎太过天真，但这绝非提倡非营利组织应将自己隔绝于现实环境之外。相反，非营利组织应当期待这些力量，并且借力使力。

本章将给出战略规划的定义及其与长期计划、行动计划的关系，并探讨使用战略规划的好处，同时还将探讨：

- 为何计划会失败
- 计划的重要步骤
- 如何排定目标的优先等级
- 如何制定计划
- 如何选择对该机构有利的方案
- 如何审视趋势、并评价这一趋势对非营利组织本身的影响

● 如何使用正式团体法（normal group technique）制定目标
● 如何将策略化为可操作的日常活动

最后将简述系统思考，告诉您如何以整体而非片段的方式来制定计划。

2.1 战略规划的定义

怎么样才能让计划具有“战略性”？如何使战略规划有别于长期或运营计划？

所谓的长期性计划是：

15 ● 长期性的（显而易见）
● 一般的
● 广泛的
● 目标导向的

相对地，战略规划是：

● 时间跨度比较短的
● 特定的
● 集中的
● 以行动为导向的[1]

这两种计划通常是互补的，长期计划是为了达成该机构若干年后的愿景，而愿景的具体展现则通常是书面的组织目标。

至于战略规划则范围较为特定，通常是找出在特定时间内的几项特定目标，以便于集中组织里的资源。因此，战略规划的具体展现通常是附有时间表及执行策略目标的。

时距

长期计划的时距可长达十年，然而战略规划的时距一般要少于五年，甚至不满三年。长期目标与计划可以提醒该机构未来的大方向，以避免因领导更迭或资金问题而迷失目标。

非营利组织可以透过其使命中所包含的各项要素，建立起长期计划，例如：

本组织将于公元 2005 年募集基金 10 000 000 美元。

这是一个很高的目标，它可行吗？也许可行。而想要有效地秘书长期计划，就必须定期检讨其可行性及必要性。而一个机构则可据此规划募款活动的时间表。例如一个组织发现了某个新的社区健康中心（与该组织有竞争关系）对向西班牙裔寄养儿童提供照顾显得比以前热心，那么该组织就应重新评估相关服务的适宜性，当然，这并非意味着必须放弃原有的计划。

16 经过对前述目标的调查，团队决定拟订新的目标（原因是与其和其他团体竞争，还不如与它们合作），所以团队将目标改写如下：

在与奥兰多社区健康中心的共同努力下，公元 2000 年我们将成为在大奥兰多区域，为西班牙裔孤儿提供服务的最主要的非营利组织。

是包容广纳还是择优选取

计划之所以失败，其中一项原因是：计划包含的范围过于广泛；计划几乎把所有组织内的事都包含进去。为什么呢？部分原因是：如此一来，这个计划就会受到所有人的青睐，即使某些项目的重要性已经受到质疑，但是为了不想冒犯重要的志愿者、董事会成员或某些项目执行者，这些项目还是会被纳入计划之中。

长期的计划也许需要包容广纳才能够将所有的组织活动全部包含在内，并满足日后的监测。它有点像组织的审计表，或是一张将组织内重要活动列出来的清单。由于涵盖所有的组织活动，长期计划的管理者因而有能力去追踪所有行动的进行状况。

战略规划与长期计划不同，战略规划着重在一定的时间之内达成特定目标。假设一个组织有 35 项重要的计划需要完成，但其中也许只有 5 项会被列为重点目标，需要投入更多的注意力或增加其他资源来完成。一个组织也许会决定它真正需要完成的任务是“提升公共形象”。例如：

社区的居民将我们和其他至少三个相关的非营利组织混淆了，这种错误的印象会影响我们吸引潜在顾客的能力，也会对我们的募款工作不利。我们需要发展一个战略规划，以改善我们的公共形象。

集中焦点

战略规划会集中于某些重点，“当然，这 35 个计划对组织的成功都十分重要，我们需要有比较顺畅的财务结构，我们也需要扩大对社区的服务行动，我们也知道有一些大家急着要完成的调查计划的重要性；但是在今后的二到三年，我们要把焦点放在如何提升及加强我们的公共形象上。我们确信假如我们这么做，将对于我们扩大社区服务的活动极有帮助，同时也会使我们调查的广度得到更大的延伸，还会提高我们募款的成功率”。

我们也必须认识到专注于战略性目标的风险，不可能每件事都被列为最重要， 17
有一些任务也许会被牺牲掉。但是很重要的是，我们需要常常提醒相关人员，假如计划的时间表是三年，那么战略性的目标就只针对今后三年。三年后，其他的任务也许会成为第一要务。“是的，扩大服务社会的范围非常重要，而且我们也不会放弃这一项重要任务，我们只是想要集中火力，在这一段时间内提升我们的公共形象”。

而在发展战略规划时，如何才能够达到团队的共识呢？其步骤如下。

2.2 成功的战略规划

在20世纪70年代的末期及80年代，战略计划已经成为风尚，有许多顾问收取重金提供服务，来指导一些公司及非营利组织如何去做战略性的计划。不过，实际状况是，无论是过去还是现在，战略规划仍然是停留在表面的多，而实质性内容少，许多机构也经历过一切应有的运作流程，完成了一些战略规划的表象，但实际上并未有多大的改变。这些计划不是无法正确地运作（通常这些失败是因为没有邀请关键的决策者、核心人物及权力拥有者参与），就是根本无法有效地执行从而无法达到预期的目的。

在营利机构当中，麦康美公司（McCormick & Co.）就是一个成功实施战略规划的公司，该公司自问道："我们的企业在做什么？"其结果是有效地扩大了服务的领域，改变了公司的形象，也赢得了市场上更多的商机。

在非营利组织领域中，联合劝募（United Way）以及全国家园建设协会（National Association of Home Builders）的战略规划做得最为成功。这两个组织都发展了一套全国性的战略规划运作模式，并有效地指导自己在各州及地方的伙伴们如何做战略性的计划。为什么麦康美、联合劝募及全国家园建设协会能够成功，而却有许多企业失败了呢？

- 因为它们致力于计划的过程：完成它、相信它、也了解它，所以也有能力去解释为什么做这个计划。

- 有高度的忧患意识：麦康美意识到为了要维持公司的盈余，必须要扩展事业版图；联合劝募则面临着其他非营利机构降薪的压力及挑战；全国家园建设协会也曾遭受到房屋价格飙升及形象遭受质疑的压力。

18 计划之所以成功，源自于组织内的领导者，他们深信这些计划是必要的。因为领导者感受到强大的危机及威胁，所以认为组织必须相应改变。他们的成功也归功于严谨的遵守事先规划好的计划流程。举出麦康美、联合劝募及全国家园建设协会的例子并非要误导读者，认为只有大组织才需要做战略计划。相反地，许多小型的非营利组织，正因为发展了好的计划，因而成长为重要的机构。

为何计划失败

缺乏承诺

假如，非营利组织的董事会及重要的幕僚无法体会做战略规划的必要性，他们也就无法用更具战略性的方式经营机构，那么秘书长将只剩下三项选择：

1. 让那些无法实现承诺的成员离开组织
2. 准备另谋高就
3. 取消整个计划

无法整合计划并落实于机构内的运作

计划必须要和预算相结合，例如你想改善组织的公共形象，但是又反对提供预算用于编印提升组织形象的小册子，那你就是在散发一个冲突且混淆的信息。因此，计划需要整合且反映到组织的每一个单位中。

目光短浅

如果你想要改变公众对你们的看法，你需要给他们一点时间，假如你期望改变他们的态度，你需要的时间更长。不要因为自己要求的太多、要求的太快，而让自己陷入失败的焦虑中。

哪些组织没有进行战略性的计划呢？令人遗憾的是，美国联邦政府就没有。虽然各个部门都在忙于自己的计划，其中国防部是一个最大的部门，但每个部门都只做自己的计划而缺乏整合，因此无法凸显管理阶层及上级希望整个组织努力的目标。
也就是说，它们并没有一个大的目标远景，结果管理人员更换频繁，国会庞大蛮干， 19
而许多重要问题仍然悬而未决。美国有些大企业也有类似的问题，为了要达成每一季所设定的短期目标，这些企业根本就无法制定及达成公司五到十年的愿景及目标。

2.3　战略规划与行动计划的比较

在解释标准的战略规划流程前，需先谈一谈战略规划及行动性计划的差异。战略规划是专注在一定时间内（通常三到五年）的一些目标，它独特并有非常清楚的范围。至于这些计划要如何执行（比如说怎么样让它落实运作）则属于行动性计划的范围。行动性计划通常以一年为期，根据战略规划向下展开，并分割成每日的行动，所以行动计划的特征是：

- 特定的行动/活动
- 什么时候必须要完成
- 谁来完成

表 2—1 将显示战略规划与行动计划如何衔接。

表 2—1　　**战略性和操作性计划**

战略性的
任务陈述
环境评估
目的
优势及劣势
策略方向
目标

操作性的
行动计划
各项活动
截止日
负责人

2.4 战略规划的重要步骤

涉及制定战略规划的版本十分众多，但不同版本间有一些共同之处。

使命

20 我们在此之前曾提及——使命（有时亦称使命陈述），是组织存在的理由，组织的目的与核心。通常对使命的陈述会界定出该组织的：

- 范围（例如：地区或人口组成）
- 结构（例如：慈善团体、大学，还是小儿科医院）
- 大小（例如：爱达荷州近郊规模最大的私立院校）
- 期间（例如：历史最悠久的看护中心……）
- 服务项目（例如：提供在职训练及补充教育给雇主及劳工……）
- 组成分子（例如：街坊行动小组……）

使命有时以现在式陈述：

通过提供优质住所与健康照顾，修柏社区中心致力于改善图斯卡努县老年公民的生活品质。

也可以用未来式的叙述凸显组织的目标：

雷卡瓦纳地区基金会将努力成为雷卡瓦纳及老桥镇的社区活动计划中最主要基金募集者。

环境评估

在过去十年中，人们对于“如何做到有效规划”的体会是：计划无法凭空产生，它必须综合一个机构内在与外在的因素，同时配合重大社会趋势（有时又称宏观趋势）。例如美国社会的人口老龄化对于各种机构的影响就像某些趋势对于人口统计学、经济学、政治学、科技与保健的影响；察知大趋势也是一种力量的来源。预测重要社会现象的变迁，因应这些变迁，发展出一些新措施。假设一个机构已经在持续搜集与趋势相关的信息，那它又该如何将这些信息转变成计划流程？

关系循环图（又称为未来示意图）是一种方式，类似于脑力思路图法。关系循环图可以针对日后某一趋势或问题，利用图像表达的方式，使成员自由地记录下他们的意见，图 2—1 就是一个标准的关系循环图，也被称为示意图。

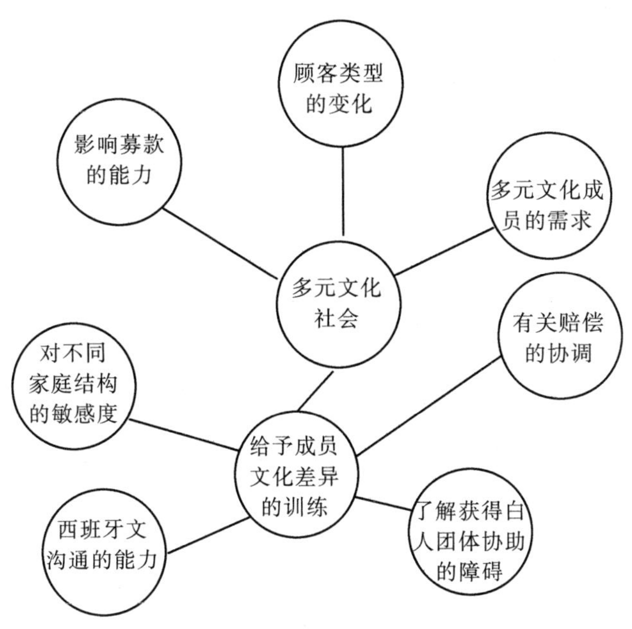

图 2—1　未来示意图 21

如何利用关系循环图来表达对一个趋于文化多元化社会的思考呢？首先将该趋势写在中心的圆圈中，而后分别写下对中心圆圈的描述，如此由内而外延伸。以图 2—1 为例，列出一个趋向多元社会可能发生的现象，例如：

- 顾客类型的变化。
- 多元文化成员的需求。
- 给予成员文化差异的训练。
- 影响募款的能力。

针对上述现象又将衍生出一些其他现象及可能产生的行动，现在进入了第二环，这些是和"文化差异训练"相关的项目：

- 对不同家庭结构的敏感度。 22
- 西班牙文沟通的能力。
- 了解获得白人团体协助的障碍。
- 有关赔偿的协调。

组织的计划委员会如何利用关系循环图呢？

1. 让每个委员会成员都有一份循环图。

要求成员独自思考几分钟，列出现象的含义及含义背后的含义。

2. 每位成员将他手上的循环图交给他右边的成员。

要求各成员就手上的循环图加上他们的意见，有疑问时则询问左边的原作者澄清疑问（"你的意思是……？"）。

3. 轮流询问每一位成员，请他说出一个现象及此现象对组织的意义。

将所提出来的现象写下来，让所有的人都看得到（写在白板、简报纸、投影片、计算机放映的屏幕上）。

透过这种方式来探讨趋势，可以有效协助成员察觉到某些趋势及其对组织的影响。有些发现会引发新的计划，这些新计划是否符合原定的组织使命？假如是的话，就可以记录下来作为可行的“目标”（goal）。

目标

作家及管理顾问肯·布兰查德（Ken Blanchard）指出，所谓目标，就是“一个有完成日期的梦想”[2]，“目标”的叙述有时会包含在使命陈述中，以更清晰地指出该组织“将在何时、如何达成任务”。在战略规划的流程中，目标有助于澄清进取心。

每一个部门及各委员会都可能有其各自的目标，但是我们必须记住，没有人会认为自己的计划是不重要的。然而如果每一项计划均被列入战略规划中，你所得到的将是一张冗长的清单，而非战略规划。这时要克服的挑战是，让大家了解虽然每一个计划都很重要，但只有少部分计划会被列入战略规划中。

23 在明确了重大趋势及其对机构本身的可能冲击后，接下来计划小组需要选择可能的目标。有些工具可以帮助小组决定哪些目标应被选取，并排定优先等级。其中一种被称为“团体荐举法”（nominal group technique，NGT）。

团体荐举法[3]

在这种团体讨论的做法中，有时团体的人数会高达 20 人，不过因为采取记名的方式，所以容易控制。它有别于某些海阔天空的方式，例如头脑风暴法。要求记名发言是为了鼓励所有的成员参与讨论，并避免讨论被少数人或小团体所控制。在一般团体讨论时，常会由某些人主宰讨论的互动（他们的论点并不永远是值得采纳的）。团体荐举法可以避免这种状况，它要求每一个成员要轮流发表他们的看法，以下是基本的步骤：

激发点子

要求团队中每一成员写下三至四个他们认为最重要的目标，并向他们保证每一项他们所提的想法均具有其价值，“不要限制你的思绪，尽量利用你的想象力，别担心你的想法是否可行，在此阶段，你尽管去想点子”。

允许成员花点时间思考，好点子通常需要一些时间去过滤。

记录点子

在所有团队成员将他们的想法写下之后，要求每一个人轮流讲出他们的点子，并分别记录下来。这个阶段在于给予支持，鼓励提出的想法均有价值，对于一些“搭便车的点子”（附和他人意见者）亦给予支持。

讨论每个点子

团体荐举法的下一步骤，是对所提出的每一个点子加以思考，但必须是逐一进行的。同样地，这么做的目的在于使讨论更加专注，并避免讨论被少数人所控制。每个点子的主人也许会提出他的补充意见，必要时，他也可能被要求做进一步的解释。如此逐一讨论，会议协调者就可以有效地把握讨论的进程。

进行初步表决

在团体荐举法的进行过程中，会产生许多不同的想法，讨论有助于筛除一些较 24 不实际的点子而保留一项或少数几项大家期望的目标，之后再来进行表决。

表决时也同样，让每一个人提供意见时都可以独立思考，不需要受到少数发言踊跃的团队成员（通常是强势人群）影响，每一个团队成员可以选出五项他们认为最重要的目标，同时给予一到五的优先排列，然后将结果依优先次序一一列出来。

讨论初次投票的结果

假如初步投票结果仍然有分歧，虽然有一些项目获得了比较高的优先排列顺序，但并未达成很清楚的共识，重新讨论是有帮助的，会议的协调者（在这个个案中是委员会的主席）可以要求成员提出意见，例如："……我发现，有三票认为这个项目最重要，但是却有二票认为它最不重要，这种现象有点不寻常，那些赞成这个项目的人，是否可以解释一下您为什么会作这样的决定……"通常这样的讨论，有助于团队成员们对该项意见的了解，进而有助于最后步骤的完成。

最后表决

与其他团队讨论流程的技巧（例如德尔菲法）相比，团体荐举法中使用"讨论—表决—讨论—表决"的流程，比较容易促使一些项目经过讨论后合并整合，所以容易达成团体的共识。同时对所作选择项背后的基本精神以及道理，也比较清楚明了。经过这些整合后，团队所决定的重要项目也会减少。最后表决也是由团队所有成员共同同意的，如此一来，成员对所决定事项也会有比较高的认同感。

把最后的目标数控制在五到六个是非常必要的，假如超过了这些数目，那就谈不上"战略性"了。委员会的主席有时需要提醒团队，所谓战略性目标还指我们的组织所能够针对的少数几项重要目标。使用团体荐举法可以使委员会的成员及主席更容易达成共识。

2.5　计划的准备

重要成员的参与

计划成也在人，败也在人，它取决于参与者对计划流程与结果有多少承诺。虽 25 然制定计划的过程也许会委托计划委员会（也许是董事会的次级团队或作业小组）来执行，这个委员会也不应当闭门造车。在制定计划的过程中，必须慎重地问以下几个问题：

1. 董事会中有哪些人必须参与计划？

谁对计划有经验，谁具有前瞻性的思考能力？

2. 哪些计划委员没有兴趣，也没有时间参与？

计划委员会中的任何参与者，都常常会被要求提供想法，或被咨询意见，或对于委员会所做的草案加以审核，这些都需要有时间及兴趣投入。

3. 哪些职员必须实际参与？

他们不一定必须是一个计划的构思者，但一或二名职员拥有的非正式影响力却足以决定成败。这些人表态支持，可以让计划存活；而他们也可以对某一些计划表示不以为然，而使那些提案胎死腹中。

4. 在制定计划的过程中需要了解哪些相关团体？

- 当地政府中负责本组织事务的官员
- 重要的赞助者
- 潜在的重要赞助者
- 志愿者团体的领导者
- 本组织所服务的对象或他们的家庭

我们可将任何与计划过程有关的参与者画在一个同心圆里面，最内层的中心圆是计划委员会，第二层也许是一些重要的董事会成员、资深的职员，第三层则是其
26 他的董事会成员、各单位主管。至于这些人的组成以及数目，会随不同的状况做变更，确定每一位重要的成员在不同时段的参与是十分重要的，事先告诉这些成员何时进行、如何进行，对计划的推动将非常有益。

计划的流程[4]

计划的流程必须事先做好，针对变量进行调整将有助于成功。

1. 我们的机构曾有哪些计划的经验？

过去本组织的发展战略规划，是否有成功或失败的记录？或这是第一次计划？是否需要从组织之外邀请专家参与？因为外来专家不但知道如何掌握计划流程，同时也可以扮演客观的第三者来协助计划的进行。

2. 组织领导者是否对于战略规划有所承诺？

假如董事会认为计划只是浪费时间，那么整个计划就没什么意义了。获得董事会中一定人数的支持非常重要。假使无法获得支持，应采取哪些步骤以强化董事会对计划的认同？

3. 计划需要多长的时间完成？

计划的急迫性如何？是否能在初次的沟通后利用周末的时间来撰写计划？重要的相关人员愿意花多少时间来进行这个计划？如何能够最有效地运用时间？

4. 会遭遇哪些问题？

在计划之前，可以做哪些事情以缓和可能发生的问题？是否能够找出众人之间的“点子王”来协助其他的团队成员顺利运作？

2.6　选择适合组织的计划

非营利组织在构思计划（或提供产品与服务）前，应先问下述四个问题：

1. 这个计划是不是与本组织的使命吻合？

2. 这个计划是否与本组织工作的重点一致？

假如不是，这个计划将被剔除或给予较低的优先级，甚至应被重新检讨。

3. 这个计划是否有市场价值？本书第 3 章将作更深入的营销讨论。 27

4. 针对这个计划，组织中是否有足够的资源来执行？当前的预算是否有足够的资金用于运作计划？假如不是，可否动用其他的资金？组织中是否有足够的人力资源来执行此项计划？计划的长期意义何在？在执行此项计划的过程中，组织的目标及承诺是什么？

使用评分的方法有助于了解上述四个问题，可用一到五分来测量，分数高者，表示值得考虑；至于分数低的，则无须花太多的时间在该项计划上。

2.7　了解及使用新信息

毋庸置疑，非营利组织能否成功，与其对环境的把握，及是否能正确回应环境变化有极大的关系。有些组织发展理论把组织视为一个“开放性系统”，就是指组织是依附于所存在环境的。要发展有效的计划，则相关计划人员需要审视大环境，了解趋势的变动，以及清楚地诠释这些趋势的变动对于未来产生的影响。除了前面所提到的方法，还有两个工具，可以协助组织成员了解趋势对组织所产生的影响。

九宫格

九宫格是用于协助团队评估“事件/趋势及其产生的影响二者之间的相对可能性”。九宫格如图 2—2，包含九个格子，纵向与横向分别有三层，横轴表示影响的大小，纵轴表示发生的概率。假使你的组织正在思考多种族人口这个趋势对未来会有什么影响时，九宫格的做法正好可以让计划小组去审视，这个趋势发生的可能性以及其影响有多大。

发给小组的每一个成员一支标记笔，请他们在九宫格内标出×号，例如其中一位成员认为多元种族的趋势是极可能发生的，同时对该组织的冲击也将非常大，他就可以在九宫格的第一小格当中画下×的符号。

等到所有的成员都已经在纸上画下他们认为合适×的符号后，可要求与大多数人画的位置不一样者（异议分子）提出他们不同的见解。使用九宫格的方法可使计划小组更容易对大家所关注的焦点达成共识。 28

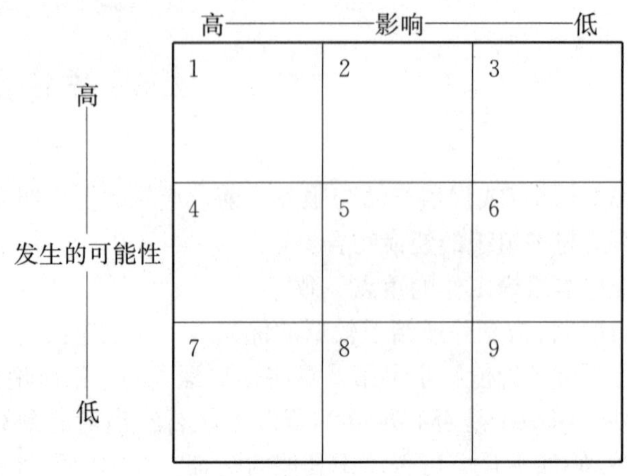

图 2—2　九宫格

趋势图

计划小组可使用趋势图来解释趋势在一段时间内的走势，如图 2—3 所示，这条趋势图表达了团队成员对有关趋势的上升、下降还是会维持平稳的共同看法。

29

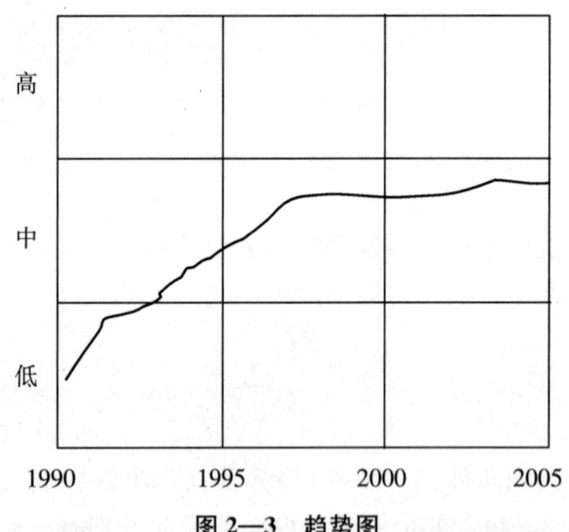

图 2—3　趋势图

横轴表示时间（在此例中每一格代表五年的周期），纵轴则表示对组织本身的影响程度。

同样，我们可以让行动小组在思考人口多元化趋势时，要求每一位小组成员将他认为最可能的趋势画出一条线。举例而言，如果有人认为这个趋势对组织的影响非常大，而且会持续下去，他所画出来的曲线将由左边高的格子向右画到右边的格子，呈东西走向。为了识别小组的每一个成员画出的不同曲线，必须提供每一个人一支不同颜色的笔。和九宫格的状况相似，通常会发现绝大部分的人所画的线会聚集在一起；同样，如能够让有不同看法的成员表达他们的意见，将有助于团队达成共识。

2.8　让计划切实可行

随机挑选一些正在进行战略规划的成员，同时问他们，这个计划对组织影响范围有多大。也许您会得到令人颓丧的答复；大多数时候，战略规划无法如预期般成为组织的驱动力量。惰性、成员的变动、政治因素，以及缺乏可行的策略，都会影响到计划的有效性。为了避免计划流于形式，第一步要做的是：认知这些影响因素。

把跨年度计划落实为可量度的行动纲领

通常战略规划的写法比较广泛，力求客观。然而为了能落实、可行，还需要转 30
换成小的行动纲领，制定出特定时间中需要完成的事项及负责人。

我们举个例子，假如一个机构希望针对一些有学习障碍的儿童，提供补偿性的教育服务，这个机构深信自己有潜力成为全国所认同的研究机构，同时可以直接为其顾客提供服务及训练，为了要完成自身的使命，该机构制定出下列的目标：

- 提供全国认同的高品质服务、研发及训练
- 建立评估及治疗程序
- 扩大入会人数
- 设计高品质的研究
- 稳定中求成长

为了让这些目标清楚明了，机构的秘书长与相关部门的主管面对面讨论，他要求每一个部门的主管提出该部门针对以上目标而展开的一系列计划。此外，这些目标也会强化行政部门的功能。

据此，部门的主管必须与他的下属共同制定该部门的目标，举例而言，战略性目标涵盖设计高品质的研发以及财务健全的成长目标，并被转换成以下的部门目标：

> 200×年 7 月研究发展部门将开发出为智障儿童提供基础知识及应用知识的服务产品，并使其成为本组织财务的重要来源。

在组织的长期目标转换成年度目标之后，研发部门就可以制定出具体可行的行动目标。

- 200×年 8 月以前，募集足够的资金来抵冲研究发展成本，此项资金并非来源于自由捐赠者的正规捐赠。
- 200×年 10 月以前，与发展部门共同制定募款的时程表，以确保今后三年的经费来源。
- 200×年 11 月以前，与美国及加拿大其他相关的研究团体共同召开研讨会。 31
- 200×年 12 月发表三份研究报告，探讨有关多元学科教育模式的功效。

每一个部门都已经完成了自己的计划。接下来有三件事要在年度当中进行：

1. 秘书长每一季度发出备忘录给各单位主管，提醒每一季度的目标及达成日期。

2. 各项计划反映到每一个个人的绩效管理办法中，至少每一季度主管及部属会检讨该时期内的绩效。

3. 每个月召开领导会议，检讨各部门的目标，这个领导团队包含各部门主管及秘书长。[5]

2.9 系统思考

一般而言，每个人或多或少都曾经历过或听说过某些组织面临着它们从来没想到过的后果，正如俗语说："捡了芝麻，丢了西瓜"。一些解决昨天问题的妙方演变成今日的问题。举个例子来说，滥用药物去毒死蟑螂，结果产生了具有高抗体的蟑螂品种。看似便捷的解决方案，却导致更令人头痛的问题。长此以往，即使杀光了所有的高抗体蟑螂，还是造成了严重的环境污染。

系统论主张，如果一个人只关注世间的局部而不是全体，那么他将只看到个别的症状，而忽略了整个宏观环境。

系统论（一般系统理论）是针对一个有机体（譬如组织就是一个复杂的例子）去了解因果关系的一种方法。假设一个有机体是由一个个相互有关的网络组成的，了解这些网络的活动，便可以明了行为的模式。[6]换言之，每一个局部无法独立产生功能，但可成为交相互动的一个整体。

系统理论是通过观察有机体的运作而产生的，为了生存，系统必须要有能力适应变化，越是复杂的有机体就越需要衍生更多的能量来收集及转换信息，维持有机系统的运作。

32 在组织计划中所运用的系统论思考，强调采用长期远景为目标，以便洞察可能的副作用及不愿见到的后果。"系统思考者一开始就知道所有固化的系统都会抗拒变革，但他们并不与这些系统相抗衡，而是转而研究应对之策与解决方案"[7]。

此外，系统理论也认识到一个机构常会受到环境的影响。为了要了解它的运作，人们必须思考所处的环境，以明确什么力量会影响环境、威胁环境，或增加环境的稳定性。

管理者在思考如何为企业做计划时，系统思考又代表什么意义呢？

考虑解决方案时，以大局为重：

1. 要用整体而非分割的片段来考虑解决方案。

系统里有一条原则是：每一个决定都有你所期待的结果以及原本没有想到的结果。[8]假如我们将会计工作做一些改变，例如：改变支出的各会计科目，将会对发展部以及该部追踪募款所花的费用产生什么影响？又会如何影响提供给董事会的报表？

2. 估计可能会发生的情境。

所考虑的解决方案对组织影响程度如何？这些行动的长期后果是什么？短期的解决办法是否会造成日后的问题？假如是的话，这些问题是否会比旧的问题更加严重？

3. 变革是需要长期努力的。

人们常常在做一些没有意义的决定，譬如讨论决定是否该逃离一栋失火的大楼是完全没有意义的。最好的方法是根本避开这种无意义的情况。

假如必须进行变革，你必须深切明了，任何组织都有一股力量是反对变革的，所以要设法将那些受到最大影响的部分，变成你的推力而非阻力。

结语

计划是建立在大胆的假设之上的。我们假设：管理者可以控制组织的未来，更 *33*
可以开创未来，而不光只是应付眼前的事情。假如不是如此，组织将无异于救火队。

组织为了达到目标而存在，而计划则是迈向目标的道路。

注释

[1] John M. Bryson, *Strategic Planning for Public and Nonprofit Organizations* (San Francisco: Jossey-Bass Publishers, 1988), 6-7.

[2] Kenneth Blanchard, speaking at the First Future Leaders Conference sponsored by the American Society of Association Executives (ASAE), June 1988.

[3] Andre L. Delbecq, Andrew H. Van de Ven, and David H. Gustafson, *Group Techniques for Program Planning* (Glenview, IL: Scott, Foresman and Co., 1975), 7-10.

[4] 一些关于计划流程的思考来自于 Bryan W. Berry, *Strategic Planning Workbook for Nonprofit Organizations* (St. Paul, MN: Amherst H. Wilder Foundation, 1986), 16-17。

[5] 感谢 Frank R. Kleffner 提供执行计划目标的模型。

[6] Kathryn Johnson, "Rethinking Association Management: A Systems Approach to Solutions." Presentation at the American Society of Association Executives (ASAE) annual meeting, August 15, 1989.

[7] Draper L. Kauffman, *Systems 1: An Introduction to Systems Thinking* (Minneapolis: Future Systems, Inc., 1980), 19.

[8] Johnson, ASAE annual meeting.

第 3 章

非营利组织的营销

上市场，上市场，买只大肥猪。 ——儿歌

概要

营销已经逐渐成为非营利组织的核心功能之一。这一章要介绍的是营销的几个核心观念：什么是营销；营销对非营利组织有什么意义；营销的“4P”；营销趋势；你的组织是否属于市场导向；如何让你的组织成为市场导向；如何开展营销工作；它在组织中的定位为何；市场研究的要点有哪些；如何掌握你的市场对象，以及如何作市场细分；营销失败的十大原因；以及如何将营销原理运用在募款与公共关系上。

3.1 买只大肥猪

营销的原理存在已久。农夫等卖主将作物（还有肥猪）带给需要或想要作物（或肥猪）的人，因为这些人没有或无法自行生产。交易发生的地方称为市场，整个交易的行为就是营销。

在信息时代，“营销”一词代表的已经不只是把作物或商品销售出去，而是一整套的想法。营销学者已经为这套买卖的过程提出完整的论述。过去的农民带着猪上市场，是因为假设有人会买猪。今天的农民则可能雇用营销公司，不但要知道会不会有人来买猪，而且还要知道：

- 猪“卖得掉”吗？他是不是应该生产其他的东西？
- 猪有什么“卖点”？“吃稻谷、听维也纳音乐长大，猪舍一尘不染。” *35*
- 有什么该避免提到或应低调处理的地方？“身上肥油很多……成天在烂泥巴里打滚”。
- 该卖多少钱？
- 一年之中哪几天猪肉最好卖？
- 是否应该先教育消费者，怎么买像猪这样有家乡味的肥胖动物？
- 猪肉与鸡肉如何竞争？“所有适用于鸡肉的烹调法，都可以用在猪肉上。”

3.2　营销与非营利组织

非营利组织如今对营销一词并不陌生，不过对不同的人来说，“营销”一词仍可能有不同的意义，因此有必要深入探讨。

营销的定义

营销是一个有系统的程序，需要精心设计与规划，而非漫无章法的随意行动。它的目的是完成交易，特别是自愿性的交易。交易的内容可能是以金钱换取产品或服务，为某个目的换取贡献，或是志愿者付出的时间，它们都有自愿性交换的意味在内。

所谓 4P

> 人们感兴趣的其实不是我的种子，而是他们的菜园。
>
> ——大卫·柏比（David Burpee）

营销被视为一门重要的社会科学。以卖猪为例，它有四个基本元素，即：

- 产品（product），有可以卖的东西，最好是消费者感兴趣的东西；
- 价格（price）；
- 推销（promotion）（让买主知道猪是可以买的）；
- 地点（place）（猪农与饥饿的消费者进行买卖或交易的地方）。

非营利组织的 4P

对非营利组织来说，“4P”的应用如下。 *36*

产品

不论提供的产品是教育培训、医疗照顾、会员福利或出版物，一个组织如果要生存发展，提供的产品就必须让别人有兴趣。了解组织成员的愿望与需求，营销计划才会有效。

价格

如果你的组织提供的是终身学习课程、戒烟宣传册，或某种在社区中其他人也有的服务，对定价的概念就应该不陌生。很多非营利组织最后撑不下去的原因多半是因为没有充分考虑自己的成本，结果导致服务价格定得太低。事实上，非营利组织应该将直接成本与间接成本都考虑进去。

价格合理与否也受到主观认知的影响。同样一所有四个房间的住宅，在观光胜地棕榈滩就算定价高到七位数字也可能供不应求，但在比较贫穷的地方即使价格再低也可能无人问津。非营利组织的情况也一样。如果人们认为它提供的服务很特别，收费就可以提高。

推销

好的产品如果没有人知道它的价值，一样可能在货架上摆到发霉。一个组织提供的产品或服务也是一样。特别在这个信息爆炸的时代，推销的工作也愈来愈重要。

地点

对非营利组织来说，地点指的是它所在的位置，以及能见度。它的意思可能是开办一所卫星校园或活动场地，也可能是让社会大众逐渐知道有这个组织的存在。

在典型的营利模式中，营销是直接的双向交换，你卖、我买。营销的功能同时涵括资源配置（提供商品与服务）与资源吸引力（得到收益）。[1]但在典型的非营利营销模式中，通常还有第三者介入。这个第三者就是组织的资助者或提供赔偿的第三方，他提供经费给组织，让组织得以提供服务或争取新客户。

37 不过营销的模式也很难一概而论。例如有的医疗保健集团等营利组织往往向第三方寻求资金援助，同时也有很多非营利组织提供的产品与服务，是让消费者直接以付费方式购买的。

3.3 营销的几个趋势

早期许多组织的营销活动做得非常成功，是因为它们做得最早，或是它们在提出的问题与对市场的分析方面比前人下的工夫深，因此得以发展出吸引人的产品与地位，就算不能投消费者所好也无妨。不过，时代已经变了，营销的趋势也与过去不同。这里列出几种营销趋势，值得组织在制定营销策略时参考。

1. *产品细分愈来愈困难。*

在从前，推出减肥门诊的医院算是颇具特色了，但现在医院如果没有一系列的减肥门诊，可能财务状况就不会太好。

2. 来自营利部门的竞争愈来愈大。

对以赚钱为目的的企业家来说，教育、医疗等各种领域实际上都是可以公平竞争的市场，有些营利机构反而可以用合理的价格提供高品质的服务。不少非营利组织发现，把某些服务外包出去，不但具有经济效益，同时也能兼顾专业要求。此外，在医疗保健的领域中，以大吃小的情况也相当普遍。

3. 价格不一定是唯一的决定因素。

由于社会上享有财富的人愈来愈多（例如 20 世纪 80 年代的“雅皮士”），人们也开始提出各种问题，要求也更多，同时也愿意为他们认为值得的服务掏腰包。试想一想，为什么某些提供特殊服务，如为有钱病人提供单间病房的医院生意如此兴隆？

观察家同时也注意到，有钱人也会看情况花钱。住郊区的上层中产阶级人士会在周五晚上花 50 美元泡法国小酒馆，第二天早上照样会拿着折扣券，在附近的超级市场买早餐玉米片。

4. 消费者更重视服务品质。 38

市场竞争加剧，表示消费者的选择也更多。消费者购买商品或服务时，愈来愈不愿意被动地有什么买什么，而会进一步要求提供更好的服务。

相关个案：美国诺斯丹（Nordstrom）百货公司有许多靠提升服务品质而成功的传奇故事。例如它的训练课程扩大到兼职及临时雇员，以便为顾客提供更好品质的服务；在消费者身上进行投资，而不只是在产品上（不像其他竞争对手的做法，把衣服都锁起来）；以及如何为客人提供换货服务，甚至从别家店买的也一样！

服务不只是各种竞争优势的一环，它本身就是唯一而且最核心的竞争优势。非营利组织也不例外，愿意接受组织提供的服务、参加协会、购买产品的人们都是非营利组织的客户，他们应该有选择的权利。

问问自己：

● 组织上下是否一致认为，应该把接受服务的人摆在第一位？

● 组织的总机容易拨通吗？

● 你会带儿子、女儿或家人来使用组织的设施吗？

● 当你有需要并且也有钱支付的时候，你自己会使用组织提供的服务，还是会到别处去买呢？

● 你是否问过你的客户，他们对组织提供的服务有什么感觉，并照着他们的建议做呢？

5. 时间是一种商品。

通常，人们要做的事情很多：两份工作、整理房子、剪修草坪、带小孩上足球课、学习芭蕾舞课程、准备中餐、修车，而时间却往往不够。一般人多半把大部分的时间花在工作上，其他时间则享受生活。人们工作是为了付钱购买那些没有时间自己做的劳务。非营利组织的主管必须知道，时间是一个有价商品。他们所管理的组织必须调整开放时间，包括晚上与周末；在接近人们上班的地方，甚至就在工作场所里提供服务；未来甚至可以通过电话线与计算机提供某些服务。

39 6. 社会文化渐趋多元。

在许多美国的大城市中，“少数民族”已经变成“多数”。所谓文化“大熔炉”的形象已经逐渐被“马赛克”所取代，就像瓷砖拼图，表面上看来是个完整的图案，但却是由许多独特的部分所组合而成。如果你的组织只提供对白人男性社会的服务，显然就有跟不上潮流的危险。

3.4 你的组织是市场导向的吗?

以市场为导向的意思是，不能先想到你的组织，而是要先想到你的产品或服务究竟是提供给什么人。

小测验

以下的小测验，能让你知道这是不是一个以市场为导向的组织。如果以下的叙述能代表你与员工的想法与做法，就在后面打个钩。

1. 我们参考其他组织的做法，以抄袭它们的课程或服务。
2. 我们非常依赖董事会；董事会知道什么样的课程最好。
3. 大多数的客户都非常满意我们的教育课程（医疗保健课程等)。
4. 我们定期与客户及潜在客户沟通。
5. 组织的每一个部门都有自己决定如何运作的自主性。
6. 以一个组织来说，我们相信：“如果没有破，就不必补”。
7. 我们的职责是找出需要，并发展出适合这个需求的课程。
8. 我们有足够的市场占有率。
9. 现在人们过度依赖死板的数据。多数真正好的点子往往来自直觉。
10. 我们积极寻找能提供给被服务者的新课程。[2]

40 以上十题有哪些符合你所属组织的情况？只有三题符合以市场为导向的组织营销思维，即第 4、7 与第 10 题。如果你选了别的题，或没有选这三题，你可能需要重新思考自己是否能称得上是“以市场为导向”。

如何以市场为导向

以市场为导向的第一步就是决心。从组织最顶端的高级主管、董事会主席、董事会成员，到资深工作人员，每个人都必须决心做好营销。它的意思是什么呢?

- 愿意倾听消费者如学生、观众、客户、病人、家庭、机构、赞助人等对组织的意见；
- 问问消费者的愿望与需求，他们觉得哪些活动有价值，哪些活动应该提供但还没有提供；

● 任命适当的工作人员从事营销工作；
● 创造一个由市场力量驱动的决策氛围；
● 奖励创新与冒险精神。

3.5　展开营销活动

营销计划虽然没有一定的方程式，但仍有某些必须考虑的步骤。

激活营销计划

营销就是计划。当组织着手进行策略性计划时，首先是看看整个内在与外在环境，评估优点（strength）、缺点（weakness）、机会（opportunity）与威胁（threat）。然后提出使命陈述，找到目标，以及能够达成这些目标的一连串活动。

营销计划的开展差不多也一样。实际上，内在与外在环境的评估（参见第 2 章），会为营销计划带来非常珍贵的信息。

为新产品或服务进行环境分析

在组织推出新的活动或产品时，不论这是基于工作人员还是志愿者领导人的建议，首先要问问：

● 目前市场上是否有类似的产品或服务？如果有，有何成功之处？ 41

● 假如组织发展一项产品或服务，除预期产生的收益外，还能提供其他信息吗？

● 规划中的产品或服务能不能满足需求？这项需求是否够明确？应该以什么标准来衡量？

● 新产品或服务的“定位”是否准确？

消费者是否认为你的组织应该提供这样的产品或服务？有什么可以强化这项产品或服务与组织形象之间的关系？

● 为了能让所有支出成本得以回收，定价应该符合哪些条件？是否能涵盖所有的直接成本、间接成本、研发、生产、促销，以及新产品或服务的流通费用？依上述结果制定的价格能被买主接受吗？

● 这些成本是否能用其他的方式弥补？例如寻求保证基金、接受物资捐赠，或由第三者为这项产品付费？

提问，而后倾听

为组织的团队建立一套机制，让你得以听到他们的需求、愿望、兴趣以及渴望。以下是几点建议：

- 成立消费者顾问团，一年定期召开几次会议。
- 不定期召集任务小组（本章稍后将介绍如何成立这样的小组），将小组的焦点锁定在特定的议题上，例如组织希望展开的某项新活动。
- 至少每年向组织的捐赠者、志愿者、客户与成员进行一次调查。

评估

积极地问问下列几个困难而重要的问题：我们需要保留这项服务吗？进行这项活动究竟要花多少成本？市场能经得起涨价吗？如果降价，销售会增加吗？

塑造一个企业般的气氛

42 鼓励冒险并给予奖励。有些公司对勇于提出新点子的员工给予红利、证书等奖励。为什么呢？因为风险投资终究会开花结果。

哈佛商学院教授罗莎贝·坎特（Rosabeth Moss Kantor）相信，公司若要创造一个激励企业精神的环境，就必须具备三套技巧：

行动力

行动力指的是说服别人花钱购买某种观念或投资新方案的能力。

管理团队的能力

为了随时激发创意，组织必须鼓励参与式的决策，成立能提出好点子的团队。团队的管理与过去适用在传统官僚阶层（老板/员工）体系的管理是非常不一样的技巧。[3]

对变化的了解

了解世事终有变化，有双重意义：一是了解组织变化的本质，二是承认这样的变化可能以渐进的方式进行，并非一蹴而就。

组织中至少要有一名具有企业家精神的董事。

同时作为经理人，必须随时欢迎变革，将它视为成功的基石，而非障碍。[4]

鼓励大家提出各种点子，在组织中设一个意见箱，并公开赞扬提出意见的人。

减少亏损

非营利组织向来不擅长以成本的眼光来看待活动与服务，也不善于按照财务是否可行来作决策。非营利组织不太愿意问人们是否喜欢所提供的活动与服务，或仅因为某些活动或服务看来犹如祭坛上的供品一样神圣不可侵犯，就把它们保留下来。

43 这并不是说活动一定要赚钱才能保留。非营利组织毕竟是为大众利益如教育、慈善、科学等目的而存在的。而且保留某些符合组织宗旨的活动，可能也会具有相当正当的理由。不过一定要确定这些理由确实存在。

3.6　是否该成立营销总部？

简单地说：是。也不是。

是。营销必须要有焦点，成立一个营销部门可能有助于找到这个焦点。有些非营利组织已经开始雇用具有营销背景的工作人员，同时市面上也有不少有关非营利事业营销的管理硕士课程。你或许也可以在原有的员工中找到并培养有营销潜力的人。

或许也可以考虑向与组织关系良好的公司借人，请这家公司派个人来帮助你规划营销事宜，费用还可以由这家公司负担。

不是。不要让工作人员有错误的印象，以为反正公司已经有专责的营销部门，其他人就不需要考虑营销的事（“噢，那是营销的事，别担心，营销方面的人会处理这个部分。我们是活动人员，不是营销专家”）。所有的资深工作人员都必须熟悉营销术语，必须自问几个重要的营销问题，即谁想要，谁需要我们提供的东西？

3.7　在非营利组织中进行市场研究

假设你决心让你的机构成为市场导向的组织，你就必须了解，真正的营销并不是以产品为主（如果我们有好产品，销售量就会大增），也不是以销售为主（如果我们努力促销，人们就会购买我们的产品）。相反地，你必须以研究为出发点，从找到需求开始。那么，你应该如何搜集这方面的研究信息呢？

进行探索式的研究

你的组织可以通过下列的方式进行探索式的研究。其目的是找出营销究竟要满足哪些需求。考虑的重点如下：

- 你的组织成员是谁？（可能人员挺多）
- 这些组织成员的特性是什么？他们的兴趣是什么？他们需要什么？他们想要什么？
- 未来三到五年组织成员的特性是否有可能改变？ 44
- 成员们对组织的认同程度怎么样？这种认同是否会改变？会变得更好吗？
- 组织是否还会有新的成员加入？他们的需求与兴趣是什么？
- 组织的竞争力来自于什么人？
- 组织可以通过哪些途径与市场接触？[5]

内部调查

市场研究的第一步是先从组织内部开始的。拿上述问题去问问组织里所有高层人员和基层人员，包括你的董事会、志愿者领导人、工作人员，以及你自己，并比较各人的答案有何异同。大家对“谁是组织的成员”是否有共识？工作人员与志愿者的认识是否有不一致的地方？你们是否一致同意要接触什么样的对象？大家是否为活动找到新的潜在市场？

外部调查

要知道组织成员的特性有很多方法，至于要选择采用哪一种方法，则取决于组织的大小以及它与外在成员的接触深浅程度。

访问

访问的本质应该像对客户的问卷调查，或是对一个有潜力的学生作访问一样，要有一个基本的架构，这样你才能对组织成员有更多的认识，知道他们如何看待你的组织，以及他们为何选择加入这个组织。依照这个大原则问问题，组织才能建立一个有系统的资料搜集程序。

访问的对象除了既有的客户之外，还要包括已经“毕业”的客户。

确定被调查对象知道你为什么要问这些与营销有关的问题，如“我们想知道我们做得怎么样，还有我们要怎样才能做得不一样”。必须清楚地说明他们的答案是会以署名的方式出现，还是以整体综合意见的匿名方式出现。同时也要确定调查人员知道他为什么要问这些问题，同时具备良好的交流技巧。没有理由因为访问做得不好就把潜在的客户给得罪了。

访问可以用面对面的方式或电话进行。问题的设计必须具有弹性，以便让被调查人员充分表达心中的想法。

邮寄问卷调查

45 除了电话访问（它本身是调查的一种）之外，有些组织还会定期向成员进行邮寄问卷调查。如果这种调查做得好，可以获得不错的量化数据，让调查者得以依各种变量（如年龄、种族、性别、地区等）加以归类分析。

焦点小组

焦点小组（focus group）法的好处在于组内的互动往往“比非互动式的小组更容易产生信息，更具洞察力”。[6]焦点小组一般有 6 人～12 人参与，它能提供一个深入了解组织成员感觉、意见与观感的好机会。

在组成一个以营销为目的的小组时，你找来的小组成员应该具有某些同质性，并能够反映目标市场的特色。举例来说，如果你想知道组织正准备推出的成人保健课程是否能够吸引人，就不妨找些刚退休的人士来参加这个焦点小组；如果你的目的是想知道你的教育课程最棒的与最差的地方在哪里，找一群刚毕业的学生来讨论，可能是个不错的想法。

一般来说，这样的焦点小组都会有一个主持人。主持人简单地解释开会的目的，制定基本规则（例如“所有的意见都很宝贵”、“别担心把心里的话讲出来”、“这次讨论的意见不会对外透露是谁说的”）。至于讨论的主题以及某一个话题要讨论多久等细节上，主持人可以相当独断，或者也可以选择让参与者广泛交换意见。无论如何，确定你得到你想要的答案，并设定一些问题让讨论进行得更顺利。

刚开始大家彼此还不熟悉时，不妨让每个人简单地自我介绍，并且先对某一个问题发表看法，一来营造气氛，二来也可以设定每次会议的基调。特别要强调的一点是，欢迎任何人提出的任何评论。[7]

将每次会议过程录音也是一般常用的方法（确定在录音前让小组知道你会这么做），因为主持人很难边主持边记录。你甚至可以在会后把整个讨论内容整理出来，以便进行深入分析。[8]

产品发展研究

假如你已经搜集了组织成员的某些信息，问过他们希望的新产品与服务是什么，同时你也有一组工作人员/董事会负责设计新生产线事宜。那么，当你的组织在提出新产品的概念时，你或许需要回过头来寻求组织成员的帮忙，确定你们正在 46
研究的产品会不会成功。你可以找一个试验小组来帮你做这件事。这就好像新餐厅正式开业前举行的免费试吃活动，目的在于测试菜单与服务品质好不好。在非营利组织里你也可以这样做。

如果新产品是一份刊物的话，可以先把试刊本拿给部分人士看，并向他们提出一些重要而困难的问题，例如："你喜欢版面的编排吗?""这种文章你有没有兴趣?""你会订阅这种刊物吗?""你愿意一年付 24 美元订这份刊物吗?"

事后追踪研究

再好的点子也需要定期检查修正。作为常态性市场研究的一部分，每隔一段时间就要重新评估你的产品与服务。有时候，销售数字就能提供你所需要的全部信息；但有时候你可能需要采取前面提过的研究方法，挖掘得更深入一点。

3.8　组织的相关利益群体有哪些?

组织经常有低估相关利益群体规模的倾向。你的组织可能有多少种不同的组成分子？三种？还是五种？以下是营销专家菲利普·科特勒（Philip Kotler）提出的几种可能：

- 当地社区
- 一般大众
- 大众媒体
- 未来的学生
- 教职员
- 管理与行政人员
- 信托人
- 竞争者

- 高中辅导员
- 目前的学生
- 校友会
- 学生家长
- 供应者
- 商业界
- 政府机构
- 基金会[9]

这个名单虽然很长，但是还不完全。另外还能再纳入名单的有：专业团体、立法机关、代理机构、合作组织、本地与各州的政治人物等。关键在于，想得愈广愈好。你可能会找到过去被你忽略，但其实很符合组织产品与服务诉求的受众。

3.9 市场细分

47 无论是为了销售新的小册子、招揽学员注册上新课程，还是引起重要捐款人的注意力，市场细分都能让非营利事业就现有的资源做最有效的运用。这个工作可以通过三个方面来进行：

1. 地理细分。(依照邮政编码直接邮寄募款信函，回信是不是最多?)
2. 人口细分。(关于治疗口吃的新册子是不是能吸引没有经验的父母的注意?)
3. 心理细分。(看减轻压力门诊的病人有什么典型的喜欢或不喜欢的事情?)

当然，地理资料比较容易获得。例如，新减肥中心开张时，完全按照邮政编码寄发开幕通知，就可以达到宣传效果。这是因为很不幸地，过胖问题并不是某个特定年龄层专有的毛病。相反地，对教养孩子的课程来说，营销人员只会将目标锁定在年轻家庭比较多的社区。

人口资料通常会依照相同的特征来加以搜集，也就是依年龄、性别、民族或种族等共同特征，来将人口分成不同的群体。

心理资料是诸如透露个人意见、态度、感觉与信仰等资料。搜集并分析这些心理资料能让组织更了解特定的群体（例如邮寄捐款的捐赠者）对组织的感觉，以及它背后的原因。

3.10 营销失败的十大原因

营销是一门社会科学，尽管它并不完美，但仍需要付出心血与努力才能成功。以下是几种可能导致营销失败的原因：

1. 市场分析不正确或不完整。
2. 没有及早认清市场其实很小。
3. 时机太差。

48 4. 对实际的销售状况考虑得不够。

产品规划有时虽然可能很诱人，但却不实际。有时工作人员喜欢某种产品，只因为它的计划书写得很好，看起来很吸引人，或可能得奖，但其实销售状况平平。

5. 组织对营销工作三心二意，不够认真。

它在营销工作上投资不够；或营销的功能被孤立，并没有被整合成为组织文化的一部分。

6. 营销研究未能正确了解消费者的需求与愿望。

7. 推广不够。

8. 低估外界的竞争。

9. 研发产品的成本不能从销售中获得回收。

10. 产品的销售途径不佳。

（例如：为低收入的西班牙裔父母提供双语育儿课程，但这些父母却因为交通问题没办法来上课。）预算多寡并不是衡量组织是不是以市场为导向的指针。规模小的非营利组织一样能表现出营销特色，只要它的工作人员与志愿者多为他们所服务的人众设想。[10]

3.11　撰写业务计划

在大公司与制度健全的非营利组织中，发展新产品或服务实际上都是从撰写业务计划开始的。业务计划要能够提纲挈领地陈述这项新产品或活动的重点：为什么它有需要？谁会买？组织的优势是什么？哪些变量可能影响其成功几率？如何达成目标？需要多少成本？

在你的非营利组织中，业务计划的目的有以下三点：

1. 确定你的营销工作人员已经仔细考虑过要提出的概念是什么。

2. 让董事会、预算委员会或其他决策机构相信你提出的计划书的确有过人之处。

3. 说服捐款人相信他的捐款有好处，可以当成某种投资。 49

撰写业务计划与策略性计划非常接近。作为实际撰写这项业务计划的执行者，作者（即营销小组）可以采取像其他许多计划一样的步骤，找出（或确定，如果你已经有现成的策略计划的话）组织所要进行的业务，然后确定这项新工作可能牵涉到组织中的哪些重要人物或力量。

实际的业务计划可能包括以下的组成要素：

- 封面。
- 执行提要。
- 内容目录。
- 组织的业务范围（使命、目的、观众、特色）。
- 背景说明（相关趋势、优缺点、竞争者、威胁与机会）。
- 需求介绍（以及能提供什么好处）。

- 产品或服务介绍。
- 市场介绍（描述目标观众与能提供的潜力；这部分可以用预期销售目标加以详细说明）。
- 营销计划（特殊的策略、日程安排、人力资源配置）。
- 财务资料（预期成本、与价格有关的信息、长期收益目标）。
- 附件（图表、相关文件、支持意见书、详细的计划时间表）。[11]

3.12 将营销原理应用在募款活动上

成功的募款源自有效的营销。非营利事业昔日指望“只要祷告，钱就飞到门口来”的这种神话早已不存在，未来捐助人只会把资源投给一个本来就营运良好、有很好的计划、财务健全的优秀非营利组织。到了21世纪若还有非营利组织继续将自己定位于需要接济的慈善事业，那么它将挣扎在生存的边缘。

募款的4P

50 我们在这一章的前面已经讨论过营销的4P：产品、价格、推销与地点。它们也可以应用在募款上，让募款工作进行得更有效率。

产品

募款活动失败的原因之一是没有卖点。你听过几次非营利组织中的同事（或者就是你自己）说出类似的话：“我们想要聘请一名能替我们募款的人……知道东西埋在哪里的人。”你看过多少组织找了一名又一名的募款工作人员，却从来没有建立一套成功的募款计划？

为什么？原因之一是这个组织不能把募款当成是整个组织工作的一环。它是一种“坏了再修”、得过且过的心态。如果我们以为聘用一名募款人，一切就没问题了，那是不切实际的想法。事实上，募款活动与营销一样，必须要有一个卖得出去的产品。这意味着，如果想成功募到钱，组织必须先有一套计划，知道它进行到哪里，进行得好不好，同时要有一个大胆但可以达成的目标，这样，募款活动才能够顺利进行。因为募款的同时也能确定谁可能对募款目标与预期活动（产品）有兴趣，并知道如何找到他们。

价格

几年前，一个非营利的智障组织打算找人来负责募款工作。这位应征者在面试时问该组织对他的期望是什么——董事会希望他能帮组织募到多少钱？要在什么时间内达到目标？结果董事会答不出来。董事们知道组织需要钱，但从来没想过需要多少钱，要钱做什么，或这个愿望究竟是不是能实现。他们也不知道市场究竟能负担多少。

实践经验表明，募款如果要有效（特别是要募很多钱时），必须对营销潜力有某种程度的了解，它可以从两个方面来了解：

A. 组织可能从捐款者或有可能捐款的人身上募到多少钱？总数是多少？

如果组织从事募款的历史不长，它可能很难作出合理的预估。最安全的方法是假设募款金额能以相对适中的速度逐步增长。

B. 多大额度的捐赠才是可实现的？ 51

同样一名捐赠者可能愿意捐 10 万美元给校友会，但只愿意捐 1 000 美元给他觉得有兴趣的当地慈善机构。

针对募款这个主题，本书第 5 章描述了一套如何找到募款潜力的方法，以及募款的可行性研究。

推销

有效或有卖点的募款资料能为组织描绘出一幅整体的图画，让它看起来像一个值得投资的好标的。促销资料可能采取各种方式呈现：信件、个案报告、小册子、计划书等，但它的中心信息应该是一致的：这个组织确实知道你的需要是什么，并且正在为你的需要而努力。

地点

募款的“地点”有许多不同的意义：

● 实体的地点。即当可能的捐款者上门时，是否能对所见的场景印象深刻，甚至受到感动？

● 在适当时机出现在该出现的地方。募款是通过接触，也就是“谁认识谁”的关系上建立的；在某些场合上亮相能加强组织在募款对象心中的形象，让组织变成一个能吸引人投资的所在。

● 尚未开发的地方。过去一些最成功的募款案例，归功于杰出的资本运营。特别是当组织所规划的新方案看起来很令人兴奋，同时组织也有能力实施时，就特别容易成功。

市场细分

募款与其他的营销工作一样，必须首先了解谁想要和需要组织提供什么产品与服务。举例来说，假如你想要成立一个婴幼儿中心，提供刺激婴儿发展的课程、父母咨询与婴幼儿保健的话，组织所在的地区或国家中有什么公司、私人基金会、个人或政府机构可能对学前教育、托儿或婴儿健康有兴趣？有没有什么公司的产品是特别锁定在年轻父母身上的？

在开展募款工作之前，必须从组织的潜在对象中筛选出那些对这项新服务有 52
兴趣的人，筛选出那些有能力提供财务支持的人。将整个组织的潜在资助者、服务对象加以有效的细分，能够让募款的工作人员与志愿者将他们的资源与时间做最好的运用，能够将精力集中在最可能想要这项产品或服务的对象身上。[12]（如想进一步了解募款的工具，以及这些工具各有何优缺点，参见第 5 章。）

3.13 营销与公共关系

第4章将会深入探讨公共关系，不过下述几点我们得放在营销的内容中讨论。

有些组织将公共关系（或公共信息）视为新闻发布，当推出新活动时就写一篇附有“请立即发布……”字样的新闻稿，并将它传给当地的报社、电台与电视台，希望有人加以报道。这样的公关或营销是不会有效的。

公共关系工作要有成效，必须先了解组织的目标与需求，以及它是否与组织想接触的公众的目标与需求相符。想在公共关系中采用营销策略，必须通过以下的步骤进行。

1. 确定组织的整体目标。

第一步也是最重要的一步是，公共关系工作的目标必须与组织的整体目标互相呼应。这里的整体目标也就是使命陈述、策略计划与其他陈述组织存在意义的重要文件中所呈现的目标。

2. 确定公共关系的目标。

公共关系的目标如果模糊不清，或对不同的人代表不同的意义，那这个公共关系工作就注定会失败。组织的董事会与工作人员必须将组织未来几年努力要达成的目标（最好不超过五个）说清楚。很显然，公共关系的目标不但要反映整体的组织目标，同时也是组织整体目标的产物。

3. 确定有关的“公众”是谁。

如果组织做公共关系并不能改善企业在一般大众心目中的形象，那么就没什么理由特别锁定某一群人发表公开信息。公共关系所锁定的对象应该与组织的其他工作相
53 辅相成。举例来说，组织可能决定对企业界做公关，以便为日后向企业界募款铺路。

4. 评估有关公众对组织的印象与态度。

搜集目标大众的底线是件重要的工作：他们怎么看待你的组织？这个形象是否正确？是正面的吗？要改变这个形象需要在公共关系上做什么样的努力？

5. 建立一套公共关系计划。

计划必须完整并具有可以衡量的目标、策略与活动。公关的目标要如何达成？由谁做？运用哪些资源？需要在什么时段进行？

6. 将计划落实。

7. 对营销工作进行常规式与总结式的评估。[13]

总结

> 营销的目的是让销售行为变得多余。它的目的是让我们对客户的了解非常深入，使产品或服务刚好符合他的需求，无须推销就自己卖出去。
>
> ——彼得·德鲁克

了解市场，知道消费者要什么，这是许多美国企业正积极想要做的事情。国内外的竞争促使企业必须这样做，而非营利组织也不例外。如今我们已经知道营销的两大原则：第一，它是一整套广泛的知识与技巧；第二，它也是 21 世纪的非营利组织必须具备的概念。

注释

[1] Benson P. Shapiro，“Marketing for Nonprofit Organizations.” In *Marketing in Nonprofit Organizations*，Patrick J. Montane，ed.（New York：AMACOM，1978），17.

[2] Alan R. Shark，“How to Become a Market-Driven Association.” Presented at the November 15，1989 Management Forum of the Greater Washington Society of Association Executives.

[3] Rosabeth Moss Kanter，*The Change Masters*：*Innovations for Productivity in the American Corporation*（New York：Simon and Schuster，1983），35－36.

[4] Robert R. Tucker，“Unleashing the Innovator in You!” American Society of Association Executives Annual Convention，August 13，1989.

[5] Robert M. Smith，“Knowledge Is Power：Research Can Help Your Marketing Program Succeed，” 54
Case Currents，8（May/June1982）：8.

[6] David L. Morgan. *Focus Groups as Qualitative Research*.（Newbury Park，CA：Sage Publications，1989），12.

[7] Morgan，12.

[8] Smith，11.

[9] Philip Kotler，*Marketing for Nonprofit Organizations*（Englewood Cliffs，NJ：Prentice-Hall，Inc.，1975），18.

[10] Christopher A. Smith and Goodwill Industries of America，Inc. *Marketing Rehabilitation Facility Products and Services*（Menomonie，WI：Materials Development Center，Stout Vocational Rehabilitation Institute，1987），109－115. 这篇文章提供了一些关于为什么营销会失败的思考。

[11] Jonathon Peck. “Business Plan Writing.” A presentation at the American Society of Association Executives Annual Convention，August 14，1989.

[12] Kathleen S. Kelly，“Pass the Alka-Seltzer：How Market Research Eases the Pain of ‘Gut-Feeling’ Solicitation，” *CASE Currents*，8（May/June 1982）：32.

[13] 营销规则在公共关系中的应用可参见 Philip Kotler and Alan R. Andreasen，*Strategic Marketing for Nonprofit Organizations*，3rd ed.（Englewood Cliffs，NJ：Prentice-Hall，Inc.，1987），577。

第 4 章

公共关系：组织的自我营销

概要

55 组织理论提醒我们：组织依赖环境而生存；与环境互动才有希望，孤立自己只会死亡。衡量一个非营利组织是否健全的重要指标是：组织是否与各类群体保持足够的交流？该组织与公众有了互动的交流后，一般公众对该组织的印象如何？该组织能从这些互动中学到些什么？

本章讨论的主题为公共关系（以下简称公关），内容包括现有的公关法则与成功的公关策略。本章将探讨如何定位并成功地塑造非营利组织的理想形象。此外，本章还将讨论以下问题：你的机构是否适合使用计算机排版、出版；别人怎么看你的组织；如何雇用并管理有效率的公关人员（包括一个工作说明的范例）；如何让媒体多做报道；最后，探讨 21 世纪非营利组织的公共关系。

4.1 公关……不只是发新闻稿而已！

本书第 3 章“非营利组织的营销”中提到，有些非营利组织对公关工作几乎一无所知，而出现以下的情况：“我们需要在这方面做一点公关……”；“我们必须举办一场记者招待会”（记者招待会现场通常没有任何媒体出席）。

对 20 世纪 90 年代的非营利组织而言，与公众（非营利组织的服务对象）进行交流沟通，已经成为组织的重要课题。许多大学和研究所现已开设有关公共信息的课程，有志朝这方面发展的人可以在这些地方获得资格认证。非营利组织的负责人 56
或管理阶层应该认识到，公共信息（public information）或称公共关系有其特定的知识领域。

4.2　适当的称谓

“公共关系”、“公共信息”与“沟通”代表了一个演化的过程。多年以前创造了这项功能的组织，把它称为“公共关系”。很快大家就把它简化成“公关”，但是很不幸的是，这个词有点令人不舒服、甚至有点滑头的色彩：公关人员操纵信息，不真实地展现组织的面貌，对媒体一点也不诚实。

正因为“公关”这个名称会让人产生不好的联想，所以许多组织把它改成“公共信息”。这一名称隐含着这样的意思：该组织乐于让大众了解其工作内容，而非神秘兮兮，隐晦行事。但“公共信息”这个名称又带有单向沟通的味道。正如第 3 章“非营利组织的营销”中所述，为达成有效的沟通，员工们必须愿意聆听，也愿意发言，而且最好先听，听完后再发言。他们必须了解接受组织服务的公众的愿望，他们对组织的看法，以及他们的需求。

我们必须和公众沟通。因此，现在的趋势是把这种功能称做“传媒”。虽然“传媒”这个词汇能比较正确地表达这个功能，但仍会造成一些混淆。举例来说，许多大学设有传媒系，教授有关广播电视、电台方面的专业知识。许多非营利组织的员工负责“减少沟通上的障碍”，因此也可以说是从事“传媒学”的工作。

这样看来，最重要的是这一“功能”能够达到双向沟通的目的。期待有朝一日我们能够给这个“功能”冠以一个最恰当的称谓！如果这个“功能”可以顺利运转，大众自然会了解其名称的意义。

4.3　建立公关策略

实际上，公关是一种市场活动，必须事先做好计划。好的策略规划，必须依赖良好的公共信息工作计划。所谓计划，就是对未来做评估与准备的过程。[1] 所谓公共关系，是组织决定要塑造何种形象、如何塑造的一种过程。

公共信息调查

从事公共信息调查时，除了考察可能会影响组织的主要趋势之外，还必须留 57

意：哪些人是与组织相关的公众？这些人对我们的了解有多少？他们对我们的印象如何？假设你的组织是当地的基督教联合劝募协会的分支，你提供儿童教育活动、职业与身体保健服务，给残障儿童提供口腔医疗服务，给残疾儿童的父母提供心理咨询，那么公共信息部门的人员必须和下列人士联系，才能完整、深入地了解组织的服务对象：

- 参加完组织课程的毕业生——这些残障青年在幼年时曾受到基督教联合劝募协会的照顾；
- 残障儿童的父母、家属，以及其他的照顾者；
- 医疗团体内的相关单位：小儿科医师、家庭医生、照顾新生儿的护士、儿童牙医、当地的医学院；
- 启蒙教育项目的负责人；
- 学前班教师和大楼的管理人员；
- 本县的卫生单位；
- 本组织的董事会；
- 本组织的员工代表；
- 捐赠者；
- 媒体。

你一定想知道这些人士对你们基督教联合劝募协会工作的了解有多少，他们所知道的信息是否正确，他们对你们组织是否有正面的印象，他们会不会介绍个案给你们组织（或把自己的孩子送来）。你也一定想知道其中是否有差异和矛盾之处。例如，不同的公众，对你的组织可能有不同的看法。此外，你也希望知道有哪些是“民之所欲”，而组织又可以办得到的事情。

第 3 章详细列出了组织通过营销手段，收集这类信息的各种方式——访问、调查、焦点小组法。不妨考虑请一位客观的、没有利益冲突的人来收集资料。如果有足够的资金，甚至可以考虑用公关公司。如果不考虑公关公司，可以找当地大学公共关系系、新闻系、公共卫生系等领域的学生们，以班级为单位，来做“调查组织服务对象”的工作。

4.4 组织形象定位

58 定位组织的形象，受到两个因素的影响：

1. 现阶段组织的被服务群体对于组织的了解与想法。
2. 组织发展策略的中心目标与宗旨。

组织的定位最好建立在对整体情况的了解之上。举例来说，如果你所在社区的平均年龄的增加速度比全国人口的平均年龄的增加还快的话，这种情况如何在组织的工作中反映出来？本地的经济状况还好吗？本地的少数民族人口是否增加？本地的单亲家庭是否增加？你的组织的形象，会随着人口结构的改变而产生变化吗？

当你设定目标时，切记以下几点：

- 知名度（awareness）
- 信息（information）
- 知识（knowledge）
- 态度（attitude）
- 行为（behavior）

相对于其他项目而言，建立知名度或许是非常直接的工作。例如可以设定一个目标：要使社区内 30%的人口都对组织的名字产生印象，这是很直接的。但是，进一步让公众了解组织在做什么，以及对组织产生良好的评价，并且愿意主动担任志愿者，难度就比较高了。有时候你的组织所需要的仅仅是更高的知名度，所以不要因为无法改变公众的态度，而觉得自己的公关工作彻底失败。

上面的几个项目的优先级，会因为你想要接触的对象的不同而有所改变。你可能不需要很高的知名度，只需要小儿科医师们知道可以将个别病例转诊于你的组织就可以。让一般的社区工作者了解基督教联合劝募协会在做些什么并不十分重要，但让可能的捐赠者知道这个组织在做些什么，则是非常重要的！

4.5　塑造组织形象

有些人会抱怨公关部门的工作弹性太大。举例来说，募款部门工作的好坏可以通过捐款数字来衡量，而公关部门的成绩就不容易看得出来。其实很容易解决这样的问题。只要能设定并执行一套公关策略，过一段时间后，评估其是否有效即可。 *59*

设定了公关的目标，计划好要对什么样的团体进行何种公关工作后，就可以开始发展特定的目标，并设计活动以达到这些特定目标。切记必须先决定：

- 易衡量的目标
- 由谁负责
- 为期多久
- 费用多少
- 结果如何评估

谁来制定公关计划

如果你没有公关委员会，或董事会内没有公关委员会，你可能需要新建一个。这个公关委员会包括了组织的资深公共信息人员，此委员会应该承担责任，拟订公关计划大纲，并向全体董事报告，取得董事们的支持。此外，让员工们支持公关计划也非常重要。每个员工每天都会进行一些与公共关系相关的工作。让员工参与公关计划的制定，并支持计划的目标。

4.6 确立组织出版物的标准格式[2]

让一个组织更上一层楼的方法之一，是将其所有印刷出版物的格式统一化，这就是所谓“形象管理”的第一步。这并不表示所有的印刷品要看起来一模一样，而是所有的印刷品的风格应该统一，让收到这些印刷品的人能够收到一致的讯息。

收集资料

树立形象的过程，首先必须从明确组织最基本的问题——宗旨、目标和策略开始：

- 我们是谁？我们可以把什么做好？
- 别人怎么看我们？别人认为我们的长处在哪里？
60 ● 我们的形象如何？我们想要创造何种形象？
- 我们的长远规划是什么？

在收集资料的阶段，必须问很多问题，必须找很多人来回答问题，才能够形成一些意见和想法。可以请非正式的焦点小组或利用一对一的面谈，以及调查等方式，来评估组织当前的形象。

要将评估的结果做成报告并交给组织的领导层看。举例来说，报告可能会暴露出：本组织的主要单位对组织的宗旨有很清楚的了解，但是一般大众则欠缺对组织的工作内容与宗旨的认识。而在那些对组织有所了解，但没有参与组织工作的大众口中，可以听到：这个组织“做好事”、“关心社会”、“符合社会某些需求”等话语。

实际上，有很多公众并不清楚你的组织究竟是做什么的。

收集资料与讨论以后，撰写一份定位陈述（position statement），内容主要就是“组织想为自己说些什么”。这份定位陈述可以作为组织发展计划的基础。

可以将定位陈述交给平面设计师参考，以设计一些组织标志图案。这些标志图案可以放在信件的页首，让志愿者与员工来选择。

最后，选定一个代表图案。这个图案，加上组织名称的“代表字样”（代表了组织的名称），就变成了组织的代表符号。这个代表符号要用在组织所有的出版物上，通常组织也会规定何种颜色最适合搭配这个代表符号。还有，使用何种纸、何种字体等，都会有所规范。

4.7 你的组织适合使用计算机排版、出版吗？

组织的公关活动，不见得都是由公关部门的人员来做。举例来说，每个部门几乎都会有一些印刷品。从前你可能会要求所有要给印刷厂印刷的出版物，都要经过公关部门；现在因为计算机、打印机普及的缘故，人们可能不再遵守这些规定（也许并不是故意的）。

或许我们这样看这个问题：你的组织适合使用计算机排版、出版吗？打印机的 61
功能越来越强，无论你的组织使用的是 DOS 系统还是苹果系统，大概都会用计算机排版。如果不是的话，你的组织在未来一定也会跟随这一潮流。因此，我们面临的问题是：组织如何有效地使用计算机排版，生成高品质的出版印刷品？

如何有效使用计算机排版，生成高品质的出版印刷品？

1. 提供足够的设备。

一般人很容易在一台文字处理机上写一份文件，而这份文件也可以再复制。但是，如果你要把这份文件发送给组织的分支机构，你会想要寄出一份看起来像勒索信的东西吗？还是你想要寄出一份能够正面反映出组织形象的东西？

“但是费用可能很高呀！”毋庸置疑，麦金塔高端产品、IBM PS/2，或其他的小型设备都不是很便宜。有经验的员工也不便宜呀！但在设备与员工上投资是很值得的。你的组织可以请人捐赠设备，回报是在出版物上注明捐赠者名称，这个问题就解决了。

2. 保证品质。

请组织的公关人员或平面设计人员（美编）制定下列规范：

- 标准的页宽，文字到纸张边缘要留下多宽的空隙；
- 字体的范例；
- 与设计相关的信息：例如，要留多少空白。

组织也可以要求：任何由计算机打出来的文件，必须经过平面设计人员审核，来决定用何种方式排版。

3. 提供持久的培训。

培训员工的费用可观，但如果省下这笔费用，则可能出现出版物的品质低下，内容错误等情况。一定要让那些使用计算机的员工们清楚知道计算机的功能和限制。

4. 另外开辟“悠游室”。 62

使用计算机排版的危险之一在于：每个员工都会想要自己创造卷标、小册子与报告，公关人员与平面设计人员一不留心，就会被“帮我一个忙”这样的要求纠缠得脱不开身。有些组织为了解决这样的问题，开辟了“悠游室”（yoyo room），意思就是“自己靠自己”（you're on your own），把所有的计算机排版工具集中在一起，由平面设计人员保证品质管理，但实际上的创造工作由各个员工自己做。

总而言之，只要制定并保持一定的标准，就可以很好地利用计算机的排版功能，也让员工有机会发挥创造力。

4.8 组织给人的印象

组织会给来访者留下什么样的印象？你想对服务对象、学生、董事、捐赠者留下什么样的印象？你可以假设自己是位贵宾（哪个来访者不是贵宾呢），好好想这个问题。

1. 如果有人打电话联系来访活动，会得到何种回应？

在电话铃声响五次之前会有人接电话吗？接电话的声音听起来是否友善、热情、具有专业知识、不具威胁性呢？还是打来时就碰到重重困难，无法得到较好的服务呢？

有没有一个适当的接待区，里面有给儿童和成人阅读的书报杂志？如果来电已经被转接到相关部门，部门的员工会很快接听电话吗？如果要找的人不在座位上，打电话的人会得到什么样的回答呢？

- “喔，他还没来办公室，我不知道他什么时候会来。”
- “她可能外出有午餐约会了。”
- “请问您是哪位？我刚刚没听清楚您的大名。”
- “有何贵干？”

2. 你的建筑物从外面看来整洁吗？

你的建筑物需要上油漆吗？外面的花丛是否修剪整齐？草地、人行道或建筑物前的街道上有没有垃圾？

63 3. 来访者看到的办公区如何？

办公区堆满了纸箱吗？大家看起来都工作愉快吗？有没有挂上好看的艺术作品（可能由组织的服务对象绘制，可能是儿童的作品，也可能是成人的作品）？有没有挂那些足以说明组织在做些什么的照片呢？

4. 你和你的员工会亲切地称呼服务对象的名字吗？

员工会直接称呼名字，还是仅仅把他们看做“服务对象”（例如患者××号，个案××号）？员工会说103病房的杨太太，还是会说103病房的胆囊炎病人？

5. 如果你是来访者的话：

- 你觉得服务人员态度热情还是恶劣？
- 你可以在建筑物中找到你想要找的人吗？指示清楚吗？考虑到来访者的需求吗？
- 如果你看起来好像迷路了，会有员工主动帮忙吗？

6. 如果你是组织服务对象的家长或家属：

你觉得自己受欢迎，并被接纳为团队的一员，还是觉得别人都认为你在浪费他们宝贵的时间？

你不妨偶尔试试看，打电话给组织，或到走廊各处走走。写信询问一些基本情况。请人打电话进来，问问如果要捐款，需要什么程序。试着填写组织的申请表格，看看是否太复杂太啰唆。

你要有心理准备，试验的结果可能完全出乎意料。就算在管理最优良的组织内，也可能会因为自满而忽略了细节。在一个声誉良好的机构内，难免会因为过于自信而忽略了小地方。

4.9　如何雇用并管理优秀的公关人员

以前，雇用优秀的公关人员可以说是既容易又困难。容易之处在于：凡是具有简单文书能力的人，都可以来应聘公关工作，但这也正是其困难之所在。现在这个领域已经比较专业化了。目前公关工作作为一种职业生涯，吸引了大量有学术背景和实际经验的人。对组织的负责人而言，这实在是鼓舞人心的好消息。

相对医学、法律、机械或会计而言，公关这行可能缺少自己的一套知识体系， 64
因此似乎任何人都可以应聘公关工作——而董事们则认为他们比公关部门更懂得如何做好公关工作。

有时候董事们真的对公关工作比较在行。有人说，公关工作不太像是一个专业，有许多半路出家或从未受过训练的人在做这行。而几乎没有任何一个做公关这行的人，是一步一步计划好要走这条路的。

公关这行所面临的第三个挑战是：这行涵盖了……

- 好莱坞的公关人员，为了让他们的明星见报，任何惊人之举都做得出来；
- 媒体对募款部门人员发出的新闻稿毫不理会；
- 有三寸不烂之舌的汽车推销员，或房屋中介，或选举候选人。

对公关人员最消极的印象，可以用一句很具讽刺意味的话来形容：

> 此行最重诚信，一旦你学会如何让人以为你有诚信，就无往不利了。

公关这一行，葫芦里卖的是什么药?

值得庆幸的是，当今的公关人员通常都在学校接受过训练，具有良好的沟通技巧。由于公关人员受到严格的专业伦理训练，媒体认为他们是可靠的信息来源。但是，你如何才能找到这样的人呢?

从简历上寻找信息

先确定组织需要什么样的人：

- 具有与组织工作相关的知识背景，同时也具有公关经验的人；
- 选择公关工作作为其职业生涯的人。

不管你选的是哪一种，你总希望找到的人有良好的沟通技巧，不管是口语还是书面。应聘者应该具有和大众沟通的经验，最好有和不同群体沟通的经验；应聘者的工作经验最好都和公关生涯有关。小心那种“万事都行”的简历。公关工作的确需要“通才”技能，但是你的组织不应聘请一个只把这里当做跳板的人。

65 如果你要找一个有丰富的公关背景的人，那么可以看看应聘者在大学选修的课程，最好找硕士程度的。当然，更好的方法是看看应聘者是否是美国公关协会（Public Relations Society of America，PRSA）的成员。美国公关协会是一个公关从业人员的协会。当然最好看看应聘者是否是一个已经经过认证合格的公关人员（由 APR 颁发的公共关系人员资格认证）。

你必须根据组织的需要（是地方性还是全国性的组织？是学院、医院？有 10 个还是 110 个员工？），决定到哪里找到你的公关人员。专业杂志是个不错的来源，而《高等教育新闻报》（*The Chronicle of Higher Education*）也是一个不错的选择。只要你愿意付钱，你也可以从猎头公司寻求帮助。开始收到应聘函后，要注意以下几点。

1. 良好的沟通技巧。

有没有文书经验的记录：大量的写作、在期限内完成的稿件，而非发表在学术期刊上的那种文章？

简历上看得出来有公开演讲的经验吗？

简历写得好不好？有没有打字错误或文法错误？

2. 专业背景。

简历是否说明应聘者修过公关方面的课程（无论是开始公关工作前，或在职进修期间）？应聘者参加过公关培训吗？

3. 敬业精神。

应聘者是将公关这行作为其职业生涯来经营，还是仅仅把它看成一份工作而已？这里是他/她所应聘的第一份和公关相关的工作吗？应聘者如果是美国公关协会的会员，他/她在协会中活跃吗（参加地方性的会议与全国性的年会，参与服务或参加委员会吗）？

4. 职业生涯。

从简历上看得出来应聘者在职业生涯上不断进步吗？举例来说，职称是否从“公关人员”变成“公关主任”？你要找一个想在这一行更上一层楼的人，还是要找一个需要这份工作来付房屋贷款的人？

你要找一个年轻、经验不多但干劲十足的人，还是要找一个老手，不太会犯错，但不是很有冲劲的人？

66 你要找一个会来组织努力工作两年，但两年之后想更上一层楼的人；还是想要找个会在这里待很久的人？

面试时要注意应聘者哪些方面

一关关筛选到最后，现在已经只剩下五个候选人了。其中有两个从简历上看起来还不错。面试时间也已经确定了。

良好的公关专业人员必须具有以下素质。

1. 速度与敏捷度。

你如果听过美式足球比赛的转播，大概就知道“速度”（很快可以跑到很远的场区）与“敏捷度”（快速变换方向的能力）的不同。从事公关工作的人员应同时具备这两种素质：

- 速度＝有能力很快完成一篇好的文章；
- 敏捷度＝有能力从一个危机转移到另一个，并可以跳转回来。

公关人员通常必须具备一定的能力，在短时间内可以写出一份能被人接受、容易理解的文章。许多人在没有时间限制的情况下，可以写出一篇看得懂、读得通的文章，但是公关人员可没有这种闲工夫。公关人员不可能一次只做一件事，其他的事完全不管。一个人若无法在经常被打断的情况下工作，则此人可能不是理想的人选。

2. 组织。

公关人员有时候必须处理危机，当然危机不应是他们引起的。你应该找一个可以处理无数复杂任务，但不会遗漏掉大小事宜的人。

3. 愿景。

如果说策略的制定可以创造出美好的愿景，那么公关则是帮助把这样的愿景表达出来：公关可以创造出文字的“图像”，从而激发想象力。你可以问应征者：“根据你对本组织的了解，你认为组织五年后会是什么样子？”

4. 自问：我会如何看待？

如果你是个电视新闻记者，你会如何看待这个应聘者？当然这就包括了主观的判断在内——但是公关必须同时处理外表与实质（事实）！

每个组织都有其特殊的组织文化。适合环保组织的人选，不见得适合在非营利 67
性的癌症治疗医院工作。你的公关人员会是媒体接触你的组织的所碰到的第一线人员，因此公关人员的表现，会让媒体对你所在的组织产生特定的印象。这个应征者的形象是你的组织所需要的吗？

公关工作说明书模板

图4—1是公关主任的工作说明书模板。

善心协会（Wellmeaning Institute）为饮食不正常的儿童与成人提供治疗。本协会为非营利组织，位于北卡罗来纳州中心，与其他主要城市交通便利。本协会每年服务约300个个案，现已步入第10年。

本协会征求资深公关专业人员担任公关主任，负责所有关于公共信息、媒体关系、美编印刷、内部沟通的工作。公关部门必须与本协会的募捐部门紧密合作。

公关主任负责管理五名专业公关人员，以及三名行政助理。公关主任必须与本协会的董、监事密切合作，特别是董事会内的公共信息委员会。此外还需负责制定公关部门年度目标，并就工作进度做报告。

应聘条件：具有公关、传播、新闻或写作相关的硕士学历，有杰出写作技巧、优良的组织与人际沟通能力，对非营利组织领域的重要议题有相当的知识。应聘者若有饮食失调方面的知识为佳，但并非必需。有意者请寄简历……

图4—1 工作说明书 公共关系主任

4.10 管理公关部门

在公关部门的管理工作中一直以来最令人头疼的是：如何考核其绩效。如何知道公关部门的主任工作绩效是否优良？

- 由每个月发多少篇新闻稿来衡量？
- 由当地电视台或最大的报纸，在一年之内对组织报道的频率来衡量？
- 68 工作绩效受到董事会内的公关委员会的赞赏？

另外还有一个相关的问题：公关部门的绩效要以什么样的时间来衡量？一年的时间，是否不足以见到很大的改变？用两年的时间投资在不可能成功的事情上，是否太长了一点？

设定切实可行的目标

公关工作失败的原因（公关人员做不好的原因）在于：组织通常会设定不切实际的目标。

- “我们希望六点的新闻能够报道我们。找一个人来做这件事吧！”
- “你看到昨天的《快讯报》（*Dispatch*）上面有关罗梅尔诊所的长篇报道吗？我们什么时候可以让人家用那么长的篇幅来报道我们？”
- “我们干脆请鲍柏·霍伯（Bob Hope）（美国著名的脱口秀主持人）来主持我们的年度舞会好了。他做了很多慈善工作。如果他来的话，全国所有的报纸都会派人来报道。”

公关人员可能无法完全说服董事们，不是光靠努力尝试，就能请得到鲍柏·霍伯来参加慈善活动；但公关人员仍可以建立切实可行的目标，以衡量公关工作的绩效。

设定目标必须始于营销评估。组织试图影响的是什么样的人？组织要传达何种信息？除非其读者是你想要接触的对象，否则不要让当地报纸做周末的长篇专题报道。其实你可能比较希望能得到商业人士的注意。本社区的商业人士阅读的是什么？有没有任何组织正在进行中的计划会引起他们的兴趣？我们必须做的事情是

- 降低压力
- 雇用年纪较大的员工
- 针对教育程度较低的雇员的培训课程
- 对激发工作热情的研究
- 有关全球市场的信息
- 分享工作

…………

69 公关部门必须以“市场”为导向，并自问：商业人士想知道什么？需要知道些

什么？谁是潜在的“购买者”？他们有哪些特征？如何寻觅良才、培训员工、留住人才？如何让所有层级的员工都具有高度的工作热情？如何有效运用最新的科技？最新的产品卖点在哪里？

审查组织的所有计划，很可能你已经在面对上述的议题了。你确实有让商业人士感兴趣的信息和技能。现在的问题在于：如何让商业的利益与组织的计划相辅相成？如何让组织的信息有效传达？

设定切实可行的目标，也意味着把公关工作限定在组织可接受的目标之内。公关是服务的一部分，公关的目标应与组织其他的目标相呼应。我们很容易接受这样的观念：公关工作的目标应该配合筹款工作的目标。公关部门应帮助组织塑造有利形象，以吸引捐款者慷慨解囊。

然而，同样的道理应该也适用于其他的组织目标上面。公关部门的目标应该与其他部门的目标互补，例如：

- 招募新的学生或服务对象
- 成功地向外扩展关系
- 向州政府争取更多的财务补助
- 吸引社区中较有名望者的注意力

小型非营利组织的公关

虽然有效的公关工作的准则适用于所有的非营利组织，但实际上开展工作的方式，会因为组织的大小与预算多少而有所不同。许多非营利组织的资源，不足以负担公关部门的费用，或复杂的市场调查。

小型的非营利组织不妨考虑下列的建议。

1. 利用志愿者资源，扩大公关人员的编制。

组织一个公关委员会或项目小组（委员会通常是长期性的，项目小组是临时的、短期的）。可以利用组织内现有的志愿者来准备文档，联系平面与电子媒体，
担任导游。所有的人都必须了解，当志愿者参与这类工作时，对他们工作质量的要 70
求和对正式员工的要求一样：志愿者也要遵守工作的进度表，还要能接受其撰写的文档被别人修改。

2. 采用实习生制度。

向本地的大专院校征求人才，通常可找到聪明、精力充沛的年轻人，愿意做实习生，这对组织、对学生都是不可多得的好机会。学生们可以得到宝贵的经验，并在简历上留下很好的记录，而组织则可以得到一群素质不错的年轻人的协助。

3. 邀请某大学的公关系，或当地的美国公关协会的分支机构，把你的组织当成特别的个案来研究、协助。

只要事先做好周密的计划，很可能可以找到本地大学的公关系，把组织的工作作为一个学期的个案来研究。而越来越多像美国公关协会这样的组织，也愿意参与地方性的社区工作。

4. 向当地的公司请求支持。

有某个非营利组织将其整个公关工作（包括宣传品的美编），交由某公司的公关人员去做。还有另一种可能性：向某公司租借一个公关人员（通常叫做“行政人员租借”计划）。

5. 筹募公关专款。

你的组织可说服捐款人，让大家捐款帮助公关工作，可以提升组织的形象，因而增加组织扩张的机会（包括吸引更多捐款者在内）。

4.11 上报纸、上节目

如果组织能够增加在媒体上的出现频率，包括新闻报纸、广播节目、电视节目等，对组织的帮助会很大，原因有三个：

1. 媒体的报道，可以让更多人愿意接受组织所提供的服务。

典型的非营利组织，通常不可能购买广告时段，最好的方式就是请报纸专题报道，或在广播、电视上报道，就能达到比购买广告时段更好的效果。

71 2. 媒体的出现频率高，对组织的财务或内部工作，都是一种帮助。

一篇报纸的专题报道，可能没办法让组织得到大量的捐款，但只要组织的知名度越高，将来筹款也越容易。知名度高也比较容易吸引志愿者。

3. 媒体的报道通常被认为是对组织的一种“肯定”。

如果假定受到媒体报道是件好事的话，组织的新闻能上报、上节目，乃是因为媒体认为这个组织值得报道。组织可以“自吹自擂”，说自己的工作做得多好；但这种赞美的话如果由一个客观的第三者（媒体）来说的话，分量就不一样了。

和编辑一起工作

无论是平面媒体还是电子媒体的报道，都必须由编辑来决定哪些新闻可以上版面。了解编辑的需求与喜好——将营销的原理运用到公关工作——将可以增加组织得到媒体报道的机会。编辑们每天都被各种各样的新闻淹没，还需面对各方要求采访的压力。此外，编辑还必须追踪全国性与地方性的新闻，并决定如何在有限的版面上呈现这些新闻。编辑的时间非常紧，必须决定什么题材最具新闻性，也就是说“提供最多最紧急的信息，给最多的民众”[3]。

组织如果很希望得到媒体的报道，最好站在编辑的立场来想：这个组织有什么是值得报道的？有没有一些特别的进展，一般民众会感兴趣的？有没有什么东西是值得让更多的人知道的？

想象以下的情形：爱波维托儿所（Appleway Nursery）是个托儿机构，里面收的小孩通常都来自双职工家庭。在工作会议中有个员工提到，中心内有越来越多的孩子一年只能见到祖父母几次，所以她就决定邀请一些老人定期来这个中心探访，给儿童讲故事，和他们玩耍。结果这个计划非常成功，孩子们很喜欢这种做法，老人家觉得受到重视、有人需要他们，父母们也注意到孩子的情绪变得比较稳定。

爱波维托儿所可以给媒体提供一个好的新闻题材：通过观察新的社会趋势——家庭生活的改变，双职工家庭的增加，人口的老龄化，并把这些联系在一起，运用在组织工作内，就创造了一个不错的“新闻故事”。

新闻节目

让有关本机构的报道上六点钟的新闻节目，只是诸多方法之一（说实话，实在 72
不太可能）。应该多考虑其他方式。

广播脱口秀

现在的脱口秀越来越受欢迎。爱波维托儿所的故事可能会很受脱口秀节目的欢迎，因为这个节目的听众里有许多老年听众。爱波维托儿所可以派出一组人上节目接受访问，这组人包括：老师、定期探访儿童的一位“爷爷”或“奶奶”、一位家长（双职工家庭的家长，可以通过电话在办公室接受访问）。

杂志

许多的新闻报纸都发行周末特刊杂志，主要的城市也发行当地的报纸。此外，针对不同的读者群，有各式各样的杂志发行。爱波维托儿所的故事应该可以登在三种杂志上：周末特刊（附上老人探访儿童的有趣照片）；当地的社区杂志，许多都是针对中低收入家庭而发行的；针对退休老人发行的杂志。

组织本身就代表专业

塑造有新闻卖点的故事，可以累积一些知名度。另外，也可以通过让外界知道本组织的人员都是专业人士的手法，来打响组织的知名度。电子与平面媒体都希望能够和本组织合作，媒体需要进一步的信息来澄清或分析时，组织最好能够提供给媒体。在你的组织内，有些专业人士（包括正式员工和志愿者）是可以让媒体知道的，包括：

- 科学
- 科技
- 医疗护理
- 现代艺术
- 虐待
- 儿童医护
- 经济
- 管理
- 人口中种族比例的改变

特别活动

第 5 章讨论了举办特别活动来筹款的优点与缺点。特别活动可以吸引大家的注意，尤其是在这种活动可以营造出组织想要的正面形象时。 73

举例来看：位于华盛顿特区的一家非营利性医院决定举办一个活动，邀请所有在这家医院出生的人来共同庆祝。公关人员借到了博物馆公园（有名的史密森机构所属的博物馆群地址）这个很棒的地点。这个点子受到报纸、广播电台与电视台的欢迎，纷纷加以报道，鼓励出生在那家医院的当地居民参加这场活动。

活动进行当天，有更多的新闻报道。有些参加者实际上已经是几代同堂了，这样一来又有更多有趣的新闻题材。

这个“回家团聚”活动是为了打知名度、吸引大众注意而办的，策略非常成功！无论是媒体或参与活动者，大家的感觉都很好，大家都觉得很温馨。

媒体来电话时，该怎么办？

有时候，新闻媒体或电子媒体不请自来，因此，组织平时就应该有所准备。所有的员工都应该知道组织的发言人是谁，媒体打电话来的时候，就转到发言人那里。其实有时候若有什么紧急事件发生，媒体蜂拥而至，也不是件坏事，可以看看组织的准备是否充足，是否能有效地对媒体做出反应（这是组织是否准备充足的指标之一）。

这并不是说员工应该懂得一手遮天。相反地，从以往的经验看来，那些能够诚恳、迅速面对危机，接受责难，并想办法补救的组织，最终将会成功。许多年前，强生公司（Johnson & Johnson）碰到有人在其销售的 Tylenol（一种阿司匹林，一般在超市或药店都可以买到，不需要医生处方或药剂师开药）中加入有毒物品的事件时，它反应迅速而诚恳。强生公司并没有极力压下这个事件，而是把所有流通到市面的药品回收，想办法解决，并通知市民要注意。结果是：市民很尊敬并信赖强生公司的处理态度，强生反而产生了不错的盈余。

4.12 21 世纪的公关趋势[4]

如果你能够了解公关趋势的改变，将会对你的组织的公关工作规划有所帮助。

1. 21 世纪，大众对组织的诚信度有较高的要求。

74 有些非营利组织从前的名声不是很好，特别是在其筹款工作方面，因此公众会特别注意。公关人员必须努力为组织营造一个正直、可靠的形象。如果你的组织经得起各种各样的检查，将来应该可以无所畏惧了。

2. 公关的先锋队，现在已经懂得使用较复杂、成熟的公关技巧。

现在的公关人员熟悉多媒体的运作，可以和印刷厂、摄影师、美编人员、影像处理人员密切合作。他们也精于使用数据库、计算机绘图与计算机排版。他们也了解电视台如何运作，并发展出一套连接计算机、CD 与光盘、录像带与印刷品的交互式媒体工作方式。

3. 公关做的是沟通，不是操纵。

20 世纪的某些公关人员的名声不佳，是因为他们自认为他们的工作就是“操纵”——操纵事件、操纵媒体、捏造事实。公关人员现在了解到，他们和媒体有共同的利益，也就是希望能够有好的事件被报道。协助媒体记者找到并发展出一个好的故事，能够创造出双赢的局面。

4. 沟通的目标日益明确。

如果对所有的人都寄出同样的信息、同样的格式的信件，就好像筹款时漫无头绪请人捐钱一样：用千篇一律的文字内容，寄给一打以上（甚至上百个）的筹款机构，每个机构都会对你的筹款请求倒背如流。

21 世纪的公关先锋们多半受过营销方法的训练。他们会组织焦点小组，分析不同的群体对组织的了解状况，他们研究这些群体的需求与兴趣，并发展同时满足组织目标与“消费者”需求的策略。

5. 非营利组织竞相扩大知名度。 75

非营利组织如雨后春笋般成立，而联邦政府与州政府拨给非营利组织的预算一再削减，有时候整体经济的状况不是很稳定，因此非营利组织越来越需要媒体的协助，以巩固其在服务对象与捐款者心目中的形象。成功的公关主任必须有一套吸引人且有说服力的事实，并以高超绝妙的技巧呈现。公关主任必须有丰富的想象力，组织的管理层必须提醒员工：每个人都必须学会说“组织的故事”。

6. 由其他的趋势可以看出，公关这行越来越注重职业道德。

如果哪一个非营利组织被媒体揭发，为了营造一个正面的形象而捏造、歪曲事实，这个组织大概就完了。满腹经纶的非营利组织负责人应该与时俱进，帮助组织提倡符合职业道德的行为方式。

最后的建议

公关人员负责对外解释组织的工作内容，公关不应该只被当成塑造组织形象的工具。如果是那样的话，那么公关人员与组织的道德便荡然无存。在这个大家都睁大眼睛看你有没有犯错误的时代，要公关人员捏造出一个根本不存在的组织美好形象的假象，其实就是加速组织的灭亡。

只要有振奋人心的目标和有前途的明确计划，优秀的公关人员一定可以为组织带来正面的形象，增加外界“投资”组织的机会，促进组织的成功！

注释

[1] Philip G. Kuehl, “Strategic Long-Range Planning: Concepts and Techniques.” American Society of Association Executives annual convention, August 9, 1980.

[2] 这一部分关于塑造“形象”的思路要感谢 Will Linthicum, personal communication, July, 1990。

[3] Martin Bradley Winston, *Getting Publicity* (New York: John Wiley & Sons, Inc., 1982), 19.

[4] 一些公关趋势来自 Thomas A. Harrison, “Six PR Trends That Will Shape Your Future,” *Nonprofit World*, 9 (March/April 1991): 21-23。

第 5 章

成功的募款

概要

76 “募款”在专业知识与技能方面已自成一体，为了能使其有效应用，非营利组织必须不断学习。本章探讨的内容包括：未来20年内募款的可能趋势和对募款方法的评估，诸如：信函直销、企业和基金募款、特定主题活动、大型捐赠、政府项目的援助；营销手段的运用；成功获得基金赞助的四部曲；募款专业人员的聘用，包括职责界定；洞悉募款时机；如何进行评估以及激发资助动机等问题。

5.1 募款究竟是艺术、科学，还是骗局?

试设想这样一幅图景：假如你是某社会服务组织、教育或其他非营利组织的负责人，你的组织机构健全，员工有能力，客户关系稳固，财务收支（堪称）平衡；虽非远近驰名，倒也在某些领域占有一席之地，也没有可供媒体大肆报道的丑闻；信誉良好并受到相关社会群体的肯定；理事会成员虽不尽理想，但多数乐于为机构的成长和发展奉献一己之力。

如果请你给自己的机构用10个等级评分，“1分”代表运营与财务上濒临破产边缘，“10分”表示它是非营利组织中的超级巨星，你会给自己 6 分、7 分还是 5 分？

这其中有两个问题值得探讨：

77 1. 多数员工认为自己所服务的机构虽非出类拔萃，但大体而言还算不错（否则他们也不必再干下去了）。

2. 当然组织还有许多需要改善的地方，诸如薪酬待遇比不上营利组织，结余款项经不起重大事故，诸多活动因缺乏经费，心有余而力不足。

当组织遇到这些情况时，负责人和理事会可能毅然决定开始筹募捐款，其实也就是“找高手抓大钱”，聘请一个“摇钱树”来负责此事，于是“众里寻她千百度”，终于觅得能人并展开募款。经过一段时间后，募款热情逐渐减退，募款成效不佳，只好阵前换将，从此周而复始。

募款究竟是艺术、科学，还是骗局？其实三者皆是。这个工作需要对募款有良好的直觉，且要能够为潜在的捐款者清晰地勾画出一幅美景，所以是一门艺术。当然它也是科学，因为整个募款工作已经系统化、逻辑化，并有相当的可预期性，而且在专业知识和职业道德上都有成文法则可循。但是也可能是骗局，因为佯称募款却根本没有募款之实的组织并不少见，更有骗子之流，以募款之名中饱私囊。

好在近年来募款工作取得了很多正面的成果，募款的成功已经远远超过以往，可资借鉴的经验更是数不胜数。

本书的目的并不是要教导读者成为一个募款高手，而是要提供正当必要的信息，从而帮助人们在募款的工作过程中做出正确的决策。

5.2 21 世纪的募款趋势

当今非营利组织成败的关键之一，是其负责人洞悉趋势、妥善规划募款方案的能力，这是一个前所未有的重要事实。以下六种趋势值得深思。

捐款人本质上的转变

战后婴儿潮、人口老龄化、社会文化多元化发展、女性就业增加等因素，势必对募款成效产生重要影响。

战后婴儿潮

78 战后婴儿潮人多势众，对美国人的思考和行为有深厚的影响力，他们的行为和上一代大不相同，对于回报社会的兴趣不大，反而比较关注自己的贡献是如何被运用的，而且很少屈就在强权之下。[1]

像婴儿潮人士这样的捐助伙伴特别关心他们所赞助的组织是否经营得法，捐助的资源是否被妥善利用。他们比较倾向在选定自己认同的事情后才大力赞助，而非蜻蜓点水式的到处留情或有求必应。

婴儿潮人士在 2000 年时多已进入中年，个人所得也进入高峰期，势必成为募款机构瞩目的焦点。

年老的赞助者

20 世纪 70 年代，美国人 28 岁就已算是步入中年；到了 21 世纪，延迟至 36 岁才算中年。届时退休人口（或接近退休年龄的人士）必然为数可观，超高龄人口的增长开始萌芽。[2]在经济健全的情况下，65 岁以上的人对非营利组织而言是相当充沛的经费来源。同样他们还是志愿者的主要组成部分。通常，我们也会把志愿者个人的贡献折算成资金的支持。

文化多元化发展

美国人口统计公司（American Demographics）总经理彼得・法兰斯（Peter K. Frances）认为，服务机构无论从事保健、教育还是其他的服务，都不能缺少多种语言和多重文化的思维。[3]就像明尼苏达的路德教派（Lutheran）白人群体，在多国语言同处的迈阿密（或者其他任何北半球的主要城市）就无立锥之地。

职业女性

电视节目中“奥兹与哈丽雅特”（Ozzie and Harriet）由父亲养家糊口的时代已经过去了，双职工家庭是必然的选择。有孩子的家庭关心日托、教育、安全和毒品等问题；没有孩子的，会把焦点放在休闲生活，诸如艺术和社会、环境方面。

具有独立谋生能力的女性，考虑赞助时充分自主，而双职工家庭夫妻双方各投 79
所好的情况则日益普遍。

募款的市场细分日益精细

既是艺术也是科学的募款与市场导向息息相关，从业人员针对“目标对象的期望、需求”提供或规划服务，并且经过谨慎的分析与细分，锁定可能的对象，才可以最低的成本取得最高成效。

专业、精致的募款技巧日新月异；通过计算机可以制作出各种推广信函、提案书、资料分析，诉求素材可谓应有尽有。

以某所大学所运用的一种几乎可被称为艺术的通信营销术为例：负责联络潜在赞助人的学生们可以从计算机档案中取得校友们的资料，并利用自动拨号系统直接将电话分类到根据诉求对象背景所归纳的 60 个项目中，如此学生们便可以用量身定做的交谈方式与潜在赞助人进行沟通。[4]

日益严谨的评估制度

1988 年，全国慈善信息管理局（National Charities Information Bureau，NCIB）公告“慈善团体准则”（Standards in Philanthropy），首次明确规定，捐款所得用在项目与活动上的比例不得低于总募款的 60%。

州级立法单位为防范少数募款人士滥用职权，对募款规范严加审查，某些州甚至修正或设立新法，规定各个负责募款的人士必须登记建档，并且必须定期给出相关的报告。

国税局和各地议会也对募款机构有类似的审查监督，这些相关的审核日后势必愈来愈严格。

募款竞争日趋激烈

80 未来 20 年实质性的经济增长恐怕难以实现，尤其是在联邦预算赤字居高不下，美国竟从 1980 年时的最大债权国变成 1986 年时最大债务国的情况下。[5]除非形势改善，联邦政府对非营利组织的支持将以维系货币稳定为主。

毒品、染毒婴儿、艾滋病、保健支出攀升、教育费用飞涨，以及逐年增长的老龄人口，使得资金的需求节节升高。根据实证资料，1975 年至 1990 年 15 年间总计有 10 万个非营利组织诞生[6]，多数都以募款作为维生之道，其竞争激烈程度可想而知。

慈善事业理应持续发展

只要经济环境健全，慈善事业理应会有持续的发展。许多企业的老板都以个人名义赞助慈善公益团体，基金管理委员会（Council on Foundations）曾有报告指出，“企业负责人大多坚持基本赞助原则……持续提供现金与非现金的资助，或针对活动的捐赠，资助和捐赠有继续增长的可能”[7]。

20 世纪 80 年代个人赞助增长的速度已超过国民生产总值增长速度，如果这样的历史可以在未来延续的话，在人口老龄化的背景下，个人捐助的市场必然继续呈增长的趋势。

不会改变的事

即使趋势在变，我们仍有必要看清某些根本不变的事实：

- 赞助的对象是“人”，而不是“物”或“地”。

尽管各赞助者的相关背景有很大差异，所提供的赞助，尤其是大型捐助却多半大同小异。

- 赞助的本质是在共同理念下邀集他人以分享其利益的一种艺术。

5.3 募款方法的优点与难处

为非营利组织筹募经费的方法不胜枚举，以下列举比较具有代表性的例子，并略加阐释其成效和优缺点。

多年以前有一首流行歌曲《人人都需要朋友》（You Gotta Have Friends），用在非营利组织真是再适当不过了。新版韦氏大字典（Webster）中对“朋友”的定义也多有描述：

- “某人对另一个人的喜爱或尊崇” 81
- “熟识之人”
- “没有敌意的人”
- “认同或宣扬某事的人”

非营利组织的友人可能基于对该组织宗旨的认同，除了提供财力支持以外，更乐于为该组织主动推广，全心投入以争取更多认同。组织的第一要务就是要筹措财源，向该组织之友和未来之友提出说明、积极开发、诉求、提供信息以及表达诚意。在种种诉求过程中，请特别留意这些友人才是维持组织生计的客户；理事会成员以及同事的悉心呵护，才能培养他们主动参与组织各项工作的热情。

直接信函

直接信函就是直接以信件方式向目标对象诉求，寄出诸如信函、简介手册或者其他相关资料。这种方式适用的对象有哪些呢？

你所认识的对象

亲爱的钱女士，

去年薛第赛欢乐营圆满结束，共有 120 位来自破碎家庭的孩子参加，一同踏青戏水，在星光缀饰的夜幕下共入梦乡，这一切及促成都要感谢您的善行。

您也了解我们的一贯初衷，五年以来赞助该活动从不收取任何费用，因为参加的孩子们负担不起长达两周的活动的开销，如果没有您的支持，我们根本不可能办到，我们与孩子们都期盼您再慷慨解囊赞助 50 美元，让一切再变成可能。

这封信必须能充分反映赞助人士所关心的主题，才有获得反馈的机会。或许钱女士关心的是欢乐营本身和参加者的状况，她可能想知道整个过程，哪些孩子们参加，最受欢迎的是什么，因此，照片、笔记和相关的温馨小语等孩子们的反馈情况，最能打动钱女士的心弦。

你不认识的对象

亲爱的朋友：

对 120 个孩子而言，薛第赛欢乐营和一般夏令营最大的不同是……

不论针对旧友新知，直接信函都需应用营销的理念才可奏效，如何从大量的信 82
函直销对象中进行筛选更是关键问题，可能需要考虑：

- 被赞助的活动是否与教会有关？
- 对关怀社会的人士的吸引力够不够？
- 与那些无法体会本活动的富裕家庭相比，经济状况较为普通的家庭是否更可能提供赞助？
- 所传达的信息是否对某些人群更具影响力？

如果想有效细分直接信函的诉求对象，名单测试就是最佳途径之一。你可以以每1 000份个人资料为单位向数据库供货商选购名单，例如从“拯救儿童基金会”(Save the Children）的赞助者名册中随机选样5 000人，如果投资费用与捐款收入持平，或者每100人当中就有一位提供赞助，即可堪称是成功的直接信函方式。直接信函的目的并不仅限于捐助款项，获得未来赞助者的相关资料才是更为珍贵的。

直接信函的优点

1. 是最科学的募款方式。

众多的营销方法当中，直接信函最能辨识潜在的市场，可以掌握最恰当的诉求方式与时效。简洁的信函是否比长篇大论更胜一筹？附组织简介的手册是否能收到如虎添翼的效果？信封颜色对反馈率的影响如何？这些问题都可以通过测试获得解答。

2. 少量实验，小兵立大功。

由于对象的名单可以少量为基础进行实验，因此可视情况控制成本，集中资源投在最有效的方向。

3. 金科玉律：愈是个人化，成功几率愈高。

针对不同对象提出的诉求方法，表5—1可供参考。

83 直接信函对小额赞助者最有成效，尽管“小额”的定义依组织特性而异，募款的通则不变：只要能以平均2美元的成本获得10美元的赞助，就绝对不用8美元去获得10美元的捐款。

表5—1　对象与诉求方式

赞助者类别	可资参考的诉求方式
主要赞助者	一对一，面对面的会晤
次要赞助者	邀请参加相关活动
一般赞助者	寄发年报随附个人信函*
小额赞助者	寄发个人信函

* 个人信函是指在信件上注明捐助人的姓名与住址。

直接信函的难题

1. 不要因成本低廉而沾沾自喜。

如果为了节约成本，使得原来可能的赞助金额从500美元滑落到25美元，显然得不偿失。

2. 竞争日益激烈。

如果采取以量取胜的攻势，务必使所寄信函制作精致以保持形象，才可能降低风险以利于提高回报率。

基金会的赞助

基金会的主业就是提供经费赞助。依据美国法律，基金会属于501（c）（3）机构，多以投资所得与资金利息款项资助非营利组织。

向基金会募款的优点

1. 成本效益可能最佳。

用直接信函募款充其量可以达成收支平衡，而向基金会募款却可能以每人花费 500 美元（工时成本）获得 25 000 美元的捐款报酬。

2. 私人基金会的信息丰富，且唾手可得。 84

合作网络遍及全国的基金会中心（Foundation Center）拥有相当完备的数据库，各基金会的宗旨、资助历史、理事会背景、资产状况等应有尽有。通过计算机、电话或书面查询，均可获得所需资料，以作为基金会市场细分的参考。

3. 许多基金会是勇于创新并愿承担风险的。

向基金会募款的难题

1. 大多数的基金会只注意特定的主题，并无意广泛地从事赞助。

2. 即使日渐开放，基金会仍有相当程度的封闭性。

有一些基金会甚至从不发行年报，不接受电话咨询，只对某些案件情有独钟，因此想要争取机会，内部的资源会是很大的帮助。

寻求企业赞助

十年前基金会的赞助远远超过企业界的赞助，目前两者却几乎平分秋色，企业对非营利项目的资助逐年增加，从盈余中拨出的比例也越来越高，甚至有高达 5% 的大善之举。

企业赞助的优点

1. 比较容易受到企业界的青睐。

不用冗长的项目建议书，也不需要像直接信函那样先深入分析诉求对象的人群特征，而只要言简意赅的一封信一切就搞定了。如果您的机构提供的服务有利区域附近的员工或其家属，只要他们对您的机构有正面的评价，就可被视为可能的赞助对象。

2. 金钱以外相关资源的赞助。

- 资料设备方面的赠与（如：计算机、办公设备、图书、活动的奖项等）。
- 用时间提供赞助的专业人士，诸如管理经营、财务会计、信息处理等。 85

企业赞助的难题

1. 企业的经营毕竟是要将本求利的。

尽管愿意承担社会责任，企业仍须面对经营的现实考验；认真研究赞助行为能为公司带来的效益，实属应该。

所以应当对营销的因果关系进行考量，企业通常从利润中拨付赞助款，除了有利于非营利组织以外，也会考虑其为企业带来的实质利益。名牌女装 La Femme 名店与某非营利机构合办服装展示，每售出一件服饰就拨出若干比例作为赞助基金。既要维系机构的使命感，同时又要能获得实质的捐助，其中是有一定的风险的，实在应该谨慎而为。

2. 企业赞助可能仅是杯水车薪。

企业利用长年赞助非营利组织的名义，强化企业本身的社会形象，因而多有分散资源以求广结善缘的做法，以致各个组织获得的赞助金额都为数不多。

特定主题活动

这类活动从糕点贩卖到百老汇首演无所不包，其共通的特性如下：

- 具有实时性，是现场活动。
- 其成效视人潮买气而定，跳蚤市场、彩券发行和竞标拍卖等都是常见的活动。

特定主题活动的优点

86 1. 特定活动可能促使机构成为瞩目焦点。

选择符合机构形象的活动至为重要。假设你们从事语言治疗辅导，却赞助影片《汪达鱼》（A Fish Called Wanda）的义演，剧中有一位因表达障碍而受尽冷嘲热讽的角色，显然是不智之举！或许主办沟通表达颁奖餐会，表彰社区内最优秀的沟通者，才是能相辅相成的恰当选择。

2. 特定活动可为开发潜在赞助人士奠定基础。

就地取材，应用现有资源举行以运动为主题的活动，可能会引起邻近区域运动爱好人士的兴趣，例如举办名人网球赛，或许就能结识地方士绅名媛，为日后的资源筹募铺路。

活动的开展要有一系列的规划，而非昙花一现。如何才能激发赞助者对机构本身的关心，而不仅限于某项单一活动？怎样才能延伸拓宽赞助资源？这些才是行之久远的考虑。

特定主题活动的考验

1. 可能入不敷出。

试想整个活动从策划到执行，可谓兴师动众，大费周折，结果实际净得却只有万美元，究竟划算与否？

2. 活动失败有损公共形象。

如果立意美好的当地交响乐团室外义演，原本满天星斗却顿时下起倾盆骤雨，团员的礼服也湿透了，演出因而必须取消，这种窘态还上了十一点钟的夜间新闻，试问你要怎么向组织的理事会交代！

重量级捐助

在美国每年每 100 美元的赞助款中仅有 10 美元来自企业或基金会，绝大多数是靠个人捐款，尤其是大型的赞助。

金字塔顶端的都是重量级赞助者，理当获得周全且个别化的最佳礼遇，组织更该向他们使出营销沟通的浑身解数：

● 全力诉求可能长年提供较大金额赞助（例如每年 5 000 美元）的重要对象

● 尽其所能了解目标群体 *87*

目标群体参加的社会组织、宗教团体，以及他们关心的善举、赞助的历史资料、所负责的机构等，都可以从公开的信息如“名人录”（Who's Who）、或社团名录等中查询得知。

● 多方打听

你的理事会和志愿者团体中，谁是足够了解捐赠人并能够要求他捐助的人？

● 决定最佳的开发方式

是否由某位理事单枪匹马进行？（通常不宜！最好有另一成员随行，以便提供正确的信息与后续服务。）第一次接触的最佳时机为何时？这些都是考虑的重点。

● 选定有利的投资时机

吸引力究竟何在？最能切合诉求对象的需求、期望和利益的是什么？

重量级捐助的优势

1. 成效毋庸置疑。

只要条件合适（诸如：立意正当、沟通确切、因才适用），争取重量级捐助势必产生最高的投资回报率。

2. 募款二八定律。

财务健全的非营利组织有 80%的赞助款项得自 20%的捐助人。为了拓展捐助人，避免过分依赖少数人，争取重要的大额捐助，以此带动其他达成共识的跟进者，都是理当奉行的指导原则。

重量级捐助的难题

1. 免费的午餐可遇不可求。

天下没有免费的午餐，有时赞助者可能想对所赞助事物的应用有所控制（在法律上，一旦馈赠后即不属其所有，且捐助本身还算不上是馈赠），所以要求以捐助人的名称命名，或者在理事会中占有一席之地，都是时有所闻的现象。

2. 重量级的捐助有时也所费不菲。 *88*

有些机构经过了一番困苦的历程后，终于学会了在争取重量级赞助前先作成本预估。举例来说，某些大专院校因为无法获得赞助者为建筑物提供长期维护的支持承诺，只好婉拒了捐助修建校舍的美意。

同理，如果只顾及为全新项目争取一时的巨额赞助，却忽视谋求延续性的长期资源，极有可能造成无穷的后患。

计划性的捐赠

计划性的捐助是筹募资源的一门特有学问，一般而言，稍具规模的经费赞助可为捐助者带来下列的利益：

● 避税（诸如捐赠建筑物，可以省下因买卖收益所导致的巨额赋税）

● 高额受益转赠（以赞助人命名的同名机构可能是该赞助人的保险受益人）

● 捐助款转换成逐年定期收益（将集成的款项设立基金，持续筹募交付信托）

然而减税通常只是捐助者次要的目的，有意愿提供财源赞助仍是首要前提；换言之，虽然对方有钱，但如果他对你的机构一无所知，就别妄想以未来的计划项目打动他慷慨解囊！

计划性捐赠的优点

1. 为赞助者提供附加价值的利益基础。

美国近年的法律虽然对捐助者的利益保障不比从前，但若通过精打细算的巧妙规划，计划性捐助仍可提供可观的支出抵减。你的机构如想在这一方面有所收获，可以考虑聘请法律或信托服务专业人员。

2. 计划性捐赠可持续充实基金资源。

某一项目的定期赞助人可能想名垂青史，愿意把个人寿险的受益人设定给基金
89 会，并仅要求以他（她）的名字命名所捐赠的基金，使该基金得以持续发展。

计划性捐赠的考验

1. 对所作所为要心知肚明。

筹办计划性捐助可能是最复杂的工作，必须拥有在税法和财务方面充足的专业知识，才可有所作为。

2. 敏感与战术配合应用是必要条件。

预约未来的计划性捐赠，要等捐助人过世后才会实现；一个擅长计划性赞助的人士，也要能掌握影响潜在捐助人即刻付诸行动的时机，而不致引发负面联想，造成令人却步的反面效果。

政府赞助

争取政府赞助是另一种专业，不仅需要熟谙各式各样的募款招数，诸如校友网络、直接信函、计划性赞助等，还须深入了解向政府筹措资源的复杂性，而且对地方、区域和全国的各层相关资源，都要进行全盘且深入的研究。

一般而言，政府赞助的信息相当容易取得，政府公务员毕竟是为民服务的公仆（虽然有时他们需要被提醒这个功能）。经费资源多以项目的形式由某机构承办，专款专用，可能以基金赞助项目（政府主办单位可能根据既定的方向，邀请机关组织提案申请，人员的辅导培训可能就是其中一环），或者直接签约外包（公开征求提案，从中甄选最有实力或最具经济效益的主动提案者，或兼具两者之长才可获选）。

政府赞助的优点

1. 政府签约通常提供稳定且可靠的经费来源。

假如当地政府正考虑将某些范围的保健服务外包实施，而你的机构得以雀屏中
90 选，所获得的经济援助可能不仅足以支付人事费用，甚至还可分摊部分管理费用。有些机构的固定管理成本约占总费用的75%，如果项目的直接成本是100 000美元，入选的组织获得的总赞助经费可达175 000美元。

2. 政府项目经常会委托一群专家缜密审核，因此组织的提案考虑越周全，通过审查的机会越大。

换言之，政府项目申请的成败，对个人关系的依赖可不像其他形态的资源筹募那样强。

寻求政府赞助的难题

1. 复杂的文书作业。

政府项目的文书作业一向超乎寻常地复杂且耗时，想要简化文书的流程是不可能的。然而如果想在提案上大有收获，依照游戏规则全力投入规定的作业模式，才有机会成功。

当项目获准进入执行阶段后，文书作业并不会因此而减少（甚至有增无减），除了进度报告外，还须定期提交财务报告，才可依照实施成效获得相应的赞助款项。

2. 实力获得证实才有机会取得经济援助。

你的组织一定要先投入自有财源，并且证实运作有相当成效。这是获得整个经费赞助的先决条件。

5.4　营销与募款

从上述的各种募款形态可以看出营销活动确实事关重大，有效的营销就是成功的保障。除非你的机构财力雄厚，否则就该谨慎研究判断最适合、投资回报最有把握的途径，并慎重开始。切切不可照单全收，一一尝试，因为这样最终可能导致一事无成。

务必确实掌握营销的大原则。以“散弹连发”或“一案数投”的方式向各级政府或基金会提出申请，试图增加入选机会，恐怕只会旷废时日，徒劳无功！在提出申请之前，首先应该通盘地了解各个承办项目的政府机关或基金会，选出可行性最高的途径（条件就是与你的机构的需要、目标最吻合），然后漂漂亮亮地阐释你们的远大理想，以及你的机构实现理想的优势地位，才有旗开得胜的契机。

5.5　小型非营利组织的经费筹募

并非所有的非营利组织都适合采取好大喜功的策略，小规模的组织应该量力而 91
为，以最小的投资获取最大可能的成效，下列在本书第 4 章提及的公关策略可供参考：

- 善用志愿者资源
- 共同合作
- 引进所在地的企业金钱捐助以外的资源（例如：软件、人力资源、广告设计制

作等）

● 寻求协力开发资源以增大募款成功的可能性

5.6 开拓资源四部曲

开拓资源的策略跟一般营销战略无异，可以分成四个主要的阶段：（1）因素分析（或情况分析）；（2）目标设定；（3）拟订行动计划并实际执行；（4）绩效评估与检查。

1. 因素分析

根据 SWOT 分析模式：

● 优势（strength）

目前有哪些募款活动？最显著的成效如何？对所采取的募款方式，你有什么样的把握得以和你的员工及志愿者齐心协力完成？

● 劣势（weakness）

募款活动要办得好，必须拥有一批精力充沛的义勇军，以及具备高度组织协调能力的领军将才，倘若二者缺其一，或者两者都不具备，可能就该考虑其他的募集资源的方式（或者应当先充实人才）。

● 机会（opportunity）

人口特征的改变是否为你的组织带来某种契机？如果置身于有诸多退休的、健康状况良好且富裕的人士的社区环境，如何综合应用这样充足的资源，争取到相当的资助，以及募款的帮助呢？

92 ● 障碍（threat）

你的组织是否正步履蹒跚地面临财务困境（如若不然，如何展现稳健的财务基础，让潜在赞助者对组织信心十足）？是否拥有相当的资源，足以执行直接信函投递或计划性募款项目的前期投资？

2. 目标设定

募款目标必须充分反映组织的运营目标（事实上募款目标应当是整个组织策略发展的核心之一），该目标设定包括筹募经费的总额、时限、募款体系的主要成员（含开发委员会、主要理事、募款人员），以及可行性研究（将于后续章节介绍）等相关外围资源。

设定募款目标时还须兼顾两个看似矛盾的前提：（1）大胆假设。“狗熊难获美人心”，小家子气的目标无助于组织实力的发展，难以成就大业。（2）实事求是。管理大师汤姆·彼得斯（Tom Peters）认为目标的设立首先要以信心作后盾，然后

再追求超越。[8]某些学院与宗教团体不得不承认它们实际募得的款项离理想目标尚有一大段距离，试问你对它们还能坚信不疑吗？

3. 拟订行动计划并实际执行

募集资金是一项令人生畏的工作，唯有明确具体的行动才有胜算，一切得从理事和员工拿起电话开始，约见会谈，要别人从荷包里掏钱，这绝非轻而易举的差事！员工会以时机不当等种种理由作为托词，无非是要避免向人开口要求赞助。

印度诗人卡戈（Kagore）曾说：“竟日调弦音，终究未讴歌”（“I have spent my days stringing and unstringing my instrument，while the song I came to sing remains unsung.”）。倘若缺乏有效的监督，员工们可能只会在家练功，刻意避免主
动进行经费的筹募。想要越过这个可以理解的障碍，就应该规划具体进程、时限以 93
及负责人，依照计划行事，定期与负责者共商对策，并且鼓励开发委员会的主任委员也参照这样的准则行事。

4. 绩效评估与检查

即使成员们募款一帆风顺（成效卓著时或许更有需要），定期评估检查仍然是行动计划中不可或缺的一环。除了检查目标实现与否以外，还应深究原由，哪些做法有效？哪些根本行不通？过程当中应该做哪些调整？这些都需要一一详加探讨。

5.7　聘请募款高手

募款常遭人非议是因为那些“挂羊头卖狗肉”的人士引起的，因此过滤人事资料、切实寻觅千里马，并审慎考虑所任用人员的素质与条件就成了更重要的工作。

确实了解需求

在过滤应聘资料，进而深入考核资格之前，请先做好三件事：

1. 列举你的机构所需募款人员的专长以及相关资质等条件。什么样的人才是组织所需要的？（请参考后续章节说明）

2. 明确陈述负责内容（如后列“开发总监”之例）。

3. 与理事会共同确定对该募款成员的期望，具体列举判断其工作成效的评价基础。

白纸黑字翔实记载这些专长、期望、评价等要求，并在理事、志愿者、资深员工和同事之间广为流传。如此一来，这些资格条件经过公开的传播，可以建立对员工的期望值。如果有理事会成员对提出的员工任职资格要求，以及对其被期望达成

的贡献不尽认同，你就必须深入了解并及时适当处理。

94 许多募款员工无法长期担任该职的主要原因不是能力不足，而是与理事会（或理事长）间彼此期望不一致。

募款高手的特质

这些特质可分为正式与非正式两方面来谈，正式的特质如下：

● 专业教育背景

大专毕业是基本要求，拥有相关领域（与组织的目标事业或资源募集专业有关）硕士学位（甚至具有博士头衔）则更佳。

● 后续在职教育的经验

为了确定应聘者持续地充实专业知识与能力，请要求应聘者出示其接受最优秀在职教育的证明，检验他的一些知识基础，例如资源募集的趋势与机制、新近研发的方法技术、当今社会舆论网络等对机构资源募集可能的关键影响。

● 相关社团资格

此人是否加入全国专业募款人协会（National Society of Fund Raising Executives，NSFRE）、全国医院发展协会（National Association for Hospital Development，NAHD）、教育促进援助委员会（Council for Advancement and Support of Education，CASE）或其他募款人的社团组织？此人是否在上述社团拥有办公室？如果答案是肯定的，足可证明他/她已经受到这些团体中专业募款人士的认可。

● 专业认证

NSFRE 会给认可的募款会员颁发会员证书（CFRE），证实其募款专业的资格。

至于非正式的特质方面，《天生募款高手》（*Born to Raise*）一书的作者杰罗尔德·潘纳（Jerold Pannas）访谈了业界公认的 50 位顶尖高手，整理出 63 项得以出类拔萃的条件准则，如：

● 博览群书的专家

● 目标导向与激励

● 重视细节的坚持者

● 申请赞助大无畏

95 ● 对其服务的组织宗旨具有高度的认同

● 擅长倾听

● 努力不懈

● 勇于任用强者

● 对组织的发展具有前瞻眼光，且能充分与人沟通组织的愿景[9]

职务说明举例

尽管非营利组织的目的、规模、理事成员以及募款习惯各有不同，但其中不乏异曲同工之处。例如某一中级规模、从事智能障碍相关的医疗护理机构，其开发总监的职务如下：

拉普兰障碍发展中心招聘专职开发总监，录取后即刻就职。

工作背景：本中心向障碍人士与其家庭提供帮助已有 15 年的历史，服务项目包括就业培训与工作安排；职业伤害治疗与物理治疗；集体安置；受庇护人园艺工作安排；辩护等。本中心与阿玛彼德森社区医院合作，并提供瓦茅兹地区多所大专院校研究所实习机会。

职务说明：开发总监为秘书长的直接下属，负责中心募款事宜的规划。募款内容包括年度编列款、特殊活动预算与新服务项目推广经费。此外，本中心正在规划的大型筹募活动也将交由开发总监统筹。

开发总监负责监督发展部员工，包括公关主任 1 名、资料助理 1 名与兼职秘书 1 名。开发总监亦必须与本中心董事会，以及发展规划委员会密切配合。

开发总监的特殊职责还包括： 96

1. 与董事会、相关委员会共同建立本中心的长、短期募款目标，以及达成目标的计划。
2. 敦促、协调董事会与志愿者领袖的募款工作。
3. 监督本中心的公共关系。
4. 准备、指导募款用印刷品与多媒体素材的制作。
5. 锁定潜在经济援助。
6. 确保所得款项的正确记录。
7. 制作募款进度报告的定期刊物，并提出适当建议或改变。
8. 代表本中心内部的各个社会群体。

任用资格：应聘人选须具备下列条件：

- 学士学位（硕/博士更佳），具残障服务或募款相关工作经验
- 具 7 年以上募款相关活动经验并有卓越成效者
- 语言与写作沟通技巧佳
- 有实际领导经验（协会、社区代表等组织）
- 组织能力强
- 有达成目标、掌握成功因素的能力者
- 可激发内部人事良好互动者
- 有管理才能
- 乐于助人

有兴趣的个人可以递交一份简历和一封可以清晰描述自己经历和能力的介绍信。应聘者还应当提供至少包括三个可以评定应聘者资格的人员的名单。

图 5—1　开发总监职务说明举例

甄选

重视经费筹募（实在难以想象有不重视者）的非营利组织应有最高负责人主动参与选才的过程。首先，请信任的干部负责过滤应聘者的简历资料，根据职务说明、工作内容期望与任用资格等相关条件，对应聘者初步分级并筛掉资格不符的应聘者。 97

经过初选后，应由相关主管形成考核小组，详细审阅其余的候选者资料，仔细

挑出 3～5 名，准备进行面试。

发展部成员必须与理事及志愿者领袖保持密切的工作关系，但是他的顶头上司却可能是理事长或是其他资深主管。因此最好不要让理事或志愿者肩负考核选才的职责，较适当的做法是通过特别安排的理事会议介绍候选人，请理事们（或至少部分理事）出席，以便让候选者对理事会有些初步的了解。如果该应聘者对这样的会谈显得满不在乎，其胜任与否当然应该慎重考虑了。

面试

有人说面试像是第一次约会，可能不完全正确；任何第一次的约会都可能是为第二次铺路。工作的面谈极可能是就职于该组织的开端，必须妥善规划才能提供组织与应聘人员相互认识、明智选择的机会。面试一位募集经费的负责人更加非比寻常，这不像甄选医药专才，可根据具体的资格条件来考核，也不像招聘财务人才，仅需懂得财务的人判断决定即可。募款人员的资质并不见得有矩可循，最后的选择可能就是因为感觉对了，于是选定某位人士担任发展主任一职。

下述问题或许可提供面试时参考：

98 ●“从你的简历资料中得知，你曾为之服务的准纳机构每年募得 150 万美元，请问你在其中扮演什么角色?”

●“请你谈一谈如何让拥有丰富资源，却对募款无兴趣的理事身体力行?”

●“你对本中心想必已有粗略的了解，就你所知，你认为本中心对你可能就任的工作而言，最有利的资产是什么?”

●“从募集经费的职能而言，你认为你所要扮演的角色与其他资深员工或志愿者领导有何异同?”

●“如果我们任用你，可否告诉我们在你的生涯规划中有哪些考虑，让您觉得加入我们是正确的决定?”

薪资报酬

一个实务经验丰富、资历优秀、能力卓越的募款高手绝非廉价劳工（如果对方索求不多，反而是个警讯），你必须充分衡量组织里同级主管现有的薪资结构，一个生财有道的资源募集主管，可能值得组织为他/她支付较高的薪水。

某些组织经常想以变通的方式（多少有点降低赌注风险的成分），应对这个可能的难题，试图从筹募经费中拨出相当比例作为报酬——几分耕耘，几分收获，募款工作者一定会因此全力以赴。这种做法除了有违职业道德以外，亦非正当的运作方式。一个组织的募款工作所需要的是志同道合、全力投入的工作伙伴；自愿以成熟的判断力，为建立与执行健全募款机制而努力的人，绝非急功近利的投机分子。

5.8　洞悉最佳募款时机

万事俱备才会成功。

——莎士比亚

非营利组织的经费筹募，如同营利事业的经营，“随波助澜顺势而行，必能得贵”（“there is a tide in the affairs of men [and women] which, taken at the flood, leads on to fortune”）[引自《恺撒大帝》（*Julius Caesar*）]。如何才能确定天时地利的募款最佳时机呢？其中方法之一就是进行募款前的调查研究。

募款调查研究

这一系列的研究工作，最好委托客观而没有利益关系的研究者或专业顾问[10]，
通过一对一的保密调查，与理事成员、核心志愿者以及发展部门内外相关的主要人 99
士深入会谈，探讨的内容包括：募款成效的回顾，其他权威团体（如：学术界或医疗机构）对组织的评价，或策略规划等方面的表述。整个记录和访谈可参考下列问题，所获得的结果可以当作报告的基础：

- 募款目标是否确切明了？相关人员是否全然了解？
- 执行募集经费所需投资的预算是否足以应付所需？
- 理事成员和其他主要志愿者是否愿为组织的利益真诚地加入募款的行列？更进一步而言，他们是否愿意承担主导募款进程的责任？
- 成员们执行工作是否因才适用？他们现有的资质和能力足以担当募款重任吗？
- 发展部门在机构内部的定位恰当与否？

是否可适时获得专业或相关行政单位的支持？组织对该部门有何看法？其他部门员工是否把募款当成是和自己息息相关的工作？

- 负责主管们是否对达成募款目标具有相当高昂的斗志？

他/她是否愿意为此任务投入相当的精力与时间？[11]

可行性研究

组织是否已经为募集资金做好准备？这项研究调查是以内部考虑为起点的，然而可行性研究正好相反，是属于外部的评估，我们究竟有什么潜质足以募集资金呢？

可行性研究的课题就是进行市场分析，通过一系列的调查，找出下列三个问题的答案：

1. 本组织最可能的资助者是谁?

2. 目标群体是否充分了解组织的使命、目标以及相关活动?他们对我们机构持有什么样的价值观?

100 3. 假如本组织推行募款活动，成功的几率会有多大?

这种可行性研究最好委托具有咨询专业的外部单位承办。许多经验显示利用第三者从事此类研究，不仅具有相当的客观性，还可能获得比预期更丰富的信息，这可能是因为访谈者与该组织没有直接关系，受访的主要成员因此愿意畅所欲言、据实相告。

此项研究的受访者可有50～100人，经过一对一面谈或以电话进行访谈（一般而言不会以邮寄问卷调查，因为问卷调查仅是被调查者对问题进行单向反应的过程)。受访者可能包括:

- 理事会或委员会的成员
- 相关的志愿者领导
- 现有的主要赞助者
- 可能的个人赞助者
- 基金会或企业的项目赞助承办人
- 社团的领袖

研究的结果可能包括:

第一，通过上述三个问题的探讨，可能会找到潜在的重量级赞助者的信息。

第二，也许可以发现不足之处。譬如：研究公司可能发现了相当丰富的赞助资源，可惜该组织的理事会、发展委员会成员本身意兴阑珊，或者由于实力欠缺，根本无法开展募款活动。

第三，可能协助组织发现最具吸引力的诉求，以便适当地满足对象的需求。例如学术方面的奖励或资助，如果可以根据赞助企业的名称命名，多数能受到企业的青睐。

第四，组织可以通过调查，为募款策略奠定基础，以便日后形成一套完整的发展计划。

谨慎选择承办可行性研究的公司

从事可行性研究的组织一定会愈来愈多，如果募款已经势在必行，实施可行性研究必然要造成额外的工作负担。为了谨慎起见，有些组织会邀请若干专业调查公司分别提案（request for proposal，RFP)，比较各家对研究范围的见解和建议。提案的内容可以包括:

101
- 建议进行的步骤
- 完成研究的时间进度表
- 访谈人数，以及访谈的方式和设施
- 参加提案公司的专业经历，可能投入该案的工作人员的基本资料

● 最后产出成果的形式
● 费用预估

5.9　非营利组织的秘书长在募款计划中担任的角色

组织的负责人，例如秘书长是整个募款行动的轴心，他/她个人所表露的信心、展现的热情、具体的支持以及主动的参与，影响着募款的成败；他的热诚必须使员工和志愿者们受到感染，假如秘书长本身认为募集资金有失风范，也就难怪员工与志愿者们态度冷漠了。

具体的支持可包括以下几个方面：秘书长应坚持机构主要的目标之一就是筹募经费，要求所有部门将此目标纳入部门运营目标，而非仅限于开发单位的目标，并且尽力为募款提供充足的财力和人力资源，以全力完成筹集款的任务。

主动参与是要名副其实的，换言之，秘书长并不只是在募款时挂名而已，而是要身先士卒，发挥示范作用，比如：他/她要主动打电话，拜访可能的赞助者，诉求募款事宜等。此外，在最小规模的组织里，秘书长可能是募款的最终负责人，但绝非募款工作中唯一重要的人，其实不论机构规模大小，募款的实质成果都取决于志愿者领袖们能够分担多少责任。

5.10　资助动机是什么?

每当要筹募捐款时，常有人扪心自问，为什么有人愿意把自己的部分收入捐出来呢？请允许我引用营销术语来反问，这些捐助究竟可以满足什么样的需要、期望或者兴趣呢？

这个问题可从赞助额度角度来看。小额捐助与其说是以金额界定，倒不如说是
以个人的感觉来作区分［对百万富翁罗斯·裴洛（H. Ross Perot）而言，100美元 102
实在微不足道，但是对一般工薪阶层而言，可就相当可观了］。许多人会在兴致所至时，随手捐点小钱。就像有人上门要求捐助，由于表达得体而给了你良好的印象，在没有太多的考虑之下你就捐了。这样的小额赞助背后的诱因是什么呢？是因为认同感，或者要避免拒绝后的愧疚感，还是一般的博爱利他心理？捐款与消费的冲动性购买行为有些雷同，它与个人当时的感受有关，而不是经年累月的认知或思虑的结果。

这样的随意性捐助多少都有避免麻烦的成分（拿去吧！别再来烦我!），或者有逃过一劫的侥幸（好在我没有染上这种疾病!）。

如果捐助多是来自愧疚感、避免麻烦或一时兴起，该机构不出十几年必将面临绝境。因为争取捐助的竞争日益激烈，赞助者逐渐期望得到旗鼓相当的回报。可能

激发大额捐助（不论是单次或者累计）的动机如下：

个人决定因素 关心环境保护可能就是一个典型的例子，当某人收到野生环境协会（Wilderness Society）的请求，而这位受邀者正好非常重视环境的维护，野生环境协会就可能因此获得捐赠。

认可该机构经营有方 某一家公共电视台连续几年都在年底要求赞助者提供额外捐助，以帮助平衡财政赤字，这样一来反而暴露出该台对所募集的资源经营不善，效果可能适得其反。

跻身于士绅名流 大专院校经常利用意义重大的校友会（如 10 年、20 年的聚会等），成功地募集高额的捐款。在这些特殊的场合中，出席的校友们得以与显赫的社会名流如运动明星、电视红星、政治家们摩肩接踵、面对面地接触，因而有较强的荣誉感（不论任何校友团体，总会有认识名流的亲友或同窗吧）。

义务和责任感 某些团体中老一辈的捐助者仍存有这种应尽义务的心态，不过对年轻一辈而言却不尽然：就像战后的婴儿潮人士，他们认为要获得尊重是必须付出代价的，他们的捐助不受义务与责任感的影响，这些不构成他们赞助的充分理由。

103 **借资助表达感激** 愧疚如果是阴暗面的反映，感激就是光明面的表露。医院和保健机构都知道，一些心存感激的患者及其家属都可能成为主要赞助人；同理，某位校友为了表达对母校的感激之情，可能发起类似的捐助。

鉴于这项事业值得资助 企业提供赞助是一种普遍的行为，因为赞助对它们有利。对某些全职或兼职的创业者或者顾问而言，可能也是极具创意的激励方式。

通过资助行为成就大我[12] 除了肯定该项非营利事业的意义以外，心存感激，希望能为完成大我而贡献一己之力，这是更成熟的动机。这种动力不但能持久，也可成就多方面的期望，这才是一个非营利机构应该竭力开发的重点。

总结

本章论及非营利组织在过往的 15 年当中，如雨后春笋般发展起来的趋势。倘若依据商场上优胜劣败的法则推算，这些组织至少已经淘汰了 1/4，其关键就在于募款能力不佳导致经费短缺！所有的组织都有三大基本功能：输入、处理、输出。筹募经费就是输入的重头戏，决不可以等闲视之，相反应该受到与组织其他各项运营活动同等的尊重与投入，否则必定带来不可收拾的后果。

注释

[1] James P. Gelatt, "The Bigger Picture," *Executive Update*, no volume (December 1990): 41.

[2] William B. Johnston and Arnold H. Packer, *Workforce 2000: Work and Workers for the 21st*

Century (Indianapolis, IN: The Hudson Institute, 1987), 79-80.

[3] (No author) "The Fragmentation of Consumer Markets," *Fund Raising Management*, 19 (November 1988): 69-70.

[4] William Olcott, "The Changing Face of Philanthropy," a speech at the Third Annual Philanthropy Day Fund Raising Conference, Portland, OR, November 10, 1988.

[5] Rob McCord, speaking at the August 1989 "Colloquium on the Future," American Speech-Language-Hearing Association, Rockville, MA.

[6] George Wilkinson, "Nonprofits in the'90s," speaking at the Foundation Center, Washington, DC, June29, 1989.

[7] (No author) "The Climate for Giving: The Outlook and Future CEOs, " *Health Funds Development Letter*, No volume (December 1988): 2.

[8] 摘自录音带 *The New Masters of Excellence* by Tom Peters, produced by Nightingale-Conant Cor- 104
poration, 1986。

[9] Jerry Panas, *Born to Raise* (Chicago: Pluribus Press, 1989), 180-201.

[10] Del Martin, "The Development Audit: Providing the Blueprint for a Better Fundraising Program," *NSFRE Journal*, (Autumn 1990) 28-29, 31, 54.

[11] Thomas R. Moore, "Evaluating an Institution's Commitment to a Comprehensive Development Effort," 501 (c) (3) *Monthly Letter*, 10 (February 1990): 1.

[12] Russ Reid, "Why Do People Give?," *Reid Report* (an occasional newsletter without date): 1.

第 6 章

非营利组织的财务管理

金钱总是被狭隘及猜疑的眼睛所监视着。一个管钱的人也常被扣上不诚实的帽子，除非他能提出证明并且经过严格的审核。

——约翰·肯尼思·加尔布雷思

(John Kenneth Galbraith)

概要

本章以财务管理为主题，通过提供基本财务信息框架来帮助决策者作决策，内容除了包含常用财务术语、功能，说明现金会计原则及权责会计原则（accrual accounting）的异同外，同时也阐述了捐赠资金的管理、借贷规则、编制预算的步骤、基金会计及独立审计。在此基础上，本章也讨论了董事会成员对于组织财务的了解，对捐款者的报告，对可能出现的最坏状况如何做准备（包括如何决定某个项目或产品的终止），以及财务功能自动化之后应了解的问题。

为了避免过于简化，我们仍会讨论预算和财务管理，这时会有两种类型的人出现：

1. 一种是喜欢与数据为伍和了解预算程序的人；
2. 除第一种类型之外的其他人。

大部分的人都属于第二类，他们都了解预算编制及财务报表的必要性，但都相当泰然地把这些功能留给会计人员，只要他们可以与其沟通。

以下的真实案例就显示了第二种类型的人在非营利组织中的情况。

利蒂希亚·威尔森（Letitia Wilson）曾是 10 年前创立并推行邻近社区课程学习中心的负责人，帮助附近有阅读障碍的小朋友们并给他们做课后辅导。 106
威尔森有图书馆管理及初级教育硕士学位，自从她的小孩高中毕业后，她就决定为附近有阅读困难的小孩们提供帮助。教书的经验让威尔森很快就了解到，其实这些小孩发音就有问题，他们的共同特征都是无法辨认文字；有些人会颠倒字母，有些人经过数堂课后仍然无法记忆单字，有些即使会发音但无法了解单字的意义，而这些小孩的智力皆属正常或高于平均以上。

威尔森的学习中心对有阅读障碍儿童的训练早在“阅读困难症”（dyslexia）和“学习障碍”（learning disabled）等名词普遍使用之前就开始了。她聘用了当地大学毕业的专业人士来任教，并在路德教堂（Lutheran church）的地下室成立了目前的课后训练课程。

为了学习中心的持续发展，威尔森建立了以下模式：邀请在学习中心成绩优良的学生家长一同来参与宣传学习中心的训练成果，这些学生家长都对这个课程的成功推崇备至，筹款志愿者委员会应运而生，筹款基金持续增加，随之这个课程更加扩大。

目前这个学习中心已有超过 50 万美元的营业预算，地区上的名望与日俱增，但也就在此时产生了无法预期的问题：大部分有学习困难的小孩都进了公立学校；学习中心的教室内急需精密的计算机设备和学生学习记录设备；有些员工不甘从事低薪工作等；当地报纸甚至报道这个训练中心有 23 万美元的欠款，预计最晚将于学年结束前倒闭。

这个训练中心的失败并非唯一的案例，究其原因在于未能了解非营利组织的运营方法应与一般企业相同。或许它只需要再有一点筹款即可继续生存，但除非它能重新思考它的定位，否则未来还将充满问题。

本章内容

这不是为不懂会计的领导人所设计的会计课程。在本章中将会阐述及解释财务管理的重要观念，使非营利组织的员工即使不是会计人员，但仍有足够的财务管理基础来运作非营利组织。

6.1　财务术语

了解以下专用术语将对阅读非营利组织的财务信息有极大帮助。 107

财务（finance）：一个组织的经济活动；有关金钱的行为或交易。事实上，financial（财务）和 fiscal（财会）两个字是可以互换使用的。有些从业者认为财务报表（financial statement）和财务问责（fiscal accountability）有些差别。

财务报表：一个组织财务状况的报告，通常有三种栏目：

1. 资产负债表（资产、负债及净值的记录）。

资产负债表亦可称为资金平衡表反映一个组织在某一特定时间的财务状况。名字的由来是根据数学方程式，即一个组织的资产必须等于负债加上所有者权益。

2. 组织活动报表（是一张表现收益及损失的报表，会列出收到的所得、发生的费用及净所得，亦称损益表）。

组织活动报表有时也被称为“赞助、收入、支出和资金余额变动表”。它是一个组织在一个特定期间（通常为 1 年）财务状况的记录。

3. 财务状况变动表（亦称为资源、资金使用变动表或运营费用变动表）。

会计（accounting）：用于计量和报告一个组织财务活动的方法。是一套用来组织和保持一个组织财务记录的系统。

会计不只是簿记，簿记只是单纯记录财务信息，而会计则是一个能对财务信息进行记录、有分析功能及报告表达功能的完整系统。[1]

资产（asset）：一个组织所拥有可转换成现金的有价对象。比如：设备（计算机、复印机）、股票、汽车、办公用品、家具等。资产可为流动性的（短期的）——可在近期内转换成现金的；或固定性的——例如建筑物本身及建筑物所在的土地。

108 **负债**（liability）：债务，组织必须支付的。比如：贷款、组织建筑物抵押借款、未付税款等。债务亦可分为流动性负债——组织于 1 年内需付清的和长期性负债——如偿还资产抵押利息。

净值（equity）：资产减负债，是组织的净资产。净值亦可称为“资金余额”或“一般基金”。在会计上也常被称为资产函数：

资产＝负债＋净值

收入（revenue）：流入组织的财源。比如：捐款、出售货物所得、第三方支付款、利息收入、项目赞助等。

支出（expense）：流出组织的财务支出。为维持组织运营所支付的货款及服务账款等。比如：人事费用、咨询费用、电话费用、员工旅游补助金及邮资等。

净收入（net income）：收入减支出。表 6—1 是一个求出净所得的损益表例子。

表 6—1　一个名为“典范”（Exemplar）的非营利组织损益表

1993 年 1 月 1 日—1993 年 12 月 31 日

收入：		
出售货物收入	22 000	
捐款	110 000	
利息收入	7 500	
总收入		139 500
费用：		
租金	4 500	
人员薪资	48 900	
水电费	2 000	
总费用		(55 400)
净所得		84 100

6.2　现金会计原则与权责会计原则

想要了解损益表如何使用，清楚区分现金会计原则与权责会计原则的差异是有帮助的。

现金会计原则

正如其名所示，一个遵循现金会计原则的组织，所有交易只有在现金（含支 109
票）真正兑现时才记账。因此，以现金为会计记录的原则无法反映已发生但未付款的费用，也无法反映真正所得（如出售杂志收入），而必须等到此笔款项真正收到为止。现金原则的记录就如同支票本一般，支票本只能反映现金的出入，而不能反映未付款账单及尚未兑现的收入。

权责会计原则

权责会计原则是在费用及收入发生时即予认定（有别于现金原则下付钱才认定费用，收款才承认收入）。

权责会计原则较能正确显示一个组织的财务状况。像对账一样，必须将存入银行未入账部分、已开票银行未扣款部分、应收未收的收入及应付未付的费用等皆反映进去。

下列是现金会计原则不使用而权责会计原则常用的术语。

应收账款：组织被拖欠的款项。比如：寄给客户的收款单、赊账，这些账款将会于近期内收回，也因此可列为企业的资产。

预付费用：实际使用前先行支付的款项。比如：预付房租、预先支付给卖主的费用（这些都是资产）。

应付账款：已购买但未付款者。比如：已发出的订单（在组织实际产生负债义务前使用者）。

递延所得：组织在提供货物或劳务前预收的收入（也称为预收收入）。比如：私人基金会捐助给未来拟执行的项目款项。递延所得及应付账款两者皆属组织的负债，因为组织在未来需为此付出责任及劳务。

在现金原则或权责原则下的费用处理

即使一个组织使用现金原则，也有方法可以推算出其实际费用，同样地，此方法 110
亦可使用于权责原则，而它对筹款基金的处理特别有帮助，见表 6—2。请注意所表示的并不只是目前为止的实际花费（第 2 栏），也包含了债务（第 4 栏）以及项目费用（第 5 栏）。假设你的公司有 15 万美元的培训经费，而执行此培训课程必须支付人事费用、员工福利、公司旅游、设备租金、影印费、邮费、电话费、开会住宿费等成本。

表 6—2　　项目会计记录

	1	2	3	4	5	6
预算项目	筹款奖金	目前支出数	目前结余款	预估费用	项目费用	预估结余款
人事费用						
员工福利						
公司旅游						
设备租金						
影印费						
邮费						
电话费						
开会住宿费						

使用这套系统，除了记录至今实际支出的旅游费用外，还列出了流通在外的账单金额及预估未来可能发生的款项。

如果威尔森的学习中心能运用这套“计划会计系统”（project accounting record，PAR）的话，或许可以解决它的问题。

6.3　会计账户表：记账

账户是记录一个组织财务活动的基本单位。账户表内许多账户都是为反映资产、负债、收入、费用和基金余额所设置的，账户表的设立让组织对收入和费用项目的正确性更容易查询及追踪。[2]

111 以下是一个非营利组织的账户表实例，它有筹款基金及用于培训、奖学金和研发领导权等三方面的费用。

图表第一部分显示的是各部门的代号。“典范”基金设有四个部门：

10　研发部

20　服务课程

30　培训课程

40　行政部门

使用 10 位数字，基金就可以再区分至各部门下。

图表第二部分则是叙述三种基本账户形态（未受限基金账户、限定基金账户、指定基金账户）：

01～30＝未受限基金账户

40～70＝限定基金账户

80～90＝指定基金账户

限定基金账户（总项目码为 40），再进一步区分成数个捐赠基金：

信托基金 ＝ 41
资本基金 ＝ 42
纪念基金 ＝ 43 等

指定基金也有它们自己的项目码。比如，指定用于老年领导培训课程编为 82 号。

图表的第三部分反映组织的活动，比如：

00～09　行政事务
10～20　年捐赠
21～30　信托赞助
31～40　企业资助
41～50　基金会捐赠
51～60　领导培训课程
61～70　领导研究

图表第四部分是总分类账码，编码后就能够更细化地了解资产、负债、资金余额等账户情况。编码方式以资产、负债、资金余额、收入及费用五大项分类，再续以四位数分类账编码。例如资产下包括了它的投资收益（“1100”），土地（“1500”），和限定基金所赚的利息收入。依照会计实践，负债包括“应付账款”和 112
“递延所得”等项目。

而收入的编码则让组织可针对特定来源做记录：

主要个人捐赠，不受限的	3000
主要个人捐赠，受限的	3001
总裁俱乐部年金（100＋美元）	3002
赞助人年金（50～99 美元）	3003
朋友年金（25～49 美元）	3004
捐赠者年金（最高 25 美元）	3005
印刷品收入	4003
利息收入，普通资金	5000
利息收入，捐赠资金	5001
领导 2000 课程所得	6001

费用则参照传统标准分类：薪资福利、专业咨询费、装潢设备费、办公用品费、邮资、董事会监事会及员工旅游补助、特定课程费用等。

当收到捐款或付账单时，工作人员则依照此分类码做记录，如此“典范”基金可保持最新的财务信息，在赤字或超支发生前可实时监控。比如，指定基金账户收到领导 2000 课程的用品费账单，则登录为 20－82－51－7005：

20 ＝ 服务课程
82 ＝ 指定基金
51 ＝ 领导 2000 课程（特定活动）
7005 ＝ 用品

6.4 借方和贷方

一个对非会计人员来说最容易混淆的地方就是借贷方的区别。其实，最简单的方法就是尽可能不要用逻辑思维来研究，只要单纯用复式会计等式左、右边来确认即可。

113 简单地说，现金流入组织就是借方（简称 DB）；现金流出组织就是贷方（简称 CR）。另一个要牢记的重点是：账户要永远保持平衡。方程式任何一方有活动发生，另一方也要连带反映。假设你的组织借了一笔钱，你收到了资金（借方），但也因此产生了负债。表 6—3 即为交易的情形。

表 6—3 **10 000 美元贷款的借贷** 单位：美元

现金	贷款
10 000	10 000

在账上，你的组织有借方 10 000 美元的现金，在贷方同时也有 10 000 美元的负债。

这种复式会计可利用下列资产负债表（表 6—4）[3]的平行交易来说明。

表 6—4 **借贷关系说明**

借	贷
资产增加	资产减少
负债减少	负债增加
资金余额减少	资金余额增加
所得减少	所得增加
费用增加	费用减少

6.5 预算的编制和使用

大部分知道预算过程的人都以为预算就是预算准备——也就是每年会计人员要求各个部门估算次年度收入与费用的时间。不容置疑这是必要步骤之一，但实际上预算过程包含了五个步骤[4]：

1. 准备（preparation）
2. 核定（approval）
3. 实施（implementation）
4. 监测（monitoring）
5. 预测（forecasting）

准备

预算准备在预算过程中属于规划阶段。通常次年度的预算规划都是参考前一年度来设定的。下列两种预算规划方法有非常强烈的争议： 114

1. 零基预算。

零基预算的基本问题是：你的组织需要什么才能有效率地运作？下一年度你的组织想达到什么样的目标？要达到这些目标需要多少成本？

第一个方式就是先估算次年度组织自信可达到的收入总额，组织资深工作人员由此收入额就可预知外部限制是什么。第二个方式就是先不要根据目前的限制来束缚思维，而是在次年度拟执行的项目上先达成共识，依照项目的需要再来决定需要编制多少预算。

无论哪种方法，相关人员都应该提供拟执行项目的内容说明：

- 项目的目标是什么？利益是什么？
- 此项目的优先执行权理由是什么？为何它必须被放在其他项目前？
- 要达到此项目的目标需有些什么活动？该如何评估？
- 假如此项目无法执行，将会有何负面影响？[5]

2. 将预算过程与战略规划过程关联。

一个组织的政策规划往往会影响它的预算过程。编制预算过程中对于最重要的项目应给予相对优先权。重要项目的执行成本必须很清楚地估算，即使需要冒着删除其他项目或减少其他计划预算的风险。

预算表应详细说明数字由来并对任何不清楚或需特别注意的地方加以阐述。如此一来，预算表才能一目了然，对组织员工及志愿者的使用才有帮助。

谁来编制预算？

这里有两个答案： 115

- 涉入最深及影响力最大的人
- 专业人员

预算编制不能被隔离进行而是应和政策规划一起由组织最具影响力的人（例如董事会和组织员工）和那些有控制权的人（例如负责筹款的研发委员会）来做。一个整合的预算结果是预算过程的目标。预算编制的细节工作应交给有专业知识及有经验的人来做，而由有影响力的人来审核。

核定

组织预算核定的过程可依照其规模大小及复杂程度分开审核。然而，公理自在人心，这些与预算相关的人（执行部门或员工）也应该有机会来审核预算初步分配情况。而最后核定权则交予对组织负有责任的董事会。

实施

一旦预算被董事会批准后，组织内部必须举办数场预算说明会，让组织员工能清楚了解预算涵盖的项目、未来组织的目标、各部门执行目标和执行活动的说明。

监测

对预算过程的监控就是看它对组织运营造成影响的程度。换言之，它是否能够在决策者做决策时起到关键作用。

期中报表

检验一套预算是否对组织的运作产生影响，有一种方法就是建立期中报表制度。期中报表的编制应依据原预算编制来制作，对原先的规划与实际发生的异同做
116 比较，对筹募基金收入及支出也是如此。核心员工及董事会（或由授权的委员会代理）在审核期中报表时应清楚掌握以下几个问题：

- 原预算计划是否符合现实？估计值是否需重新调整？
- 计划中任何部分是否出现亏损？有任何措施能补救吗？是否可由其他计划剩余部分来补偿？
- 是否发生未编列于预算之中的支出项目？有的话，如何处理？有其他方法可筹到款项吗？所列的项目是必要的吗？如果延迟处理会有何影响？

审核期中报表

审核期中报表最重要的目的就是确认组织依照原定计划运作，这是董事会的义务，而且必须专注在大方向上。董事们或员工之间若只将争论放在数字的分析上，是毫无意义的。负责审核期中报表的人“应有发现收入支出表项下重大问题的能力，而不是将时间浪费在细节或不重要的事项上”[6]。这并非意味着董事会成员不能随意发问，而是要求他们以财务专家的身份来问问题。相反地，如果坚持在不适宜的问题上纠缠，期中报表的审核会议就会沦为财务细节的讨论会议。

预测

预算编制的最后一个步骤是许多非营利组织最弱的一环。组织应在审核期中报表时就审视未来。

- 能否清楚地分析未来走向？

例如，今年收益形态是否同于去年？捐款数增加了吗？筹款工作是否日趋困难？今年购置产品的趋势是否利于未来产品购买的规划？

● 短期活动是否有暗示效果？

预测亦能用于长期财务规划。财务人员或财务委员会应制定一套最少二年，最多五年的财务计划。比如，报表显示有余额可购置不在预算之中的设备，但在这几年我们是否真的需要购置它？购置后是否会产生服务合约、培训及保险等额外成本？ 117

最后，预算是否能对本身过程的评价做出一个结论？资料取得来源是否对结论有影响？预算结果达到了目标吗？它是有用的工具吗？

6.6　基金会计

基金会计是一套供非营利组织使用的以计算基金收益情况的系统。通过设立不同基金账户，一个组织才能精确制作每一种基金的收支财务报表。

理论上，如果一个非营利组织将所有收到的所得都用在普通运营目的上时，它只需要设立一种基金账户。但这不是我们这次要谈论的主题。许多捐赠者都会指定捐款用途——如奖学金、图书馆设置、夏令营课程等。在每项捐款用途不同时，我们就需要一个方法将同一用途所收到及用掉的钱正确地表达出来，而不要与其他用途的钱混淆，这个方法就是设置不同基金账册。一旦收到某基金捐款时，这些钱就会被用在该基金的指定用途上。

基金账户有时是组织的董事会所设立的，专为特殊用途之用，比如建设基金和预备款。

基金中限制最多的是捐赠基金。当捐赠者捐款至捐赠基金，非营利组织只能提取该笔捐款的利息部分，本金部分一律不得取用。

基金问题持续产生，尤其在刚开始的时候。非营利组织可能会接受特殊用途的普通规模捐款，比如，设立一个 1 500 美元的纪念基金，只限中欧发展奖、助学金专用。

由此，非营利组织很快发现到： 118

1. 很难找到符合条件的学生。

2. 基金规模太小，所产生的所得数目极为微小。

3. 需要直接成本（如邮寄费）和间接成本（如人事费用）来管理基金。

解决方法：

1. 对基金的用途不要限制太多，例如一般奖学金。

2. 特殊的基金规模应有基本下限。有些非营利组织设定的下限为 25 000 美元，有些甚至定在上述规模 10 倍以上。

3. 和捐赠者协调基金的用途，不要让非营利组织的运作束手束脚。

4. 鼓励及说服捐赠者同意在一段时间后将基金并入其他较大规模的基金中。

6.7 独立审计

为何审计需要是独立的？独立审计需要由外部合格的会计师来执行（非组织内部员工）。一个组织或个人聘请会计师做独立审计时，外部会计师需要与组织合作设定审计过程。

为何需要独立审计？

- 法律规定
- 特定基金来源（如联邦政府基金）
- 使组织财务更值得信赖
- 向捐赠者保证捐款的管理使用情况良好

和审计人员共事

执行独立审计的第一件事就是选择合作的会计师事务所，其次是对审计人员角色的了解。所选择的会计师事务所除了要有专业技能及正直的品行外，也要有审核非营利组织的类似经验。

119 组织与审计人员开始接洽时应注意以下两点：审计人员需每天与组织的主要财务主管一起工作，但审计报告仍需正式提交给董事会审核同意。董事会在决定合作的事务所或制定审计过程前，会与选出的志愿者及员工一起讨论合作事宜，以期达到组织内部一致的共识。

在审计过程中，组织员工应将组织财务记录保持完整并依序整理好以备查验[7]，并派遣对组织财务状况了解的人协助审计人员做审核工作。审核时，审计人员应完成以下事项：

- 审核财务报表；
- 对财务报表的缺失提供建议；
- 根据一般公认会计原则的规定，提供员工的技术性帮助[8]；
- 审核工时表及请假卡等记录；
- 分析设置各个基金账户；
- 分析组织投资政策及手续相关规定；
- 审核筹款基金记录。

良好的审计经验对一个组织来说不只是资料的来源，而且对组织的帮助也比审计报告大。通过与审计人员并肩合作数周，可间接学习并促进组织改进及加强本身的财务管理过程，由此可迫使组织管理层培养企业般的风气。反之，若每年审计时间一到，就让组织员工产生“审计时间又到了”的无奈反应，审计的效果大概就仅仅只是呈现报表而已（效果不佳）。

董事会应不定期与会计事务所沟通，沟通后会计事务所会提供“致管理层建议函”（management letter）作为给组织的回复，其中建议事项或许就是审计过程中最重要的信息。[9]除了可能提供簿记及会计功能调整的建议外，对组织投资政策的建议更能令组织受益匪浅。

6.8　董事会对组织的财务报表有何问题?

“全国大专院校理事会联盟”（Association of Governing Boards of Universities and Colleges）的董事会已经提出几个在审核财务报表及独立审计报告时的建议问题。现将问题分为三部分——财务表现、财务状况和捐赠基金的管理（可供任何其 120
他非营利组织参考）。

财务表现

针对财务表现所提的问题是为了了解一个组织财务管理的好坏：

- 是否有每年独立财务审计的记录?
- 独立审计报告中的结论是否是被认可的?

一份被认可的审计报告结果应该证明在所有查证的过程中，该组织的财务状况完全符合一般公认的会计原则。

- 独立审计报告中提及的任何不正常事项或缺失，是否有附注说明?
- 同一年度发生的营业费用及收入事项是否为当年度入账?

如有缺失，如何处理?

运营管理的问题亦应包括收入的来源及费用的确切余额。

- 收入来源有变化吗?
- 组织是否将运营费用及捐助所得分开处理? 使用了保留基金来支付运营费用吗?
- 在运营费用上，企业是否依赖如“政府捐赠”之类的基金?
- 使用在间接成本上的比例是多少?
- 对于未来设备需求及维护需要，是否已有充分的准备?
- 流通债务的偿还程度如何?

估算组织偿债能力的方法就是计算流动资产（1 年内可转换为现金的）对负债的比例[10]：

$$流动率 = \frac{流动资产}{流动负债}$$

假设流动资产为 345 000 美元，流动负债为 115 000 美元，流动率则为 3。意即 121
一个组织每 3 元资产中，只有 1 元负债。通过比较每年的流动率，可以判定组织未来财务走向。

财务状况

有关组织财务状况的问题需要联想到资产及债务两项。

- 组织的资产增加了吗？
- 捐赠及其他限定基金增加了吗？
- 组织短期及长期债务分别有多少？
- 债务的支付对组织的营业预算有何影响？

组织需支付的债务占本利的比例是多少？它是否会阻碍开办新业务的机会？

- 组织是否有能力偿还长、短期债务（短期债务用流动基金支付，长期债务则用现有资产偿付）？
- 组织预备金是否根据每年运营费用增加的比例而递增？

捐赠基金的管理

在捐赠基金的管理上，需要考虑捐赠基金的投资问题及所产生收入的使用问题。

- 捐赠基金的规模有多大？
- 捐赠基金的利息被保留了吗？（注意：通常捐赠基金的建立是有一定条件的，因为捐赠基金的利息与捐赠基金本身的用途是一样的。非营利组织只能使用捐赠基金的利息，不能用其本金。然而，因为它的性质并不是捐款，对非营利组织而言或许可以在需要时将其改变名目转为他用。）
- 如果捐赠基金增加的话，它会使本金按照什么比例增加？
- 捐赠基金的投资回报率是多少？
- 122 捐赠基金对组织的规模及成长而言是否足够？（如何和其他类似机构比较？）
- 为平衡运营预算，需要多少捐赠基金？
- 为了适应未来需求，捐赠基金所得的转投资是否列入考虑？[11]

6.9 向捐赠者提交财务报告

向捐赠者报告财务状况有四个原则：

1. 诚实；
2. 简短；
3. 力争第一；
4. 正面思考。

诚实

对于财务状况无须刻意处理，因为这是不道德而且有可能违法的，是不该做的。如同第 5 章讲筹款所提到的，捐赠者的结构会愈来愈复杂。州政府及联邦政府总以猜疑的目光观察非营利组织的财务状况。刻意处理的财务报告可能有短期优势，但长远看来对组织或组织所从事的服务领域及非营利事业都是有伤害的。

假如你的组织财务状况有收入短缺或成本超支等负面信息，请如实展示于报告中。

● 公司的历史是什么？组织的期望又是什么？

假如这是组织的第一个年度亏损，而下年度计划将可补足目前的短缺，请补充说明。

● 其他类似机构的情况如何？

在运营不好的年度，拥有公司股票或共同基金的投资者如果知道其他类似机构情况一样不好，就会比较高兴。同理，对非营利组织来说也是如此。当大家对艺术团体的捐赠有兴趣时，通常也会对健康或教育方面的团体给以关注。

● 组织如何解决问题？ 123

需要制定哪些补救措施？需要多少时间来修正？

诚实报告基于下列假设：组织基本上是健全的，但经济情况的压力及社会政治的不稳定都可能造成组织不寻常的财务危机。若是组织想用不正确的财务报告来掩盖产生的问题，其本身及捐助者都会受到伤害。

简短

大部分的捐助者对冗长的财务文件都不想去了解。财务报表应尽量简洁，在叙述财务摘要时，若再搭配重点，如所得、项目等图表说明会更好。

力争第一

组织已经学会的另外一课就是力争第一。假如季度收入无法达到预期标准，组织最好在外界公开消息前即先行披露，如此组织才有主动权。假如你的组织正面临财务危机，董事会必须在被告知后即决定以何种方式通知应该知道的人。假如情况能在短时间内被扭转，是最好不过的事。若不行，则董事会及秘书长就该准备与相关利益群体在财务报表公布前面议解决。

正面思考

正面思考即假设组织在目前领导下成绩将有可能达到或超出原定目标。此时要求捐赠者为了某个目的而捐赠的方法是可行的。而组织的管理层也不该不接受此策略。

换句话说，可以用积极的术语来表述组织发展中的困境。例如：短缺可能是一次重大支出所引起的；虽然有问题，但问题已经陈述；组织已接受教训，所以仍可以继续。

6.10 作最坏的打算[12]

124 经济情况时好时坏，即使一个深谋远虑的非营利组织也需要有临时应变的计划，以降低经济危机的伤害，适应基金形态的变革。掌管预算及财务的董事们应随时针对可能发生的问题，制定应变计划以维持组织财务的健全及长久。

现金流量

在资金缩减的情况下，组织是否有足够的现金可供缓冲？组织是否能够承受捐助、合同及第三方资助的延迟付款？能在短时间内预知延迟收款或资金短缺的情况下增加现金补充是明智的。

预备金

除了运营资金外，组织是否还准备了一笔重要、充足的预备金来避免货款无法及时收回，筹款收入减少以及因通货膨胀产生的费用？预备金能否抵消临时性销售收入的下降？

项目收入

董事会及财务委员会或许需要分析已存在的和计划中的项目的隐含收入。波士顿咨询集团（Boston Consulting Group）开发了一套利用市场占有率和成长率来分析产品潜力的系统。这套系统将产品或服务分解为下列四种形态[13]：

1. 财星（star）：财星代表一种产品或服务具有相当规模的市场占有率及成长率。这一形态的产品或服务可以创造收入，可以再投资，组织的远景可预见。

2. 金牛（cash cow）：落在金牛区域的产品或服务代表拥有相当的市场占有率，但不具成长率，此区仍属稳定，产品或服务仍能创造利润。

3. 新冒险（new venture）：意味着一种新产品或新服务在市场上表现出潜力，投资它们可能为组织带来戏剧性的成长。

125 4. 狗（dog）[14]：这是自创的名词。落在“狗”区域的产品及服务表现不良，组织需扪心自问它们是否值得继续投资。

这套系统可提供市场可行性的评估。组织的董事会或预算委员会可根据此系统设计预估其产品或服务的可行性，或直接向参与计划的员工们咨询。

成本缩减

每个组织都有多余的部分，有些项目也许人力过剩，有些可能人力紧缺。一个组织必须经常检查其内部的项目，以确认项目彼此间是相关的并且人员配置也是恰当的。

筹款

过去几年什么是筹款界最成功的？哪些部分在筹款市场中最具特殊潜力？为了达到主要捐赠的筹款活动而成立新基金筹款项目有意义吗？如果费用与利润不成比例时，有哪些因素是在新成立的筹款项目中必须删除的？

志愿者潜力

董事们的潜力发挥到极致了吗？其他志愿领导者是否作出了相应贡献？纵观整个组织，是否有不需聘请支薪员工或顾问，只需寻找合适的志愿者即可的工作项目？

人事

每一个部门都应该有自己的应变计划。组织是否需要删减人员？哪些人该走而哪些人该留？

人员的正常更新率是多少？应变计划是否应包括人员新旧交替之间的过渡期？

其他选择

有没有和其他组织合作或合并的时机？有哪些收入是尚未被发掘的？

6.11　财务功能自动化

这一部分并非要介绍非营利组织财务功能自动化的配套软件，而是提供原则性 126
的建议。

了解自己的需求

给组织制造问题最好的方法就是选择一套不合适的会计软件，然后将它用于组织中。只依照会计部门的需求选择会计软件是很冒险的，相反地，会计软件的选择应能反映组织整个运营的需求，即使不能适用于全体也至少需要兼容。

因此，选择软件必须考虑所有的使用者，虽然软件是商业部门使用，但选购时也得考虑其他单位。例如：

- 研究部门的捐赠基金，是否可在计算机上追踪？
- 根据会计目的所选择的软件是否对筹款有帮助？它可以创造或追踪资金吗？它有保存多年捐赠者记录的功能吗？当抵押到期时，它具有提醒的功能吗？
- 商业部门的软件如何与购货、收款工作相联系？如果有可能，它是否可以从订单开始追踪直至收到货款为止？
- 它有定期出报表，并与去年同一期间报表相比较的功能吗？

成长预期

不用说，计算机软硬件的购置是自动化的主要步骤，但只依照目前的需求来购置对未来而言可能是浪费的。假设在五年内组织即使在技术上获得快速的改善都不可能成长，购置这套计算机软件就可能是不明智的，因为这些过时的设备会成为组织无法弥补的负担。

在软件与硬件之间寻求一个最合理的选择

127 有些好的软件不见得适合组织系统的需求，相反，选择一个只适合该软件的硬件也可能阻碍日后组织其他软件的使用。因此，值得切记的是，没有一套硬件/软件是完美的，如同一个组织只能在一定的政治气候下生存。在购置（或架设）财务自动化系统时除了理智外，还需要集体决策与敏锐思考。

6.12 小型非营利组织的特别策略

完整财务管理的重要性与事业规模大小无关，但非营利组织财务来源管理的方法就与事业规模大小有关。有些非营利组织的管理层与员工们一直在为如何正确记录交易及提供及时财务信息而努力，以下是可能的策略。

1. 对可获得软件最有效地利用。

具有基本功能的会计软件的价格为 50～70 美元，虽然它功能简单得像计算用的支票记录器，但它的确可以降低登录资料的人力并且还能简单地打印报表。

非营利组织也可考虑其他标准化的软件如 Lotus 123 或 Excel。这些软件可以用来编制预算，也不需要额外的计算机使用经验。

2. 寻找相同功能的特殊软件。

至少有三个方法可以做到：(1) 看当地的大学院校是否有以课堂作业方式创作的软件程序；(2) 看别的公司的软件是否可以适用；(3) 从拥有大批资料分析师的公司寻找帮助。

3. 寻找多功能软件。

若能找到多用途的软件，不仅财务部门可以使用，开发部门亦可用作保留记录，客户搜寻，分析研究资料等。

4. 运用 KISS (Keep It Simple, Stupid) 方法。 *128*

捐赠者不一定都需要完全了解项目预算及费用账目。但切记当从事复杂项目时，收集资料、输入及分析资料是必要的过程。

5. 教育非会计人员。

在一个非营利组织中，如果非会计人员知道如何在账单上登录分类账编码并署名以示负责，则可省下会计人员在编码上的时间。汇集众人的意见来决定哪些财务信息是真正有用的和如何收集财务资料才是最有效率的。

总结

财富建立在正确的决策的基础上。

——摩根 (J. P. Morgan)

一个组织的财务是否健全能显示其决策的好坏。本章提供了财务的基本架构。一个非营利组织的管理层必须有这些基础才能进行交互影响的分析，因此必须加强财务信息管理和人力资源开发才能增进企业的福利并开发出更多潜力。好的财务决策需要有良好的财务知识以及整体的概念，这才是非营利组织管理的角色。

已经有不少非营利组织的主管层被更换，原因是他们对组织的财务状况漠不关心。但是，另一个极端也同样可以得到一样的结果——那就是不顾大方向而只专注于预算及财务报表的烦琐细节。

对企业财务工作进行更深入的了解，关心重要问题并制定有效率的决策才能保证组织的长久存在。只有真正付出时间及资源的人才能真正得到回报。

注释

[1] Glenn A. Welsch, Robert N. Anthony, and Daniel G. Short, *Fundamentals of Financial Accounting* (Homewood, IL: Irwin, Inc., 1984), 67.

[2] Andrew S. Lang, *Association Finances for the Non-Financial Manager* (Washington, DC: American Society of Association Executives, 1989), 35. Appreciation is also expressed to Armondo Quinones for his review of the material on developing a Chart of Accounts.

129 [3] Lang, 43.

[4] 预算过程的 5 个阶段获益于 A. Michael Gellman, "The Budget Cycle," *The Budgeting Process* (Washington, DC: American Society of Association Executives, 1990), 3-5。

[5] 一些关于零基预算的观点摘自 Linda J. Shinn and M. Sue Sturgeon, "Budgeting from Ground zero," *Association Management*, 42 (September 1990): 45-48。

[6] John Paul Dalsimer, "Understanding Nonprofit Financial Statements: A Primer for Board Members" (Washington, DC: National Center for Nonprofit Boards, 1991), 11.

[7] Ronald R. Kovener, "Aiding Your Auditor" *Executive Update*, 23 (April 1990): 29.

[8] Kovener, 27-28.

[9] Dalsimer, 13-14.

[10] Dalsimer, 15.

[11] "Questions Which Board Members Should Ask About the Financial Condition of Their Organization." *Chronicle of Philanthropy*, 2 (March 21, 1990): 23.

[12] "Facing Bad News," *Nonprofit Management Strategies*, 2 (November, 1990): 5.

[13] 波士顿咨询集团的产品四象限分析法总结于 Richard L. Daft, *Organization Theory and Design* (New York: West Publishing Company, 1989), 495-496。

[14] "Facing Bad News," 5.

第 7 章

人力资源管理：建立卓越的工作团队

管理……所有努力都是致力于将同一组织中所有人的知识与技能凝聚为一体。

——彼得·德鲁克

概要

柏林墙被拆掉之前，墙上写着“信念成真”，这句话同样值得被非营利组织的管理者借鉴：如果你相信组织的使命、相信自己，同时也相信那些与你一同工作的伙伴们，你可以让梦想成真。本章献给为数不多的一群人：他们相信他人的能力，而且正在努力寻找实现这一信念的方法。

本章从管理的七项原则谈起，然后讨论管理上经常要面对的难题：绩效管理，以及如何在非营利组织中落实绩效管理；随后探讨授权的艺术（包括授权的时机与方法）、激励，以及管理风格：究竟什么是管理，什么是领导。最后，将为您指出新世纪高效管理人的特质。

7.1　什么是管理：七项原则

在《新现实》一书中，彼得·德鲁克列出了管理的七项重要原则：

1. 管理与人密切相关。跟人一起工作，鼓励人们一同努力，这就是管理的真谛。

131 2. 最能符合组织文化的管理最有可能成功。因为管理即是找出相关的人一同努力，所以想要成功，管理就必须能被理解，同时融于组织文化中。

3. 共同的目标与价值观是非常重要的。没有这些，“就没有组织，有的只不过是一群乌合之众”。[1]

4. 管理必须能随着组织成员的需求，以及组织所处大环境的改变而改变。

5. 因为组织是由不同背景、知识、技能的人所组成的，所以有效的沟通非常重要。

6. 用底线来衡量组织绩效是不够的，还需要其他的标准。比如：组织成员的成长、组织的创新，还有产品或服务的品质。

7. 管理成效最重要的衡量指标是：我们的顾客是否满意?[2]

彼得·德鲁克所提出的重点，有一些在本书的其他章节会提到，比如使命（共同价值及目标）、计划、沟通、营销等部分将谈到顾客满意。本章则着重讨论管理的其他重要功能：绩效管理、变革、如何与问题员工相处等。

7.2 如何做好绩效管理

任意找十名员工，问问他们对于公司绩效管理制度的看法，你大概很容易从半数以上的人口中得到负面的回答：

- “还不就是一些管理上的方法，阻碍人们正常升迁。”
- “我认为不公平，做一点错事，就被大肆宣扬。但做得好的，却只得到一点点赞赏”。
- “绩效管理是种惩罚。它不会让人觉得变好，只会让人感觉更糟糕。”

为何绩效管理声名狼藉

遗憾的是，绩效管理的坏名声多多少少跟它本身的名称相关；绩效管理这几个字让人联想到控制——控制人们做什么事，以及怎么做事。这个名称让人感到被操
132 纵。这的确是实施绩效管理要面对的挑战。就很实际的观点而言，管理就是一种控制；对许多人来说，一些疏于管理的组织意味着“失去控制”。要想成为一个高效率的管理者，是需要实施一些控制方法来妥善分配资源与人力的。因此，我们的问题是如何能够在鼓励、信任、愿景，以及对于目标充满热情的氛围下，达到管理的目的（也就是控制）。换句话说，管理的挑战即是在于如何让组织的目标与个人的目标、利益相结合；我们怎么样能够让员工达到组织所设定的目标，而又感觉舒服呢?

别以为有简单的答案，或者应该说，别以为有简单的解决之道。不过，从营销的角度来思考，或许能得到一些线索。

将营销原则运用于绩效管理

从营销观点来看，想要营销得当，必须能找出顾客的需求、兴趣、需要，并且使组织的能力、产品或服务能够符合顾客的需求。如果顾客无法了解到我们的产品或服务带来的好处，那么，无论价格多便宜，顾客仍然不会购买。相同地，如果组织成员不觉得自己是组织远景、使命、目标的一部分，那么，他们就很难看见自己将从中得到什么。或许有人说获得薪水，但有许多研究表明，光有薪水并不够。薪水可以是激励因素，但并非是唯一的，而且通常薪水不是排名第一的激励因素。

营销高手都知道：了解购买者的需要及兴趣，并且找出这些兴趣与所提供产品或服务之间的相关性，就可以降低销售难度。广义而言，管理者与员工之间的关系也很类似。员工若能够认识自己工作的价值，或者有兴趣成为公司股东，自然也就不需要一个拼命向他们推销工作的工头。当然，我们不可能让全部的员工都热爱工作，这就像除了营销之外，还需要各个击破的面对面销售技巧。无论是销售产品还是推动绩效管理，这两者都强调目标的价值。

因此，以营销的术语来说，有效的绩效管理就是一个让双方都能够感觉受惠的交换过程。绩效管理帮助人们成功，帮助人们赢得胜利！

绩效管理：指导原则

原则 1：绩效管理应该在一个正面、具有启发性的、成熟的气氛下实施。 133

仔细分析，有三项假设前提，是达成双赢的绩效管理的基础：

1. 不应该只把重点放在衡量结果上，而应该在过程中让员工与监督人员有机会建立彼此的关系。

2. 虽然在业务处理过程中，一方负责管理，一方不是，但不该暗示这是某种阶级制度。这并不是某一方假设自己是统治者角色的时候。

3. 绩效管理应该强调并鼓励团队合作，不应该只是单单衡量个人的成就。[3]

原则 2：别将绩效管理视为一年一次，或一年两次的活动而已。

根据肯·布兰查德的说法，绩效管理制度应该有三个部分，并且同时持续地在全年度中进行：

1. 绩效计划；

2. 每天的指导（协助员工成功）；

3. 绩效评估。[4]

布兰查德批评了所谓的“管理的海鸥学校”，这一说法描述了那种只是偶尔出场的管理人，他们光会制造一堆噪音，然后在飞走前把垃圾倒在员工身上。布兰查德认为行得通的绩效管理，必须始于员工与管理者对于目标的同意。一开始通过会议，让管理者与员工共同讨论，找出员工想要达成的目标，也找出双方都能明确的评估方法，以便员工表现优良时，可以被认知。

绩效意味着结果。但布兰查德却强烈反对强迫性的数字绩效。他指出还需要确定其他的一些指标。员工与管理人员或许也应考虑以下指标：

- 品质（包括品质将如何被衡量、及被谁衡量等）；
- 数量；
- 134 时间；
- 改变的量。[5]

一旦双方就什么是优良表现达成共识，就应该将年度目标付诸书面，同时再重新宣读一次，以确认双方对想要达成的目标都会全力以赴。然后，管理者与员工在年度当中，还要通过正式及非正式的方式经常面对面交流。

原则 3：让目标显而易见。

在许多组织中，目标写下来后，便被搁置一旁，直到绩效考核的时候才会再被拿出来。为了让绩效管理有成效，目标必须用以管理行为，而非只是例行公事。把目标贴在员工的记事本上，阶段性地写在月历上，或写在小卡片上，都能产生帮助。

原则 4：双方必须都明确自己的责任。

管理人有责任做到：

- 指导及鼓励下属；
- 挑战下属，让他们不只符合目标，也要能冒点险；
- 给予正面反馈，以激励下属；
- 给予精确及有帮助的反馈来提醒下属的缺点。

员工也有自己对于绩效管理应尽的责任：

- 设定真实、可行的目标，但不能只挑容易的下手；
- 明白自己最重要的活动是达成自己已经同意的目标；
- 做诚实的自我评估；
- 有问题要向上司反映；
- 倾听反馈，且身体力行。

原则 5：绩效管理要求公平。

为何绩效评估的期间总是令人担忧？为什么每个参与的人总是尽全力地加快速度想要赶紧熬过去？原因之一是绩效评估带来矛盾冲突。而大部分的人都想尽力避免矛盾冲突。计算机在许多方面为现代文明带来契机，同时也成为管理上的辅助工具，让我们可以以电子邮件或电子备忘录的方式来取代过去面对面的交流。但无论如何，想要通过电子邮件达到所谓的公平是非常困难的。

135 公平原则已经是公认的真理，因此，非营利组织管理人从一开始就必须把公平原则设计在绩效管理计划中。管理者与员工在设定目标之初就要先考虑：当彼此意见不同时，对于团队的成就看法有分歧时，如何处理，并达成共识。记住，应事先考虑如何尽早处理这些不和谐，而千万不要把这些不和谐拖到变成真正的问题。

此外，事先仔细地计划绩效评估的实施过程，也可以减少对于产生冲突的顾虑。由于日常工作太繁重，很容易让人忽略了精心准备绩效评估会议的重要性。一个好的评估会议可以让双方都留下好印象，增进彼此的关系。

有一位任职于非营利组织的管理人建议：

> 准备一段开场白，为这个会议定下适当基调。例如，你可以说“今年我们表现很不错，各位的贡献很大。而且，在我准备做这个评估的过程中，我发现我真的很需要各位的配合，同时也很乐于跟大家一起工作”。[6]

把需要指出的重点先默记于心，从绩效评估表中找出可反映你所设定的基调或你想要引导方向的要素。在会谈中，把讨论重点放在行为本身：哪些做到了，哪些还没有；而不是态度（除非改变工作态度本身就是一项双方本来就同意的绩效目标）。

出现问题时，在找到解决方法之前，双方都该先知道问题在哪儿，把问题说出来。说出问题的过程可以表现出人们很多的立场与情绪。管理者通过陈述问题来表达他所期待的行为，以便让员工知道如何改正。

一旦问题被提出来，就可以开始讨论如何改正。此时，问一些好问题可以帮助员工思考：

- 你所期望的行为是什么呢？我们怎么知道问题已经被解决了？
- 有没有其他可能的方法？两种行为各自的结果可能会是什么？
- 在这些行为中，哪一个看来似乎最富有成效？
- 我们什么时候应该再开个会了解进行情况？应该要有哪些考察要点？[7]

7.3　授权的艺术

这个观念假设监督与负责是有区别的。一个管理者很可能对其下属做不同程度的监督，但整体而言，管理者本身必须对每一个下属的成败负责。 136

授权不会降低你的可信赖度。有时候管理者不愿意授权，是因为害怕如此会被认为不够负责。有时是因为如下其他原因：

- 授权很花时间。
- 如果不能确知这个下属了解任务需求，那把任务交给他就没有太大意义。
- 授权需要持续的沟通才能确保工作被完成，而且成果令人满意。
- 有时候会觉得自己来做反而更容易，特别是当那个工作本来就是管理人自己所擅长的时候。

授权最大的挑战在于管理学教授亨利·明茨伯格（Henry Mintzberg）所称的“授权的两难”：

> 只需要单项专长的任务容易授权……但是如果任务横跨了几项专长，或者是需要管理者掌握的特殊信息呢？此时管理者如同神经中枢，掌握了发号施令的相关事实与宝贵信息……但是他又无法事必躬亲。类似这样的任务就需要授权。[8]

结果，管理者就陷入进退两难的状况了。因为掌握知识，他们可能是完成任务的最佳人选，或者至少最具整体观。但是，如果他们不授权，他们不但会忙得分身乏术，同时也无法尽管理者的职责。

因此，授权不仅只是必需，它同时也是一件让组织成长、让在组织中工作的人成长非做不可的事。以下是几个让授权过程可以更顺利的要点。

1. 让授权成为绩效管理制度的一部分。

如果你想培养下属勇于承担任务，就让勇于承担任务成为一项目标。找出一项彼此同意的里程碑，例如：从下一季度起，韦伯将负责让所有账户都能如期收款。

137 2. 不要只授予责任，却不授予权力。

最可能让你的员工发疯的行为就是让他们承担责任，但却不给他们完成任务所需的工具。如果你的下属们已经开始接管某些任务，要确保他们同时对与任务相关的人有评估的权力。同时不要为了使自己仍然掌握决定权，就鼓励其他人越过你新指定的监督人向你做报告。

3. 期待错误，公平地处理。

莫洛根公司（Monogram Inc.）的老板马丁·斯通（Martin Stone）对公司员工们说："我们不处罚错误，除非它一再重复。我猜想每 10 件你们所做的事当中，有 6 件是平庸的，有 1 件会很糟糕。然后，如果你够幸运，会有 3 件是非常棒的！"[9]三成命中率已经不错了，美国职业棒球大联盟的击球手们就被赋予达成这个目标的使命。

4. 授权必须能反映每个员工的个别差异。

如同本书中其他章节所提到的，有效的管理必须基于对情况的了解掌握。有些员工会期待承担更多责任的机会，有一些则会因此发怒。有一些已经准备好了承担责任，有一些可能还没有。

5. 有些时候授权是对的，有些时候则未必。

正确的授权时机是当你有足够的时间去了解将担当责任的人是否已经具备足够能力来完成工作，而且也已经充分了解了任务的目标要求。所谓的充分了解包含：了解任务包括的范围以及完成任务的时限。

错误的授权是指你把自己不想做的工作丢给别人做。[10]

6. 授权表示你知道并非只有你的方法才是完成工作的唯一方法。

身为管理人，你知道即使授权给他人，并不表示你就不必负最终的责任。可是同时你也知道必须要给予被授权者足够的空间来完成任务。想要坦然地接受这些，你得学会放下，学着接受不完美，同时不要坚持把别人完成的任务也算在自己的头上。

138 7. 即使你有时间进行授权，也要弄清楚哪些时候最好别这样做。

有些情况下，还是别授权的好：

- 当情况很敏感时；
- 当风险很高时；
- 当几个主力人物都牵涉其中时。

7.4　如何激励员工

佛雷德·赫茨伯格（Frederick Herzberg）在他的经典文章中谈论激励时，曾提到：大部分时候，我们谈到激励，其实都只是指如何让员工动起来。我们影响员工的行为，而不是员工的态度。赫兹伯格认为真正的激励因素应该是：

- 成就感；
- 成就被认知；
- 工作本身；
- 责任感；
- 个人成长与进步的机会。[11]

激励员工时，应该着重工作本身，而非其他的周边因素。当然，诸如薪水、工作环境、与其他同事的正面交流等重要因素是不可否认的，但这些无法改变工作的本质，使本来不吸引人的工作变得有趣。

在经过多年尝试错误后，美国的产业界得到差不多相同的结论。过去为了提高效率，它们建立了生产线，让每个生产线上的员工负责一个零件或一项功能，通常员工们几乎不了解自己所负责的部分与整体之间的关系。工会积极地为员工们争取更高的薪资、更好的福利措施、更短的工时、更长的假期，但是却从未有任何研究结果显示这些奖励措施能为企业造就出更充满动力的员工。员工们发现，虽然通过工会的力量获得了更好的报酬，但是无法自主地组合工作内容从而让工作变得更具挑战性、更有趣，依然会使他们的挫折感持续加深。员工的挫折感，带来的结果不外乎是：产品质量下降，员工与管理层之间关系紧张，以及生产力降低等。

做多少工作值多少钱，牺牲个人休闲时间换取某种报偿——过去的人以为这就是激励。[12]可是，我们学到的经验是：我们必须分辨出哪些是影响工作完成的短期
因素，哪些是可以长远地改变员工态度及行为的因素。赫茨伯格的研究发现，激励 139
员工的不二法则是改变工作内容，让工作本身变得更具挑战性：

- 减少对员工的控制；
- 增加员工对工作的责任；
- 重新分配工作，让它更有意义（理想状态是，通过重新分配工作，让工作带给人成就感）；
- 扩大员工的控制范围——让他们自己决定如何完成工作；
- 在增加任务过程中，不断地将工作升级；
- 设计工作内容，让每个人成为自己所负责部分的专家。[13]

总之，想激励员工，必须仔细地审视现有的工作项目，而且不只是去检验工作的品质与数量，而且要检查工作的本质。

在这个激励理论中的隐含假设是：正面的强化策略是最有效的。利用恐惧或处罚，或任何形式的威胁、强迫，也许能让人不犯规，或许能建立一个有纪律的工作

环境，但它只能带来负面的心理影响，其效果通常也是短暂的。把恐惧策略运用在犯错误的员工身上，根本无法教会他们如何有效地完成任务。更何况恐惧也不能为员工带来任何内在动力。更微妙的一点是，通常生气与感觉受挫折的管理者会以恐惧与处罚为面具，来掩饰自己的无能。

也可以这么说，激励所根据的假设是：在有选择的情况下，大部分的人都宁愿选择创造成就或选择卓越。

7.5 激励与士气

士气与激励密不可分。如果说激励源自于工作的本质，那么士气则是被工作环境所制约的。以下有几种方法可以激发士气，其中有一些说起来简单但执行起来却未必容易，不过这就是为什么管理工作具有挑战性的原因。

1. 建立信任的气氛。

在这方面，说比做容易。当我们说我们鼓励坦率，事实上我们指的是某种程度的坦率而已。如果你的衬衫或领带上有一个污点，你的员工敢告诉你吗？员工敢告诉你你需要口气芳香剂吗？员工敢告诉你那项你非常想要完成的新项目根本就是个
140 错误吗？建立信任的气氛其实就是允许、甚至应该说是鼓励员工勇于表达感受，让员工对你的缺点诚实，同时要注意“不杀来使”，千万不可拿传递信息的人出气。

2. 专注倾听。

积极倾听指的是当有人向你汇报时，放下你手中的文件，看着对方的眼睛，然后真正聆听对方所说的。专注倾听指的是在你反应之前，先让对方有开口的机会。是的，这又是说比做容易。但是如果你表现得一点都不专注，同时你又真的漏掉了对方提出的重点，那么你就是在对员工发出强烈的负面信息。

3. 愿意问困难的问题。

在许多大学中，对教授们的期末评估考验着教授们的自信。教授们得将系办公室设计的评估表格发给学生，让学生来评估该教授的优缺点，然后由学生收齐交回系办公室，而教授本人则会看到最后汇总的摘要及不记名的评论。

非营利组织的管理人想要得到来自下属的真实反馈，也该这么做。如果你的员工当你在场时，或是在小组研讨时不愿意具体指出组织的优缺点，那你就有了士气不振的问题。想改善这种情况，你必须得先听听那些令你不愉快的消息。

141 4. 让员工参与建立士气的过程。

在建立员工士气的过程中，人们经常自动假设只要执行一些计划，比如发发内部刊物、改善医疗福利、举办员工聚会、实行弹性工时等，就可以激发士气，却从未询问过员工想要什么。询问员工需要什么，不但可以帮你找出真正能够彻底改变的方法，同时也向员工传递了“你们意见很重要”的信息。

给机会让人们说出他们心中真正关切的东西——这样的信息是建立员工士气的基础上的。早在著名的霍桑（Hawthorne）研究提出的同时，专家们就已经发现

“生产力提高”与“让员工有发言、发泄的机会”有直接关系。

5. 沟通。

“没有人告诉我任何事”，“当我知道时，通常都已经太晚了”。“我们就像草菇一样，被种在阴暗角落，任人在我们头上施肥”。

沟通是非常重要的问题，因此本书有一整章来讨论它。在此，只需要先指出一个重点：“士气”与“员工认为组织的横向、纵向沟通是否真诚”直接相关。

6. 维持公平且随时提供支持的气氛。[14]

没有什么比负面消极的组织气氛更容易扼杀员工士气。只需要想想以下问题：我的组织对新意见通常是欢迎还是嗤之以鼻？各部门主管是否相互尊重？资深员工开会时，通常会对别人的建议或行为给予正面评价，还是彼此有意无意地相互毁谤？

高层管理者必须定下规矩并提出期望。必要时得私下约几位资深员工谈心，提醒他们，组织期望的是建立团队，而非彼此离间。

7.6　管理风格

管理者与领导人一样，乃是后天形成，而非天生的。管理指的是一套可以通过努力与时间累积而成的技巧，有时候某些人可能会具备一些成为有效率管理人的特点，但是所有的管理者却都可以通过努力，在工作领域中有所进展。

要想成为一个比较优秀的管理者，有一个方式是去了解不同的管理风格，以下列举几项不同管理风格的范例。

X 理论/Y 理论

由道格拉斯・麦格雷戈（Douglas M. McGregor）提出的 X 理论和 Y 理论，代表的是关于员工和管理本质相对的两种观点。X 理论基于下列几个假设：

● 典型的员工与生俱来不喜欢工作，而且会尽可能逃避工作。因为懒惰向来是人类的天性。

● 平均而言，多数人对自己本身的需求比较感兴趣，而不是对他们工作组织的需求感兴趣。

● 因为员工天生倾向逃避困难的工作，因此管理的责任就是去逼迫员工、激发 142
员工、处罚员工、奖励员工、控制员工、劝导员工、指导员工。

● 管理是通过人性及其他资源的使用，监督工作的完成。[15]

X 理论管理者因此位居组织的中心。没有管理者的存在，组织将无法达成目标。

Y 理论则是把马斯洛（Maslow）做的研究和其他有关动机的研究纳入，承认个人的需求是有层次性的；由最基本的需求（如食物、安全）开始，最后发展到自我实现的需求，从这个情况而言，员工和管理者的角色是极度重复的：

- 工作不全是多数人所逃避的，相反地，它是生活中自然的，令人向往的一部分。
- 如果能赋予他们机会，多数人欢迎挑战和责任的到来。
- 控制和处罚不是达成组织目标的唯一方法，如果被交付工作的人对工作有信心，他就不需要那种外在的控制。
- 为了创造一个组织目标与个人目标调和的环境，了解如何真正激励员工是管理的任务。[16]

应该特别记住的是，X 理论和 Y 理论代表两个极端。平心而论，并非所有员工都怠惰懒散，也并非所有员工都追求自我实现的较高层次目标。如同学校制度一样，某些学生毕业后并没有功成名就，不能因此就归咎于学校制度失败；相同的道理，当员工表现不佳时，也无须因此批评管理失败。

同时，Y 理论把员工当做复杂的人类看待，承认员工的欲望和需求，而组织的成功则取决于人性需求和组织需求间互相联结的程度。

有机式的或机械式的

“有机式”和“机械式”两个用语与 X 理论和 Y 理论类似，因为这两个用语代表管理层控制的两个极端，如表 7—1 所示。[17]

143 **表 7—1** **有机式组织与机械式组织**

有机式	机械式
松散的管理控制	紧密的管理控制
较少的层次组织；较多的平行沟通	由上而下的组织和信息流通
少有书面或明确的规则	大量的规则及书面文件
弹性程度很高	标准化程度很高

如同 X 理论和 Y 理论，无论是机械式的方法还是有机式的方法都无法适用于所有情况及所有人，而是应依据个人对于人性的看法来决定哪种方法适用。必须知道的是，在相同的制度下，并非每个个人都可以达到最佳的能力发挥。当一个管理总务的员工想在他的领域扬名，机械式组织可能适用。但当一个受过教育、有上进心的专业护理人员想要在其专业领域占有一席之地时，她就不需要与管理总务员工相同的组织。若要将机械式组织的控制和有机式组织的控制当作纵坐标上的两个极端，我们就要对自己手边的工作以及负责完成该工作的员工，问问以下的问题：

- 该工作是否适合高度的标准化？“如何完成该工作”的标准是否能随着对这个人信赖度的高低而形成？
- 通常做这项工作的人是否多半对其工作领域有广泛的知识？
- 从过去的经验中，有哪些因素可以激励员工投入工作？
- 该工作的长期意义是什么？这是一项有助成长的工作吗？或者它只是每天都要做的工作，只要确定每次都正确无误即可？

走动式管理

走动式管理是什么？以下是一位曾担任公司主管者的解释：

> 走动式管理最重要的原则很可能是一套哲学。依据这套哲学，老板的工作在于确定三件事情：第一件，员工了解他们正在做什么；第二件，员工具备他们完成工作所需要的工具；最后一件，老板让员工们知道他欣赏大家的工作……在我的书里，敞开老板办公室大门的最佳理由是：他可以走出办公室，四处走走。[18]

走动式管理背后隐含的原则是要了解有效的管理必须以信息的掌握为条件。就 144
其真实意义而言，走动式管理是一个极早期管理方式的印证，但是以创新的方式呈现。一些早期管理理论的学者如弗雷德里克·泰勒、弗兰克·吉尔布雷思与莉莲·吉尔布雷思（Frederick Taylor，Frank and Lillian Gilbreth）等，就通过仔细分析工作内容来了解何种方法或工具可让工作更有效率，来实现产量增加的目标。将走动式管理则更深入一层，通过征询员工对变革的想法，来从消息最灵通的员工身上获得信息，同时也给那些员工意见的代表者们传递信息。

走动式管理将管理者描绘为学习者及信息搜集者。走动式管理的管理者不需要无所不知，也不需要敞开办公室大门等着员工进来抱怨或提议；走动式管理主动走向员工，这本身就是另一项信息。

管理四象限[19]

管理四象限利用两条轴线来看待管理的行为，这两条轴线分别是对其他人的控制和对其他人的照顾。控制轴的两个端点分别是“支配”和“柔顺”，因此，控制的程度描述了一个管理者承担责任、运用控制权，及指导任务的程度。

第二条轴线则表示管理者和其他人的关系，两个端点分别是“敌意”和“温情”。

根据管理四象限，管理者可以是下列四种类型之一：

1. 支配—敌意型：支配—敌意型的主管属于“让员工心存害怕”[20]的一派，如同前述的 X 理论，他们认为紧密的控制是不二法则。支配—敌意型的主管片面做决定，且决策的前提是，主管本身最知道工作需要什么及如何完成，底线就是底线，丝毫没有商量的空间。

2. 柔顺—敌意型：柔顺—敌意型的管理者害怕表明自己的立场。支配—敌意型的主管使用从上而下的沟通方式（直接说“我们要如何完成这件工作”），而柔顺—敌意型主管则是躲避任何可能的沟通，他们喜欢以从前用过的方式来确保管理的安全。

3. 柔顺—温情型：柔顺—温情型主管属于极端注重人情关系这一派，认为与 145
员工和谐相处比制定方向更为重要，与员工之间有许多的互动，但是真正的沟通却少之又少。为了提高士气，柔顺—温情型主管只在乎避免冲突。

4. 支配—温情型： 支配—温情型的主管要求员工制定计划并且做决定。员工的需求及兴趣和组织的目标互相联结，这是一种参与式的管理，跟走动式管理的观念相近。

管理四象限很显然主张第四种类型，即支配—温情型的主管。支配—温情隐含着管理者有全然的控制权，但是在信任的条件下将控制权与其下属分享。这个类型假定员工想要参与计划和决策，能参与这些过程的员工会表现得比较好。这些假设多半很可能没有问题。

情境领导

早期的管理风格很明显是站在支配立场上的：管理者最应该知道如何完成工作，并把知识传授给他的下属。比较近期的理论则从员工的观点或员工的需求来看管理。情境领导尝试作这两种理论之间的桥梁。跟 X 理论不同，情境领导认为有些员工有上进心，想要有所成就，这类型的员工需要被赋予较大的空间来发挥。跟 Y 理论不同，情境领导认为并非所有员工都有上进心，因此有些员工需要指导，领导者需要持续注意其工作进度。

依照情境领导创始者之一保罗·赫尔希（Paul Hershey）的描述，情境领导包含四种管理类型，分别代表着从最多的指导到最少的指导。

1. 告知型： 给予员工明确的指示之后，再密切且规律地观察员工的表现，适用于管理者认为准备不足的员工或不愿意承担责任的员工。

2. 销售型： 管理者依旧是指导型的，但是管理者会向员工解释任务的重要性，并允许员工问清楚任务的细节，让员工对任务有一些责任感。

146 **3. 参与型：** 适用于有上进心又有能力的员工，但员工需要管理者给予一些意见；管理者扮演助手的角色，与第二种类型的管理者比较，这种类型管理者的指导性不那么强。

4. 委任型： 从“委任”二字就可看出，能力强又有上进心的员工被赋予完成任务的责任与权力。

情境领导在监督与负有责任之间做了些区分。负有责任的员工可以被赋予不同程度的监督权。委任型管理和销售型管理的员工对其行为与任务都必须负责，但是其中一个的监督权显然比另一个大得多。[21]

情境领导这个名称不是太确切，它跟情境管理相近，而情境管理一般被认为是监督者与被监督者之间的交互作用。情境领导的主要意义是：有能力的管理人必须根据不同情境来决定需要何种管理风格。有些员工可能需要较多的指示，觉得这样的管理方式最舒服；有些员工却因为管理人给予指示且持续监督其工作而感到恼火。但无论如何，在某些情况下，即使最有能力且上进心最强的员工也可能需要指导，例如：委派新任务时，或是试验新技术时。

情境领导（或情境管理）对管理者有一些要求：

- 能够依据不同情境调整其管理风格。
- 判断每次的情境以决定使用何种风格来完成任务。
- 了解每个员工的能力、经验以及激励他的方法。
- 明确该员工是否需要指导，及需要何种程度的指导。

本章曾经考虑过一个问题："在哪些条件下适合把任务委任给其他人？"除了之前列的条件，情境领导还需要加上：当情境需要时，就可委任某员工为代表；若情境不需要时，就不要委任。情境领导的决定要素并不是管理者在委任代表之前是否有时间解释该任务的性质，而是"委任"是否是当时情境中最适用的管理风格。

7.7　管理或领导

在描述情境领导时，大致提到领导与管理之间的差别。最常被用来描述其差别 147
的一句名言是：管理者把事情做对；领导者做对的事情。[22]

简单地说，这句话的意思是指管理者关心效率，关心其产品或服务是否符合要求，关心人力、设备、资本、及其他资源等的投入能否创造出最大量的产出。管理者运用人力资源来达到组织的目标。相反地，领导者则是"任何影响其他个人或团体的尝试"。[23]如果管理者关心的是效率，领导者则把重点放在效果，放在创造不同。

但是这种差别经不起仔细推敲，事实上，所有的管理都是一种影响别人行为的尝试。多数为达到运营目标的机构管理者，都有责任使其他人同意工作，这表示管理者多少要对其他人的动作（或行为）有一些影响力。领导也是管理的基本要素。

管理顾问彼得·德鲁克把管理描述为："管理是领导、指导及决策……"[24]。根据这个描述，管理和领导之间的区别就显得更为模糊。不管领导与管理之间的区别变得多么模糊，对其进行区别还是值得。身为众人的领袖而不做他们的管理者是可行的；但不做一个领袖，是否能成为一个称职的管理者，则是另外一个问题。前面讨论过的管理四象限的设计者会主张，要做个成功的管理人，就要建立一些别人能够跟随的方向和影响力；也就是最受偏爱的支配—温情模式（否则也应该是柔顺—温情型或顶多是中立—温情型）。

"做对的事情"因此也就不够充分。管理者通过人力的配置来执行组织的目标，无疑是在做对的事情。以这个成果而言，管理者可以算是领导者吗？不尽然。

一个比较有用的定义是约翰·加登（John Gardner）在《领导》（*On Leadership*）一书中提出的："领导是说服的过程，或者说是由个人或领导团队说服一个团体，说服他们追求领导者制定的目标或领导者和其追随者共同制定的目标。"[25]加登认为领导的观念和管理最大的不同在于"领导人制定的目标"。许多位居管理层的人在监督员工达成组织的目标上，有令人称赞的成就。他们监督、留意工作进度，讨论并发挥一些控制力。

但是他们没有领导。他们没有属于自己的目标来说服其他人达成。他们没有愿 148

景。加登在书中提及：

> 有天分创立领导团队的人，成功地将任务委任给团队里的其他成员。但有个不能完全委任他人的功能是预见目标的能力。除非领导人知道整个冒险将到达什么地方，否则就不可能将一些功能委任给他人。[26]

还有一个更能进一步区分领导和管理的方法。与管理者相比，领导者是目标的具体化，也是他寻求达成的愿景。当我们想到某些目标时，脑海里就浮现那个人，就像我们想到民权运动时，我们就会想到马丁·路德·金（Martin Luther King）。

日本有一家重要的公司，年迈的董事长曾经被问及他的工作是什么。他的回答让领导人的形象有了具体象征，他说："我是公司的灵魂，我创造价值。"[27]

所有这些跟管理人员有什么关系？跟培养成功的员工又有什么关系？以下是三点不同的隐含意义。

1. 非营利组织的秘书长必须身兼领导者与管理者两种角色。

假定组织的领导力仅仅来自于志愿者，这是不够的。虽然对组织而言志愿者领导层是必须具备的要素，但光有志愿者领导层无法构成一个杰出的组织，相反，可能会导致委员会和秘书长之间的分歧。如果委员会有能力看到并清楚地表达一个大的愿景，而秘书长没有这样的能力时，志愿者领导层可能会发现空白之处，进而采取行动去填补空白。

换句话说，一个想实现其伟大愿景的组织，其领导者必须有能力执行一些领导层的功能，以说服或以身作则的方式劝说员工加入其伟大的愿景。

非营利组织的秘书长也必须在志愿者领导层内扮演一个领导人的角色。志愿者的流动性很大；只有正式员工才能提供连续性。为了保持目前的领导方向，有一个能够给新成员注入动力的秘书长是极为重要的。

149 2. 非营利组织的秘书长必须做一个领导者，但不是唯一的领导者。

身为秘书长必须有不介入政治立场的能力。如果志愿者领导层认为秘书长过于象征组织及其目标时，他们可能会采取以下其中一种行动：

- 不再积极投入；
- 尝试缩小秘书长所扮演的角色，甚至取代其地位。

3. 必须从领导层的角度来考虑其他资深员工的角色。

对于想占有重要管理职位的员工，非营利组织的行政主管必须认真思考。假定秘书长有领导的才能，他就必须考虑其他资深员工是否应该也具备相同的领导才能。雇用具有领导才能的员工，优点显而易见：

- 有领导才能的员工可以激励下属。
- 有领导才能的员工常常是新点子、新策略的来源，也是资金的新来源。
- 有领导才能的员工可以把组织变成一个工作的快乐地点。

某些资深员工具有领导人的才能，其缺点也同样非常明显：

- 他们可能互相竞争。
- 他们可能形成对委员会的威胁，尤其是对那些领导能力不足的委员会。
- 他们可能很难管理，因为他们对于组织该如何运作，有其自身的目标和想法。

分权领导是个很好的观念。非营利组织的秘书长需要认真思考他自身的能力和意愿，来雇用想要分权的员工。

7.8 新世纪高效管理人的任务

进入 21 世纪，管理一个非营利组织需要各种各样的素质，以下列出了 12 种有效管理者的任务。

灌输团队合作的观念

非营利组织的秘书长要灌输给成员团队合作的观念，这不仅包括员工之间的团 150
队合作，而且包括员工与志愿者之间的合作。为了应对潜在的威胁和机会，组织需要成立跨部门的小组，包括委员会和员工之间、秘书长和员工之间以及秘书长和志愿者之间，都需要跨部门的小组。为了激励小组投入工作，工作考核管理制度必须嘉奖善于团队合作的成员。

委任

因为非营利组织在不断成长并且越来越复杂，秘书长必须留意有特殊技能的员工。对管理层而言，精通于所有领域是既不可能也不值得去做的，管理者应该是个会雇用有能力员工的通才，给予员工足够的空间去完成工作。

授权

授权比委任更进一步。授权给员工的秘书长不仅赋予员工完成任务的责任，同时也在培养员工的能力。授权是以员工为主去创造工作，而不是让员工去适应工作。

领导

非营利组织的秘书长必须建立一个组织未来走向的愿景，也必须有能力将该愿景与志愿者和员工分享。秘书长必须维持一个微妙的平衡，他必须扮演一个领导者，但是又不让志愿者委员会认为他是太强势的领导者。

身为一个领导者，秘书长必须扮演其他经验不足者和资浅者的良师，而且不管在台前还是幕后，他都必须是寻求改变的中间人。

沟通

拥有良好的沟通能力是执行主管很重要的一项能力，因此有专门章节介绍。非营利组织的秘书长必须积极与他的员工、志愿者及组织的政策互动。沟通意味着主动倾听和愿意听取别人的观点。

管理多元化的员工

员工会渐渐变得老迈，或越来越世故，或者越来越女性化。非营利组织的秘书长应该通过塑造适当的态度及行为，提供员工职业生涯发展的渠道等方法来拥抱多元化，从而面对 21 世纪的员工。

151 多元化的员工包括见识广博的员工，受过高等教育的员工，受过良好训练的员工以及机动性高的员工等。传统的管理风格可能导致这些员工的高流失率。

沟通、领导、授权等几个要素结合起来，将能够发现、吸引、培养并留住素质高的志愿者。同样，表达感谢的能力也是留住人才的必要技能。

制定品质标准

在营利事业的范畴里，品质已经是众所周知的要求；在非营利组织的领域，品质要求则紧随在后。非营利组织的秘书长是否使用一套全面的制度，如全面质量管理（TQM）、质量管理圈或其他方法，是他是否被视为标准制定者及品质维护者的依据。吸引高级的志愿者和足够的资源就能满足上述需求。

了解市场

虽然主管可能并不需要市场营销管理的硕士学位，但他必须熟悉市场营销的专门术语，并且能够区分大小资助者的不同需求。

确保组织的财务健全

能够获得足够的捐助和其他基金来源，并能够合理地使用基金，是 21 世纪“适合做营销”的非营利组织秘书长的素质。如同在市场营销领域，主管不必是个合格的资金筹集者或会计师，但是他必须通晓这两个领域，而且有能力管理在这两个领域学有专长的员工。

能够说服志愿者领导层重视资金筹集和健全财务管理也是秘书长不能被低估的素质。

在众多紧迫事务之间变戏法

想象马戏团利用棒子顶住盘子旋转的戏法。非营利组织的秘书长需要具备在各种急要事务间游走的能力。计划、组织的技巧及时间管理都是非常重要的。

依据道德行事

以前伦理道德和行为底线被认为是同一件事。但是未来十年中，道德将只是一个衡量行为底线的指标。如同设定品质标准一样，是否设定言行上的道德标准，将取决于非营利组织的秘书长。

做个预见未来的人

秘书长必须广泛阅读、善于思考，并有能力综合来自各方面的信息。当他们出 *152*
现并站在前方时，必须能够看到未来的趋势，才有能力察觉并处理到来的机会与威胁。

注释

[1] Peter F. Drucker, *The New Realities: In Government and Politics, in Economics and Business, in Society and World View* (New York: Harper & Row, Publishers, 1989), 229.

[2] Drucker, 228－230.

[3] Tom Peters, "Herman Miller's Performance Reviews Are as Unique as Its Furniture," *Tom Peters on Achieving Excellence*, 3 (July 1988): 2.

[4] Kenneth Blanchard, speaking at the first Future Leaders conference, sponsored by the American Society of Association Executives (ASAE), June 1988.

[5] Blanchard, ASAE Future Leaders conference.

[6] Janet G. Crane, "Getting the Performance You Want," *Association Management*, 43 (February 1991): 27.

[7] Crane, 27－29.

[8] Henry Mintzberg, *The Nature of Management Work* (New York: Harper & Row, 1973), 79.

[9] Tom Peters, "How Stone Delegates 'Total Authority'," *Tom Peters on Achieving Excellence*, 3 (August 1988): 6.

[10] Day-timers, Inc., "The Art of Effective Delegation," *Chats*, no volume (1990): 5.

[11] Frederick Herzberg, "One More Time: How Do You Motivate Employees." In *The Great Writings in Management and Organizational Behavior*, 2d ed., Louis E. Boone and Donald D. Bowen, eds. (New York: McGraw-Hill, 1987), 174－176.

[12] E. F. Schumacher, "Buddhist Economics." In *Technology and the Future*, 5th ed., Albert

H. Teich, ed. (New York: St. Martin's Press, 1990), 224.

[13] Herzberg, 177 – 182.

[14] Gary M. Stern, "Ten Steps to Help Raise Staff Morale," *Communication Briefings*, 8 (August 1989): 8a-8b. Some of the ideas for the section on morale building were inspired by this article.

[15] Donald McGregor, *The Human Side of Enterprise* (New York: McGraw-Hill, 1960), 33 – 35.

[16] McGregor, 47 – 49.

[17] Richard L. Daft, *Organizational Theory and Design*, 3rd ed. (New York: West Publishing Company, 1989), 60 – 61.

[18] James H. Lavenson, "How to Earn an MBWA Degree," *Vital Speeches of the Day*, 42 (April 15, 1976): 412.

[19] Robert E. Lefton, V. R. Buzzotta, Manuel Sherberg, and Dean L. Karraker, *Effective Motivation through Performance Appraisal*. (New York: John Wiley & Sons, 1977), 16 – 21.

153 [20] Lefton et al., 18.

[21] Paul Hershey, *The Situational Leader* (New York: Warner Books, Inc., 1984), 62 – 71.

[22] Warren Bennis and Bert Nanus, *Leaders: The Strategies for Taking Charge* (New York: Harper & Row, 1985), 21.

[23] Hershey, 16.

[24] Peter F. Drucker, *Management: Tasks, Responsibilities, Practices* (New York: Harper & Row, 1974), 17.

[25] John W. Gardner, *On Leadership* (New York: The Free Press, 1990), 1.

[26] John W. Gardner, "Leadership: An Overview," No. 12 in the series of *Leadership Papers* (Washington, DC: Independent Sector, 1988), 6.

[27] Blanchard, ASAE Future Leaders conference.

第 8 章

沟通：在你的组织中创建知识产业

概要

154 本章主题为“沟通”。专门用一章来讨论这个问题，是因为“沟通”对于非营利组织而言实在太重要了。本章内容包括：

- 为何有效地沟通非常困难；
- 一个简单的倾听技巧测试；
- 倾听的策略；
- 建立一个有助于沟通的组织文化；
- 学习如何克服公开演讲的焦虑以及公开演讲的技巧。

如果你问公司、组织或政府机构内的任何一位员工：你们组织内目前碰到最大的问题是什么，“沟通不好”是经常被举出来的问题之一。或许这些员工会用别的说法，例如：

- “公司的决策总是暗箱操作。”
- “高层主管最近实行的绩效管理制度导致员工怨声载道，如果他们在实行之前能问问我们的意见就好了。”
- “每次听到老板说话，总是在他有负面意见批评这批评那的时候。”
- “没有人真正说出心里想的话，因为他们知道说出来之后会有什么后果。”

为什么同事间的沟通这么困难呢？从下面这个标题为“哈雷彗星行动”（Operation Halley’s Comet）的虚构的故事，我们或许可以看出一点儿端倪：

155 一位陆军上校给他的执行军官下达命令：明天晚上 8 点，我们所在的这个地区将可以看得到哈雷彗星。这是 75 年才出现一次的机会。我要你将官兵弟兄们集合在操场前，要求穿制服。我会向官兵们解释这个哈雷彗星现象。万一下雨的话则改在体育馆内集合，我们改看哈雷彗星的影片。

这位执行军官则向连长说：上校下达命令，明天晚上 8 点，哈雷彗星将出现于操场上空。如果下雨的话，则要弟兄们穿制服集合，一同前往剧院。这 75 年一次的现象将在剧院内演出。

这位连长则向他的少尉说：明天晚上 8 点哈雷彗星现象将于剧院内演出。如果操场上下雨，上校会另行下命令；这是每 75 年才会有的现象。

少尉再转向班长说：明天晚上 8 点，上校将穿制服与哈雷彗星一同出现在剧院中。这是每 75 年才一次的现象。如果下雨，上校将命令彗星（Comet）前往操场。

这位班长则向他的士兵说：当明天晚上 8 点下雨的时候，上校下令高龄 75 岁的哈雷将军穿着制服，驾驶着 Comet 机车与上校一同经过操场剧院。[1]

由这个故事可见，沟通是如何容易被误解的。

8.1 良好的沟通需要高度的努力

为什么沟通这么困难？

信息泛滥

沟通困难的原因之一，是因为信息太多了。下面有几个统计数字：

- 在信息时代，一个大学生毕业时所接收到的信息可能比他的祖父一生所接收到的信息还要多。
- 当今我们所处的时代，一个人一生中价值观与人际关系的改变程度在过去可能要花上 500 年的时间。
- 如今的一份《纽约时报》中所记载的信息可能要比一个身处 17 世纪的人一辈子所接触到的信息还要多。
- 156 在美国，一天中会产生将近 7 000 篇科学性文章。
- 根据未来学家马文·赛特龙（Marvin Cetron）的推测，人类在 2000 年的知识是 1988 年的 16 倍。[2]

我们每个人都可能会有信息过多的焦虑。我们永远无法赶上信息产生的速度，更不用说在组织内将信息与同事分享了。

力量

信息过多造成沟通的困难，同样，“信息就是力量”也导致沟通问题。这就是为什么人们私底下的传闻那么有魅力了，因为传闻经常被认为是可靠的独家新闻。同样，总经理因为知道太多董事们所不知道的公司内部信息，所以他通常可以在董事会中随心所欲。[3]例如，公司各部门通常成为各自的“信息深井”（silo），部门主管因为独自获得主管会议中的信息而在部门内显得位高权重。而我们则像在等待飞机起降之际，或是在医院候诊区等待的时候一样，特别感到无能为力。或者当我们与专家们交换意见时，他们所用的专门术语有时令我们自己感到无知和幼稚，只因为他们知道的比我们多。在组织里面，有些员工经常打探一些小道消息，因为他们以为获得那些信息可以使他们比别人快一步洞察先机。

缺乏良好的沟通策略

组织沟通不良的原因很多，其中之一是组织缺乏良好的沟通渠道与策略。譬如我们偶尔听到公司老板说：“我真是不懂，我们公司有例行性沟通会议，也有发给全公司同事的内部通讯刊物，还鼓励同事们提出改善意见，甚至允许他们用匿名的方式提出。但是即便我们努力建立沟通渠道，我还是经常听到部分同事抱怨他们不太知道公司的相关信息。”

没有哪两家公司的沟通策略是完全一样的。甲公司适用的方式到了乙公司不一 157
定能适用。若要让信息的传递有效，一定要让该信息与员工发生关联。例如：我们听到公司将于 2 月份发布年度目标与计划。这样的信息与大多数人无关，除非他们知道各部门应于 12 月底以前提出个别部门的年度目标与计划，才能来得及于 2 月前将全公司整体年度目标做一个整合。这样，部门内的同事就能理解公司年度目标计划与他们的关系了。

8.2　沟通的价值是什么?

下面我们想想沟通的重要性是什么。我认为有三个重点：

1. 沟通能增加做出正确决策的机会。

沟通能增强决策的正确性。没有什么会比让员工听到董事会是根据不完整的信息做决策这样的事情更令他们沮丧了。根据不完整信息所做的决策经常是错误的决策。让员工们感到他们没能在董事们做决策前提供意见，是件很令他们沮丧的事情。

2. 信息是把工作顺利完成的重要基础。

理论上，组织内每个职位都有要把该职位工作完成所需要的工作信息。对一个执行文秘工作的秘书而言，如何用打字机，并且知道老板对字型与格式的要求是她完成工作所需的信息。对一个专业顾问而言，严格的专业训练以及获知最新的产业趋势是他不可或缺的工作信息。至于总经理，他需要充分了解组织的使命与目标，熟悉相关政策法规，同时要有与同事们共享未来的意识。

对所有同事而言，不论是职员或志愿者，对于工作都应有明确的目标，以使工作绩效有明确的衡量标准。这些目标便是他在工作上所需要的信息之一。可是我们却经常听到员工因为不了解工作目标而出现工作上的问题。事后的补救虽然为时不晚，但通常已经造成损害。

158 3. 信息可以提供归属感。

我们通常太过于强调“谁需要这个信息”，而忽略了问“谁应该知道这个信息”。或许一位公司司机不需要详细知道公司的中长期规划，但他若能知道公司存在的目的以及公司对社会的价值，相信他更将知道如何善尽他的职责。

甲部门的人或许不需要知道乙部门获得什么奖项，但是如果让甲部门的人知道这个信息，相信会给他们带来荣誉感，或增强其归属感。如此公司将更容易传达共同的目标及价值观。

据此，与其问“谁需要知道这个信息?”不如问“有任何理由不让他人知道这个信息吗?”如果没有的话，不妨让所有人知道，再让收到信息的人来决定要不要这个信息也不迟。

8.3 培养倾听的艺术

大部分的人都是差劲的听众。他们一边看报纸，一边打电话，一边看电视。我们经常听到人们说：“你不记得我们曾聊过这件事吗?”“我以为我们约好周二要碰面的。”“我不是告诉过你我今晚要加班吗?”

“倾听”包含但却不光只是“听”。要成为好的倾听者，应该：

- 分析所接受到的信息；
- 评估、过滤，并与知道的相关信息联系起来；
- 给予反馈。

倾听的能力不是天生的。婴儿什么都听，他们对声音话语很敏感，这是他们可爱之处。但是婴儿却没有能力判断听到的内容是什么。当婴儿逐渐长大，他们才慢慢开始有能力分析听到的是什么。但是，他们光增进“听”的技术却没有学会“倾听”的技巧。而要一直到十多岁才略微懂事，开始知道如何倾听。

为什么倾听这么困难呢？因为：

159 ● 人们太过于以自我为中心了。

人们觉得手头上的工作比较重要，所以对于其他人前来问问题通常睥睨斜视，甚至不经意地哼哈应答。

● 人们很少练习倾听的艺术。

直到现在人们才逐渐重视倾听的重要性。这是个好的开始。

● 套一句约翰·奈斯贝特的话，人们被过多的信息给淹没了。

因为有太多的信息与太多的噪音，所以管理者要重新学习倾听的艺术才能有效地管理。

8.4　你是一个好的倾听者吗？

图 8—1[4]为一个小小的倾听测试。（选 1 代表你从来没有这样过；选 5 代表你经常这样。）

倾听行为	等级				
● 我经常对于听到的事情感到没兴趣。	1	2	3	4	5
● 听一个人讲话时，我经常在脑中评估讲话者。	1	2	3	4	5
● 我经常打断别人的讲话，特别是一对一交谈时。	1	2	3	4	5
● 我发觉我经常因为注意细节而忽略掉事情的重点。	1	2	3	4	5
● 我听他人讲话时，身体经常呈现懒散状态。	1	2	3	4	5
● 与别人交谈时我经常注意力不集中。	1	2	3	4	5
● 在我与他人交谈时，我经常一边讲话一边看手头上的资料，即便该资料与交谈内容完全无关。	1	2	3	4	5
● 我经常一边打电话一边做其他事情。	1	2	3	4	5

图 8—1　你是个好的倾听者吗？

从上图中你是不是选了许多个“5”？如果是的话，那你可能就不是一位好的倾听者。

8.5　倾听的策略

以下有五个方法可以让你成为一个好的倾听者： 160

1. 有意识地放下你手边的工作。

正眼注视与你谈话的人。合上你手头上的书本，坐正，注意聆听。身体语言所表达的信息其实并不逊于说出来的话语。

你很重视与你交谈的人吗？如果是的话请关注所有的细节。再也没有其他方法比这样更令人觉得受到重视了。

2. 偶尔提出问题或你的看法，以确保掌握与你交谈的人所说的重点。

“你听听看我这样解释对不对……”“让我把我们所同意的事情再说一遍……”“……我以上的陈述是不是恰当？”“我想我们刚刚的结论是……有没有问题？”

3. “听别人说话就像降落伞一样，只有当它完全张开时才能发挥效用。”[5]

这句话的另一种说法是：如果你早已经认定和你交谈的人的话不可取，那你当然不会是个好听众。沟通需要传递者及接收者相互配合。如果你不愿意接收信息、分析信息、思考信息、反馈信息，那你当然不是个好听众。

4. 切勿完全主导交谈。

这并不代表就应该让对方一直说话。你可以通过提出适当的问题来改善谈话的效果。同时注意不要催促对方赶快说，或是抢别人的话尾。

你可以自己做一个小测试：当你下一次与他人交谈时，特别是当下属向你汇报时，看看是你还是他在主导谈话的内容。

5. 建立信赖感。

还记得“皇帝的新衣”这个故事吧？皇帝的新衣是他的生日礼服。但是他的大臣即便看不见新衣也因为怕遭到嘲笑而不敢说出真相。

建立信赖感说比做容易。当你听到对你的批评时，你必须还能够不对向你报告的人生气。这并不代表你只能硬吞下情绪不满的员工偏颇地向你抱怨组织或领导的问题。相反地，建立信赖感是要建立一个让员工觉得安全的环境，使他们能自由而
161 诚实地表达他们对公司的意见或建议。如果，在公司的提案箱中所得到的建议只是一些诸如员工对午餐休息室的建议等琐碎小事，那主管们就应该好好检讨一下员工是否对公司缺乏信赖感了。

8.6 六个建立良好沟通气氛的步骤

假如你感觉到组织内部沟通的气氛不够开放，以下有六个彼此关联的步骤作为参考。

步骤一：设定目标

你与同事想要达到什么样境界的沟通？你认为真诚的沟通应包含哪些元素？也许可以利用本书第7章中的团队方法让你和同事们一起找出你的组织内有效的沟通是什么。

步骤二：找出问题所在

有什么因素阻碍了组织内良好沟通？是结构性问题，还是表面性问题？是高层主管的问题，还是其他部门主管的问题？大家都知道沟通的项目及对象是什么吗？

步骤三：确定重要的因素

有四个重要因素需要加以考虑：

其一，沟通的技术层次。

举例而言，每个人是否都应该学会使用电子邮件？或是应该学会备忘录的写

法，甚至人际冲突的处理技巧？

其二，标准。 162

沟通的最低要求标准是什么？例如：部门主管应当每月至少两次与部门内的同事进行沟通；董事会开会资料至少应在两周前就提交给与会的董事们参考。

其三，资源。

为达成最起码的沟通，应考虑以下资源的投入：一个足够容纳所有员工的沟通会议场所；一个员工投诉中心或投诉员，能让员工充分表达意见，甚至能代表员工向主管们表达意见；提供计算机及每个员工个人电子邮件账号；每年至少举办一次员工郊游活动。

其四，奖惩。

以下几个实质的奖励方式可供参考：提供一顿免费双人晚餐给那些提出最佳沟通改善建议的同事；“本月最佳沟通者”奖状；在董事会中公开表扬沟通成效评比获得最高分的部门主管。

在惩罚方面，对于沟通效果不佳的部门该给予什么样的惩罚呢？或许“惩罚”二字听起来太严重了，公开的惩罚或许不必要。对于沟通成效最差的部门，只要将结果公布出来，也就达到惩罚的效果了。

步骤四：制定执行计划

订出具体的执行策略及时间表，并清楚地理清哪些力量有助于目标的达成、哪 163
些力量将会是达成目标的障碍，并研究相应的策略。此外，别忘记这样的计划不是老板个人的计划，而应该是全体员工的计划，所以需要与同事们进行充分沟通。

步骤五：执行

这个步骤最重要的是要给予组织充分的时间来执行步骤四的计划，也许需要一年才能让整个沟通机制有效运作。此外，别忘了要编入适当的执行预算。[6]

步骤六：评估与改善

8.7　公开演讲

对许多营利或非营利组织的主管而言，进行公开演讲像是走过布雷区一样令他们害怕。在一本 1977 年出版的《排名书》（*Book of Lists*）一书中，“公开演讲”名列恐惧排行榜第一名，“死亡”则仅排名第六。在 21 世纪这个信息爆炸的时代里，沟通技巧对非营利组织主管而言是最有价值的技巧之一。如何代表组织对外演讲，说服公众认识到该非营利组织的价值，邀请他人共同参与协助组织使命的达成等，都需要沟通技巧。这样的能力在未来十年当中对非营利组织而言实在太重要了。

摆脱恐惧

所以，问题不在于“怎样可以逃避公开演讲”，而是“如何克服对公开演讲的恐惧”。以下有三个有用的小方法：

1. 不断地练习。

逃避公开演讲只会增加你对它的紧张和害怕。如果你知道哪里有个演说俱乐部（Toastmasters Club），我建议你去参加，要不就自己成立一个类似的组织，来练习克服对公开演讲的焦虑。会员之间可以相互练习和支持。

164 面对镜子自我练习也是一个很好的方法。注视镜中自己的眼睛，看看自己是否站得很直，会不会不自觉地摸摸夹克或自己的头发。刚开始可以有演讲稿，慢慢练习直到不需要它或仅拿它作为提示。如果你有摄像机的话，不妨请人把自己的练习拍下来，然后慢慢找出缺点加以改善。

2. 练习放松的技巧。

有几个技术你可以练习看看，包括“想象”（想象自己很有自信地站立于公众前演讲）、深呼吸、冥想、自我提示（做出提醒自己有自信的动作，例如举起大拇指）。此外，打哈欠也能放松，打哈欠时脸部肌肉一定不是紧绷的。吹口哨也有同样的效果。

3. 缩短与听众的距离。

假如你将在一个大型会议中演讲，不妨事前先与几个听众聊聊，这样当你演讲时台下便有几张熟悉的面孔。同时，演讲一开始，先做自我介绍，然后让几位听众谈谈他们自己为何来参加此演讲、他们的工作内容是什么。如果时间允许的话，也可以让听众们一一自我介绍。

你也可以从讲台后走出来，必要时再走回去提醒自己下一个重点是什么，但是千万不要把自己藏在讲台后面，因为那样只会让自己感觉到自己是整个房间中唯一一个说话的人。

有效果的演讲

当演讲内容缺乏深度时，演讲者通常利用演讲的长度来弥补。

——察尔斯·孟德斯鸠（Charles de Montesquieu）

如果演讲时有比紧张害怕、不知所措更糟糕的事情的话，那便是演讲者的自以为是，以为自己是整场中唯一具有智能的人。演讲者武断地表达意见，其实就好像是对听众的侮辱，而且浪费听众的时间。

假如你经常会被邀请参加演讲，或是你自己打算要经常于公开场合演讲，以增加组织的能见度，我建议你要有充分的准备。以下有十个建议可以让你成为一位有效的演讲者。

建立演讲档案

养成习惯搜集一些可用于演讲的演示文稿资料、统计数字、卡通图画或图片， 165
并依照演讲主题分类。同时也可搜集一些参考用书，例如《巴乐特珠玑集》（*Bartlett's Familiar Quotations*）或格言轶事之类的书籍。

了解你的听众

当你答应一场演讲时，要事先想想听众是谁，想想他们的年龄层、对演讲主题的理解程度与重视程度，以及他们对你演讲的期望。你的演讲只是一场宴会餐后的充数节目呢，还是会议中一场灌输知识的重要演讲？听众期待的是一场很正式的演讲吗？是否采用互动的交流方式较为恰当？需要准备书面资料吗？要给听众一些发问的时间吗？

选择演讲的重点

演讲的目的与演讲内容息息相关，所以要先思考你这场演讲想要达成什么目的：仅是让听众了解这个主题呢，还是要改变听众对某些问题的态度，甚至造成他们的行为改变？你的演讲内容仅仅是让听众确认他们本来就已经知道的知识，还是要提出另类思考，甚至是改变他们的想法？

若仅是让听众确认他们本来就已经知道的事，那就应该是一场让听众们觉得轻松舒畅的演讲，让听众听完后觉得振奋。例如：你的听众是一群志愿者，你演讲的目的可能只是为了酬谢他们服务的辛劳。

提出另类思考的演讲通常是为了给听众提供新的思考角度，但这并不一定是具有冲突性的演讲。也许仅是给听众适度的刺激，或是对于传统思维提出新的诠释。[7]

如果你演讲的目的是想要改变听众的想法，这通常比较困难，特别当你的演讲很标新立异的时候。

写下演讲内容或提纲

好的演说家会告诉你不要照本宣科，不要跟着演讲稿念。念稿很容易出错，而且听众也会认为那还不如将你的讲稿发给他们回家读。

但如果情况是你并不习惯于公开演讲，或你并不熟悉演讲主题，写下你的演讲 166
内容或提纲将对你很有帮助。有些计算机软件可以辅助你制作演讲内容，可以从你所写的内容中提取出演讲提纲，或是将之展开。

写下你的演讲内容还有另外两个好处：

1. 降低焦虑感。

“我真不知道到时候我要讲些什么”这一类的恐惧可以通过你事先的准备而大幅降低。写下讲演内容的好处在于有了提纲备忘，你就不用担心忘记演讲内容。虽然不一定真会忘记，但在心理上比较能降低焦虑感。

2. 有助于掌握演讲时间。

举例而言，当一位演讲者发现他仅剩下 5 分钟却要完成 20 分钟的演讲内容时，他大概紧张得要胃溃疡了。这时候，听众事实上并不喜欢听到这位演讲者向听众说："很抱歉，我还有很多东西要讲，但我们的时间不够了……"等之类的话。若能事先写下演讲内容将有助于时间的掌握。

了解自己作为演讲者的角色

举例而言，演讲时你是代表组织发表演讲，还是仅代表你个人？即便你认为你的演讲仅代表你个人，但听众是否有相同的认知？所以，要自问你想通过演讲达到什么（隐性的）目的？是让听众明了你所属组织的定位，还是让听众觉得你是个天生名嘴，或是一名热力四溢的非营利组织主管？回答这些问题有助于你决定在演讲中所扮演的角色。这并不是要你当一名演员，而是让自己能够清楚地把握演讲的分寸。演讲并不是一般的交谈；或许演讲并非演戏，但在演讲中通常可以达到启发思考兼愉悦听众的效果。

提供视觉辅助资料

一般来说，一个人读完资料后大概可以记住其中10%的内容；听到的信息可以记住其中20%；看到的可以记住30%；若同时听到也看到，则可以记住50%的内容。所以，使用投影、幻灯片、图表、动画、仿真、讲义等都有助于听众对你演讲内容的理解。

167 但是，也不需要提供给听众你所有的资料。例如使用投影、幻灯片或讲义时，只要用它们来当重点提示即可。讲义可以仅仅是你演讲内容的提纲，其中留一些空白处给听众作笔记。彩色的投影片、卡通图画或图表展示都可增强听众的感受度。使用投影时，请注意以下几点：

● 让最后一排的听众也能看得清楚。

使用较大且粗体的字型。如果听众有20位，制作的文字大小最好能让假设有40位听众时也能看得清楚。

● 视觉资料应清楚。

投影片上的文字一般而言应不超过六行。听演讲时，没有什么比看着投影片上密密麻麻像巴黎下水道地图一样不清楚的资料更令人沮丧了。

● 适当地使用视觉资料即可。

超过45分钟的视觉资料可能会造成听众的疲惫。记住，你的演讲内容才是重点，切勿让视觉资料喧宾夺主。

给予听众提示

书面资料可以给听众较佳的提示，知道演讲者此时的重点是什么。例如：标题、大写、粗体字型、分行段落等。提示可以引导听众跟着你的演讲步调走。

语言提示也有同样的效果。例如："接下来我将花几分钟在某某主题上……"、"但是……"、"或许……"等都可带来提示的效果。

也可以使用动作给听众提示。例如：在讲到重点前先略微停顿一下，或是作出一个代表胜利、疑问或强调的手势。

尽量使用比较口语化的语言

副总统斯皮罗·阿格纽（Spiro T. Agnew）曾以使用"唠叨的暴发户"（nattering

nabobs of negativity）这样的字眼感到自豪。这像是个滑稽演员模仿文绉绉的语调讲话，并不是演讲都非得使用最平凡的口语化字眼不可，但阿格纽这样做可能适得其反。有时候适当优美的演说词语可带来最深刻的演说印象，但是应注意听众的接受程度。像阿格纽使用“nabob”这个词让人家不禁怀疑他到底懂不懂这个词。反之，像威廉·F·巴克利（William F. Buckley）懂得的词汇太多，以至于如果他不引用稍微生僻的词语反而让人觉得奇怪。

当代一些著名的演说家以能够将他个人背景环境的词汇转化成为他个人的演说 *168*
风格著称。例如，参议员山姆·欧文（Sam Ervin）的演说带有他律师背景的特色；又如马丁路德·金的演讲则有他黑人牧师身份的特色。

上述几个例子告诉我们，成功的演说家通常能够充分运用他的语言能力，并将他个人背景经验所拥有语言词汇的特色，转化成为一种几近艺术的演说风格。

说出内心的话

并非所有的演讲都可以（或应该）被设计来激发听众的情绪；然而演讲中带入一些比较个人化的例子通常能够将抽象的概念变得具体，让听众更容易明了。若你代表你的组织发表演讲，但却无法将组织使命中的崇高意象与热情表达出来，要不是该组织使命描述得不好，就是你这位演讲者有问题。设法在演讲中加入一些个人的经验，可以缩短你和听众间的距离。

勇于冒险

莎士比亚在他的剧作《测量的方法》（*Measure for Measure*）中写道：“怀疑是我们心底的背叛者，使我们失去可能赢得的一切，只因为我们怀疑而不敢勇于尝试。”许多人的生涯目标在设定之初看来是巨大而可望而不可即，然而当梦想逐步实现，回顾当初设定的目标，它就不再那么遥不可及。同样地，想要成为一个优秀的演讲者，哪能不多尝试到公开场合去演讲呢？

总结

一个组织要成功，它的成员必须能够在共同的价值观上追求共同的目标。如果价值观和目标是组织血液的话，不论是正式或非正式的沟通渠道都是输送血液的血管。从古至今，沟通早已是一种必要的技巧，而在这个信息爆炸的时代，这一技巧显得越来越重要了。

注释

[1] 感谢 Frederick Spahr and Irma Brosseau 使作者注意到“哈雷彗星行动”这个故事。

[2] Terrence Cannings，“Visions for the 90's，” *CUE Newsletter*，12 (March/April 1990)：1.

[3] Glenn E. Hayes，“Quality and Productivity：Challenges for Management.” In *Readings in Man-*

agement, Philip B. DuBose, ed. (Englewood Cliffs, NJ: Prentice-Hall, Inc., 1988): 17.

169 [4] 这项倾听测试项目受到了有效倾听技巧顾问兼教练 K. Robertson 的启发。

[5] Richard Koonce, "Listening 101, Part Two," *Executive Update*, no volume (March 1990): 63.

[6] David W. Miller. "Staff Communication Networks." 为 the Greater Washington Society of Association Executives 所做的一个项目, Washington, DC, 1989.

[7] Alan M. Perlman, "Effective Speechwriting: Ten Mega-Tips." 在 International Association of Business Communicators 之前的演讲, March 8, 1989.

第 9 章 如何开个有成效的会

有效率的会议，绝不超过 90 分钟。

——无名氏

概要

关于会议的诠释有下列两种说法：

（1）会议是组织持续运营的一种方式。不开会，就没有计划和沟通。

（2）为什么开会？因为组织中有工作无法完成。

事实确是如此，但不能因此而一天到晚开会。从了解个人需求的角度来看，开会是一个比较完善的做法。本章不仅探讨了会议的硬件设备、软件提供、会议主持人应当扮演的角色，还详细说明了与会者在会议进行中所应遵守的事项、团队互动的技巧、进行高效率会议的妙方以及如何使会议不偏离议题等。

想象一下：星期一，上午 11 点钟，理应有 10 人出席的例行性周会，只象征性地来了 7 个人，然后，你在这个会议中耗了两个钟头，可是仍有三项议案必须拖延到下星期。这时，因为秘书长、会计部主任与发展部主任三人为更新资助人档案责任的归属问题，意见不同，气氛紧张，而其他人则对此议题毫无兴趣。当会议正在讨论到底是会计部主任，还是发展部主任应负责记录资助者的档案资料时，其他人则趁此机会交头接耳。照这样的情况看来，原本想利用一部分时间讨论下一年度目标的议题，也无法如你所预期的方式进行。

171 其实，一些导致会议冗长无效率的原因可能是来自会议的本身，比如：与会者互相冲突、时间的压力、组织内部工作分配不均等，但仍有许多方式能使会议过程进行得既有效率又融洽。

9.1 关键角色和任务

了解会议中每一个人所扮演的角色，将有助于主持一个高效率的会议，下面是有关会议成功与否的关键人物介绍。

会议主持人

会议主持人是个举足轻重的角色，也是会议中具有代表性的独立个体，除负责规划会议整个流程之外，也应负起检查会议成果的责任。最重要的是，主持人必须先订出会议议程，说明开会的目的，明确会议预计要达成的事项。

为了扮演好这个角色，主持人必须注意下列事项：

1. 通知与会者开会的时间及地点。

2. 准备并给每位与会者分发会议章程。

3. 会议开始时，先提示一下会议的流程，让与会者知道该如何评价这次会议的结果。

4. 会议结束时，必须做一个简短的总结，包括：讨论的主要内容、通过的议案和时间表以及下次开会的时间。

然而，这并不代表会议的主持人是个独裁者，因为每位与会者都有机会表达个人对会议章程的建议，比如如果议题过于繁杂，可以提议将某些议题挪至下个会议讨论。如果一个会议只讨论主持人所设定的议题，可能会导致这个会议的悲惨命运，因为会议中还有其他更重要的事情需要讨论。参与会议表面上看来好像是某些人所关心的事务，但这并不表示主持人可以不尊重他人的时间。此外，会议主持人的另一个角色即是鼓励团体中的每一个人参与会议，尊重每个人的意见，创造出广泛采纳建议的民主气氛。

172 如果主持人在会议中独断专行，将打消人们参与会议的念头。因此，主持人必须机智巧妙地主持会议，了解会议情况，给予每个人发表意见的机会，控制会议以免造成毁谤谩骂或个人情绪失控的状况。

总之，主持人必须对具有面对会议突发状况临场应变的能力。例如，主持人可以说：“当然，某些人总是为上述问题所困扰，但考虑到会议的效率，在另一小型会议中专门讨论这个问题较为适当。现在，我们进行下一个议题的讨论。”

主持会议的高手

会议进行顺利与否的关键在于主持人的角色扮演。就技巧而言，会议流畅的秘诀在于主持人态度超然客观，主持人的首要任务是促使达成会议的目标，保持中立，不参与任何议论。一般组织很少聘用正式的会议主持人，但正式主持人对于主持会议和议程的衔接却有所裨益，其主持重点包括：掌握会议的讨论焦点，控制进行的时间，尊重多数人的看法，以及针对会议预定目标提出问题。

下面是促使会议流畅的几个例子：

1. 具备引导议题讨论的技巧。

对与会人士提出："对于如何解决这个问题，各位是否有应对策略?"或是"针对这个议题，我们可以花点时间来个头脑风暴，激荡出不同思维。"

2. 鼓励沉默不语的人发言。

试着询问："刚才是否有人没机会发表意见?"或是直接点名说"请你针对这个议题说说你的想法。"

3. 避免会议被少数人的观点所控制。

适时切入："我们非常感谢您的宝贵建议，其他人还有没有意见?"或是"我们将会采纳您的建议，在时间允许的条件下，我们来听听别人怎么说。"

4. 集中讨论焦点。 173

提示大家："让我们再回到会议的目标，以便确认我们没有离题，如同我们先前所提到的……"或是"我想如果针对此点的论述做一个总结，这对确认我们是否离题应是有所帮助的。"

5. 使团体讨论顺利进行。

你可以说："因为时间的关系，或许我们要接着讨论下一个议题，以便今天的议程顺利完成，完成会议目标。"或是"是否有任何其他我们所忽略的观点?"

6. 帮助团体评价会议成效。

你也可以反问："也许我们觉得陷入了僵局，对于在下面的会议中如何避免这种状况，有没有其他的建议?"或是"花一点时间为这个会议做结论，并提出如何使下一个会议的运作更有效率的建议。"

7. 帮助团体做出决定。

最后提问："我想各位已经对这个议题达成共识，不是吗?"或是"让我们快速浏览一遍针对这点的共识有哪些。"

性格特征及其在会议中的表现[1]

在任何会议中，多少都会有人扮演下列的角色，先认清这些角色的特点，将有助于会议的顺利进行。

沉默观众型

这种沉默的观察者通常半天不吐一个字。原因出在哪里？也许是因为他们真的没什么意见，但这样的参与者对会议而言实在毫无帮助。

会议出现部分人无言以对的现象，不啻是一个警告。这时不妨自问他们的参与感到哪去了？是因为害怕会议的结果吗？或许他们已经感觉到一些即将要来的改变？或是因为会议一直由特定的人所操纵，因而做出无言的抗议？在和其他场合比较之下，他们的沉默表现是否是一种异常举动？

和事佬型

174 有项调查显示，在家里排行居中的小孩，除常常扮演解决冲突的和平使者之外，也比较喜欢思考问题，他们倾向于为别人提供一个思考的空间，这将有助于缓和对立的气氛，如同电影《小鹿斑比》中的对白："如果说不出什么得体的话，就别开口吧！"这种润滑剂的角色虽可称得上是会议里的功臣，但也可能因为他们模棱两可的性格特点，容易模糊问题的焦点。

墙头草型

正如标题所暗示的，这类型的人通常有见风使舵的倾向，避免接触到有争议的话题，而且经常表现出唯唯诺诺的态度，对于如何取悦顶头上司，他们确实有两把刷子，见什么人说什么话。

假使他们的意见真有可取之处，还是有一些方法能使其表态。通过荐举技巧的策略运用，询问并记录每位与会者的意见，且逐一在会议中提出来，就可以促使他们表态。

惟我独尊型

这种类型的人常不自觉地垄断会议，他们喜欢在会议中滔滔不绝地发表自己的观点，并试图说服别人，而自己则顺理成章地成为这个团体的代言人。就主持一场有效会议而言，一定得避免由某一特定人士独霸会议时间的情况发生，否则，其他的人不仅有口难言，而且也会对整个会议产生负面的感觉。因此，会议参与者不仅要扮演提供信息的角色，而且必须对会议的顺利进行有所帮助。

9.2 高效率会议的主持技巧

许多增进团体互动和凝聚意识的技巧是相当实用的，但各有其优缺点，不见得能放之四海而皆准。因此，除上述技巧之外，还有下列两种方法：

头脑风暴

针对某一问题，以头脑风暴的方式激发各种想法，将问题明朗化，易于找出对策。这种方式能激荡出广泛的意见，而且是为团体所认同的。头脑风暴的基本概念如下：

● 在众多的建议中，可取的意见是微乎其微的。但在新旧交替时所出现的观念 175
中，有一些想法将会脱颖而出。

● 如果你批评某个人的意见，将会抑制这个人，而其他人大概也会对其有意见。所以，会议的主持人应提供一个开放式的讨论空间，如果会议中无法呈现百家争鸣的状况，对于所提出的意见全遭批评，你也不用感到诧异。

● 在头脑风暴的过程中步调一致，相互激发创意的实质意义将比意见的总数更有效益。

具体步骤

1. 首先，会议主持人说明头脑风暴的目的，讲解预期要完成的事项和其意义，并简述问题的症结所在。

2. 游戏规则的简介：

● 每一个意见都有其存在的价值，并且据实记录。

● 对于他人所提出的建议，所有与会人士应保持中立超然的态度，不应立即表示赞同或反对。

● 针对某个意见，鼓励所有的人提出更多的想法，记录新的意见。

● 绝不立即将提出的建议归纳分类，只是完整呈现所有的意见。

3. 主持人应使团体中所有成员表达个人意见，据实完整记录每一个建议，避免立即将意见编号，或是以任何一种方式归类排列，使得某些建议看起来比其他建议更为重要。在进行头脑风暴的过程中，允许他人有沉默思考的空间，因为好的建议是深思熟虑的结果。

4. 在提出所有的建议后，主持人应询问与会人士是否有任何需要修改调整的地方。

5. 讨论研究。

演示文稿图板

在将计划浓缩后，以演示文稿的方式引导每位成员表达自己想法，将最好的构 176
想化为实际行动。而演示文稿的方式可以用有创意的媒体如录像来呈现，以故事性演示文稿在会议桌上表现，如同在计划一个方案。

演示文稿会议可以把头脑风暴作为开场的活动，首先发给每个人一张 3×5 的单色卡片，然后再给第二套较小的不同颜色的卡片，一支大的彩色笔。主持人解说议题，询问意见，并说明希望能集思广益。假设会议题目是为非营利组织制作一本新的员工手册，主持人可先由“对于手册中应包含的主要内容，不知各位有何意见”的问题开始。

集思广益时，请提出建议的人将想法写在其中一张 3×5 的卡片上，然后放在一张可以钉图钉的大演示文稿板上，并重述内容，简明地解说所有的建议。主持人有时也可以强调：“我们已经有了一些不错的提议，请大家继续踊跃发表意见。”同时，提醒在座的每一个人，头脑风暴的第一阶段并不包括对个人意见加以评论，而是坚持客观中立的原则，不立即表示赞同或反对。

通过头脑风暴，想法意见会不断地产生，而写在小卡片上的建议，将会随之排列在相关议题的卡片旁边。而在控制会议顺利进行的同时，主持人应确认每个人都有发表意见的机会，为使衔接过程流畅，当一个主题的提议差不多时，即可准备讨论下一个问题。

接着，请大家看图板上所有的卡片，看看是否可归纳分类，譬如：大家一同将卡片分类，相同议题的卡片可以放在一起，并且写下几个大标题，写在 5×7 的卡片上，并放置在图板的最顶端。在分类的过程中，再次询问是否有需要详述或修正的地方。

177 完成分类后，便是投票表决的时刻。主持人发给每个人一个彩色点线或圆圈画的号码，然后请大家依照个人的选择来投票，可以复选不同的意见，也可以只选择一两项，如此一来，便能清楚地显示结果，知道哪一个建议得票数最高。

（备注：请参考本书第 2 章另一种主持会议的荐举方法。）

9.3 高效率会议的秘诀

为使会议圆满成功，试着运用下列的重点提示：

1. 准备一份明确的会议章程。

在会议正式开始之前，每位与会者都必须先浏览过一遍会议章程，了解预期达到的目标、准备的相关资料、会议所需的时间以及相关的出席人士。

2. 变化会议的形式和地点。

千万不要让每星期三在会议室开会变成一件例行公事，不妨多找几个其他的开会地点，或让会议变得比较有新鲜感、机动性强。在某些会议中可采用部分成员的报告，运用不同团体的荐举技巧、演示文稿图板等视觉方式呈现。

3. 善用视觉效果。

善于利用投影解说，提供辅助性的文字资料，最好还能放映约 10～15 分钟的小短片。

4. 掌握时间。

如果预计用 90 分钟的时间开会，绝不能让光阴虚度，甚至有时还可以提前结束会议，现场可以用时钟提示会议的进度，遵守开会的时间，表扬准时与会的人。

5. 为会议画上完美句号。

将会议已完成的事项做出总结，并浏览先前所预定的计划，才能使与会的人有一种成就感，并使他们了解到你所做的事。当与会者离开时，诚恳地向他们道谢，
178 并视其情况需要，准备一份手写的会议记录。（第 11 章中即有一份简短、清楚的会议摘要范例。）

6. 准备小点心。

在会议中可以准备一些轻松的点心，并且在适合的时段提供恰当的饮料，避免

热量过高、太甜或不容易消化的食物。

7. 选择一个最适合的开会时间。

平心而论，并不是每个人都喜欢一早开会，而午餐后的会议又使人昏昏欲睡。在不流失出席人数的前提下，妥善安排开会的时间，这可能要考虑到某些因素，包括有人必须照顾小孩，有人有交通上的问题，有人晚上必须上课等。

总结

本章针对组织会议的主持提供了一些实用的方法，而在高效率会议的讨论主题中，讨论正在进行的计划，则是一种睿智的做法。组织本身也可以制作一些书面规定，通过明确的例证阐述应如何把握时间，开创高效率的会议时代。

注释

[1] 感谢 Trudy Snope 为个人在会议中扮演的不同角色这一内容提供了启发。

第 10 章

董事会与员工：走向伙伴关系

概要

179 如何建立一个董事会和员工双方均能接受的平衡架构，是非营利组织需要重新思考的问题之一。本章讨论的重点是：强董事会和弱董事会的特质，董事会角色的扮演与责任，会员、董事长和秘书长的职责说明，董事会遴选的标准，董事会如何聘用组织领导者，评价其工作表现，并促使董事会参与劝募活动。本章用四个关键步骤和明确提示，教育董事会成员，并提到了在加入董事会之前，潜在的董事会成员针对组织本身所应提出的问题，以及建构董事会的方针。

10.1 真实故事一则

个案研究

安·欧福瑞（Ann O'Farrell）曾在雷克伍德社区中心（Lakewood Community Center）担任两年半的秘书长。当初受邀担任秘书长的工作时，欧福瑞女士备感意外，因为前任秘书长在从事多年的志愿者后，才得以担任此职位，并在其任内奠定了组织的立业根基，而学历背景为欧洲历史的她，则将经营一个非营利组织视为一种挑战。

身为秘书长的欧福瑞女士，带领着 10 位受过专业训练的职工，以及 6 位行政人员，他们大都是新加入中心的。董事会是由约 35 位雷克伍德社区中心的显赫人士组成的，大部分的董事已参加组织长达 5 年，许多已近 10 年之久，彼此熟识，不需经过冗长的协商，即能做出决议。

走马上任一年后，欧福瑞女士逐渐接近董事长——一位对社区中心的项目和服务的扩张具有理想和抱负的律师，她对董事长提出建议："我们应该组成一个委员会，和我共同研拟一个 5 年计划，为中心制定新计划，编排工作进度和预测所需经费。尔后，依据此计划，董事会便可进行大型的募款活动。" 180

由于不忍对新上任、兴致高昂的秘书长泼冷水，董事长同意她朝这个方向进行，并挑选二三位资深的董事共商对策，同时强调计划成立的委员会必须先拟订方针，届时才能在会议中向其他会员具体说明。

欧福瑞女士从董事会中挑选的委员，都是在社区和组织中表现卓越且关怀社区的人，在花了一年的时间筹划之后，欧福瑞最后以"迎向明天的雷克伍德"（Lakewood Tomorrow）为名，在一年召开四次的董事会会议中公布该计划。

此计划并未引起委员们的广泛讨论，因为，他们无法理解为何董事会需负起劝募的工作，某位委员甚至提醒大家，董事会聘用专业人才的主要用意即是募款。最后，董事会采纳这个提议，制定出进度表，交由员工执行。

10.2 关于董事会与员工的二三事

安·欧福瑞的经历可说是常见的，策划、募款、和董事会一起工作，都是非营利组织的主管可能面临的挑战。这些事情往往错综复杂，我们将先讨论如何和董事会共事，尔后研讨关于策划和募款的相关议题。

事实上，和欧福瑞女士一同共事的董事会立场坚定，对于自己的角色界定十分清楚，但很遗憾的是，他们选择了一个错误的角色。董事会划地自限，不愿接受太大的改变。如果从另一观点来看，针对秘书长的处事原则做另类的思考，将有所裨益。

10.3 怎样才算健全的董事会？

董事会的职责会随着非营利组织的类型不同而有所不同。尽管如此，大致上仍有些特质可循。 181

一个辜负众望，无法善尽其责，着重日常管理，却忽略政策事宜的董事会特征如下：

- 董事会常干涉组织的行政管理事务，董事会的正式或非正式的讨论，都会影响决定，所以还是将此决定权交由员工较为妥善。

● 大部分的董事只关注日常活动，很少讨论机构应朝什么方向前进，以及会面临的问题。

● 董事会试图控制员工的一举一动。

● 董事会成员对于组织缺少奉献精神。

● 部分的董事会在规划和募款上意愿不强。

● 在正式的董事会会议外，有些董事针对组织抒发己见。

反之，健全的董事会的特征则是：

● 通过研讨的方式，确立组织的政策。

● 组织的信用和角色将会反映在决策上。

● 会议和个人指派执行的能力，反映了对组织及其发展的热衷程度。

● 劝募过程中，无论是在领导组织的资源上，还是在累积资源的层面上，董事会都扮演着重要的角色。

● 尊重每一位员工和其能力，在规定的政策范围内，负责组织营运。[1]

在了解董事会特质的前提之下，健全的董事会的取决标准何在？健全的董事会并非凡事皆能取悦他人。如同一位好的老师，好的董事会应设定高的期望，视员工
182 需要提供援助，并留给员工自我发挥完成任务的空间。假使以教师的定义来看，即是提供完整的指导，以班级的成功为己责，在大学式的环境中进行，使每一位参与者都有明确的责任和使命。

10.4 角色与责任

对于领导董事会责任与角色的文献阐述，不胜枚举，下列即是最适当的说明。

1. *董事会肩负法人和信托责任。*

暂且不论组织的性质，董事会具有法人的义务与责任。组织章程的根源，除明确一般概括性目的之外，也包括信托责任的归属。再者，章程的基础是建立在法人组织的状况上，而税务则由美国国税局管辖。

董事会组织章程的条例也应包括：组织事务应归属于董事会的委员，因为根据美国慈善信息管理局（NCIB）的标准，非营利组织应是一个独立的志愿者团体，必须负责政策的拟订，财务监督和运营管理。

董事会的信托责任即是组织的健全发展，组织因其章程而具有正规性，而组织的蓬勃发展则完全建立在公众的信赖上；倡导维持社会道德的正统性，亦是董事会的重大责任。

这就是为什么董事须理解自身责任与义务很重要，假使他们只关注行政事务，就无法适时善尽组织所托付的责任和角色。

2. *董事会的治理。*

治理（governance）是一个诡谲的词，字面的概念至少涵盖下列的行动：检

查、控制、限制、指导、要求、规范，并具有控管的影响力。一般董事会皆可从事 183
上述事项，只是存在程度上的差异罢了，对员工而言亦是如此。

3. 董事会制定政策。

虽说董事会和员工具有相同的认知，但有时也会产生冲突，他们会因为组织政策的制定而各持己见。

全国大专院校董事会联盟的董事会成员须审核一系列的管理政策议题。当董事会决定采取的行动和董事长的政策理念相左时，则会面临下列问题：

- 在未经董事会同意的情况下，董事长是否可以擅自拟订政策？
- 在董事长不同意的状况下，董事会是否可以下令禁止色情艺术展览的展出？
- 董事会是否参与不同阶段的预算编列过程？
- 董事会是否可以在未经董事长批准的情况下，向外界顾问咨询有关组织营运的问题？[2]

秘书长和董事长应彼此认同组织的政策和管理模式，但绝不是逐项研讨，而是对整体营运方针达成共识。除了时常检讨这些方针之外，也需设立一个机构专门处理“灰色地带”问题，或者设立一个由两个董事会成员再加上一位秘书长的小组委员会。

下一个重要的步骤，是董事会和员工应先针对政策共同提出声明，因为董事会所制定的决策方针，皆与员工息息相关。再者召开董事会议时，只有董事有投票权，所以，双方应先达成共识。

这个问题不常出现在制定政策和管理模式的争议上，假使董事会真想刁难秘书长，大可逐渐加重其责任，却不赋予执行的权力。下述的营运定义，对董事会成员和员工也许有所帮助。

4. 董事会负有组织财务的责任。 184

财务责任涵盖两方面：

- 组织的财务健全与稳定全掌握在委员会的手中。
- 组织的募款工作不能完全依赖员工，董事会也必须肩负其责。

税务的工作并不是指董事会应编列预算，而是应审核批示，并定期查阅财务报告。董事长或许想组成一个财务咨询委员会，成员应是董事会以外的人，这有助于监督责任的落实。财务咨询委员会应以顾问的立场，观察组织的财务状况，并提出报告，针对预算审议、投资政策的转变、公积金等提出建议。财务咨询委员会的设立，并不代表董事会可以就此卸除责任，反而是要通过委员会的建议，善尽其责，同时机构主管也将继续负责编列预算的工作。

10.5　职责补充说明

上述董事会的角色多半以例证的方式陈述，但仍待补充说明。下面则是由美国独立部门针对劝募组织的会员所提出的具体职责：

- 秘书长的派任；
- 对秘书长表示支持；
- 监督秘书长的工作绩效；
- 阐明组织的任务；
- 审核长期计划，期限可再增加，并参与方案的创意构思；
- 监审组织计划；
- 维持组织的立场中立；
- 扮演组织和社区之间的协调角色；
- 评估组织的绩效。[3]

10.6 董事会遴选标准的制定

185 董事会递补某些缺额时，推荐的标准何在？通过现任理事的引荐，就某些角度而言，是一种对个人信誉的担保。但遴选的过程并不仅止于此，在确认之前，应依照规定的标准，对候选人个人资格进行审查。

下列条件或许可作为审查资格的参考：

- 认同组织和其会员的多元性文化；
- 具有为组织募款的能力；
- 在相关背景经验中，展现十足的领导能力；
- 对于组织的任务和目标有相当的兴趣；
- 具有良好的人际沟通技巧；
- 致力于实践组织的目标和董事会的工作。

依照这些标准，委员们运用利克特评量法（Likert scale），对每位候选人加以评分（SA表示极为认同，A表示认同，NO表示没意见，D表示不认同，DS表示极为不认同），客观地进行审议程序，评估所有的候选人，将结果依序列出。

下一个步骤即是期望目标的说明，身为裁判的委员必须将这些评判资格谨记在心。接着，询问被推荐的人选是否有兴趣加入，是否认同并愿意遵从规范，是否确信自己可以达成任务，不负众望。

下列即是一些期望目标的范例：

- 愿意积极参与每年的董事会会议；
- 担任至少一年的任期；
- 愿意积极参与组织劝募活动的策划；
- 愿意至少参加一个委员会。

10.7 董事会的方针

186 董事会的新成员多半需要一年的时间，了解组织整体运作，观察并适应组织内部文化，领悟其经营策略。对一位新成员而言，花较多的时间观察组织的形势是明智之举，如果只花 1/3 的时间在会务上，不但无法对董事会有全盘了解，而且会使其无法正常运作。

董事会方针的确立，可加速新成员的适应过程。首先安排定期的会议，让人有消化吸收资料的时间。此外，新成员也应和下列成员一对一或小组会晤：

- 董事长。
- 组织的 CEO。
- 董事会的主要关键会员。

例如：假使新成员将参与委员会的规划，那么他有时必须和委员会的主席会面。

- 资深会员——特别是研发部门的主管。
- 组织的服务顾客：学生、家长和客户。

董事长和秘书长必须达成共识：他们要公开、公正，专注于组织的未来发展趋势，不受外界闲言杂语的影响，也不必建立策略联盟，因为新成员自会逐渐认识组织的内部状况，同时，这也是一个大好时机以便让董事会成员认识到，董事会成员身份意味着高标准的工作和成就。[4]

董事会手册

将讯息整理在一本董事会手册中，确立方针，为新进人员提供一份完整的参考资料，且应涵盖下列事项：

- 董事会的日程安排，会议日期，以及标示对机构而言具有历史意义的日子。
- 董事会成员和组织主管的姓名、住址、电话和传真号码等联络资料。
- 董事长、董事、秘书长的工作职责概述。 187
- 与董事会有直接关联的委员会事务。
- 组织的任务宣誓和策略。
- 组织章程条例。
- 最近的年度工作报告和财务报告。
- 一年度中所有的董事会会议记录。
- 主要计划的纲要和员工职责的阐述。
- 组织架构图。
- 募款和公关文献资料。
- 说明组织准备进行的计划。[5]

10.8　加入董事会之前需要考虑的问题

在加入非营利组织的董事会之前，应先对其整体运作有相当程度的了解，并确认这是自己经过深思熟虑后的决定。对于考虑加入董事会的人而言，下列问题是根据个人不同意愿和状况而举出的例子，其中有些问题是不容准候选人忽视的。

1. 我是否关切且认同组织的使命？

首先，考察董事会的现状，再决定是否加入。因为，董事会制定方针，做出决策，取得领导阶层的共识。就个人的价值观和信念而言，仍旧得考虑到：组织的理念和任务是否相符？组织是否致力于促进社会福利的提高？或是组织是否有意向此目标前进？是否有其他机构更致力于此目标？

从事非营利事业的工作有其利弊得失，候选人必须拥有与组织成立宗旨的努力目标相同的意愿。

2. 董事会会员的属性为何？

188 ● 董事会成员中是否有在社区表现卓越的人？其他成员是否以事业的成功为乐？或是将组织作为个人提升地位的踏板？

● 会员是否主动积极？他们是否经常代表组织参加委员会议？或是极少参与相关会议？

● 董事会的组织成员结构如何？平均年龄如何？是否有不同种族性别？

3. 组织对董事会的期望如何？

一年之中举行过多少次会议？会员一周花多少时间在履行组织的责任上？是否大部分的会员都有责任监督委员会的工作？如果是的话，其涉及怎样的责任范围和层面？

4. 董事会在募款方面扮演何种角色？

● 是否所有的董事会成员皆需肩负募款的工作？

● 董事会的募款成果如何？是否达到目标？

● 对于主要的募款活动是否制定了计划？如果是的话，组织是否对其活动的可行性加以评估？

5. 董事会与员工的关系如何？

健全的非营利组织是建立在志愿者和员工之间的良好互动关系上的，而未来的成员也会关切董事会和员工的互动关系：董事会如何看待员工？董事们对员工是否充分了解，并给予其支持与援助？或是双方互不信任？

秘书长是否受到董事会的极高推崇？秘书长希望在其任职内达到哪些目标？董事会和职工之间的互动关系是否良好？通常通过何种沟通渠道互动？

6. 组织的财务状况是否健全？

● 组织过去五年是否处于财政赤字状态？

189 ● 通过财务报表，董事会是否关切组织的财务状况？

● 组织未来的财务预期成长状况怎样？组织是否靠着即将竭尽、为数不多的资金营运？

7. 董事会成员的责任范围是什么？

依照一般通则，董事会对组织内发生的事都负有责任。[6]因此，准候选人必须了解他们管辖责任的范围，询问过去是否有任何诉讼记录，确认组织充分承担责任。

10.9　通过工作职责阐述董事会的角色与责任

工作职责的说明通常是为了员工所准备的，在建构评估准则的同时，为董事会成员发展一套工作职责说明，将有助于理清董事会和员工的所属责任。图 10—1 和 10—2 即是两个例子：

> 通过联邦和州政府的认定，董事会成员应以“组织之名”为最终责任，致力于公益服务，履行义务，并向所有的组织支持者负责。[7]
>
> 任务：
>
> 1. 年度评估外在环境和研发新策略。
> 2. 审核批示和评估组织的重要计划。
> 3. 审查和核准经营预算经费。
> 4. 为组织的运营制定政策和方针。
> 5. 遴选秘书长，给予支持并评估其工作绩效。
> 6. 核准组织的募款计划，并且参与执行。
> 7. 建立财务目标且监督其执行状况。

图 10—1　职位描述：董事会

> 董事会的董事长即是从组织中遴选出来的领导者，他/她代表组织，进行双向沟通，带领会员，主持会务和活动。
>
> 任务：
>
> 1. 主持所有董事会成员会议。
> 2. 联系会员，使其对组织有所了解，进而关心组织，参与活动。
> 3. 主持董事会活动，修订政策或组织主要的方案。
> 4. 交付执行组织定期的回顾工作。
> 5. 协调对秘书长工作绩效的评价。
> 6. 担任组织的发言人。
> 7. 安排董事会会议。
> 8. 与其他会员、员工和秘书长共同合作，建立良好会员关系。

图 10—2　董事长的职责说明 *190*

为了明确界定，最好明文规定秘书长的职责说明（参见图 10—3），为了清楚描述执掌范围，必须注意下列三件事：

1. 简要陈述董事会的角色与责任；
2. 为达到共同目标，在领导者和员工之间建立良好互动关系；
3. 就角色和期望而言，尽量避免双方因角色和期望的不同而产生不必要的误解。

10.10 促使董事会募款

大部分的人认为，募款，特别是开口向别人要钱，总是难以启齿，大部分非营利组织的董事会成员就是无法鼓起勇气，拿起电话筒，和对方约定一个时间，请求对方的支持。尽管如此，他们还是必须参与劝募活动，因为，董事会与募款有最直接根本的关联。

191 在募款过程中，只能用一句话形容董事会的角色：自己捐钱，劝他人捐款，否则离开董事会，将机会让给愿意做的人。为了顺利募款，组织需要愿意捐款的志愿者从旁协助，而最理想的方式即是他们自己本身就是募捐者。

下列四种方式可促使董事会更主动地参与劝募的工作。

1. 领导者树立典范

如果董事长不愿出面为组织募款的话，将难以说服他人捐钱，这时，秘书长需花时间和精力促使董事长致力于劝募的工作；可通过安排会议，草拟信件，给予精神上的支持，确认董事长以电话联系具有潜力的募捐人士。所以，应尽可能找出这些潜在的捐助者，保持联系，确保没有遗漏。

2. 设定会员劝募的预期标准

鼓励别人捐助，自己也捐助，董事长应对其他人设立某种程度的预期目标，并且明文公布，列入遴选和评价董事会成员的标准中。

3. 投入募款工作的热诚

曾任美国总统的艾森豪威尔曾指出，计划并不是重点，重要的是规划的过程，关键在于参与事件中领导者的高度热诚，如果董事会在计划过程中主动参与，一旦达到目的，即能深刻感受到那份成就感。因此，动之以情是个合乎常理的做法，依计划步骤行事，必能得到圆满的成果。

4. 提供援助

192 下列技巧可以帮助会员代表成为组织中的有力的发言人。

传授募款技巧

聘请外面的顾问传授劝募技巧，鼓励会员，在向他们所认识的人解释时，以第一人称开口说："我需要且恳求你的支持……"

指派"不可能完成的任务"

董事长带头劝募的意义远比他/她的劝募成功与否来的重要，接受会员劝募失败的事实也相当重要。因为，他们能从失败中汲取经验，迈向成功。再者，不抱有成功的期望，即使失败，也不会有任何损失。一旦得到幸运之神的眷顾，收获将比预期的更丰富。借由上述方式，会员能得到宝贵的经验，并且把握开发任何潜在捐款人的机会。

集中火力

董事长需开宗明义地明确指出，董事会希望会员加入劝募的行列，并挑选一位成员集中火力全面培训，安排一连串的募款见面会，三人之中将有一人会得到正面的响应，当这位会员在向董事会报告他的成绩时，大家则会被他的兴奋和想要成功的心情所激励。

先将目标降低

如果研发部门认为，董事会可以募得 180 万美元，则可以先以 100 万美元为目标，使他们感受到超越目标的成就感。

鼓励董事做梦

他们认为自己可以实现哪些梦想？如果没有金额的限制，他们将会如何做？奖学金？新成员？新建筑？成立一个基金会？成为一个基金会董事长？这完全是为了
培养那份热衷参与的心情。因此，先列出一串长的名单，然后逐渐达成自己认为可 *193*
以完成的目标。

告诉董事们，即使他们 10 次出击只有 3 次命中，也有高达 33%的命中率

重视会员的时间

对健全发展的组织而言，董事会每一位成员大概一年中只需花五天的时间在组织的工作上。许多筹划和后续工作皆由幕僚人员负责，换言之，不要浪费那些对组织而言重要人物的时间。设想周全的研发计划，表示重视对方的时间。

募款非恳求

乞求是一种负面的行为，募款并不是这种负面行为。一般董事会的董事长惯于以乞求作为劝募的方式，手握一只锡杯，盼望乞得几块钱，这种心态只能换得少量的捐献。

反之，研发具有说服力的募款计划，使潜在的捐助者有机会对组织和社区投资，记住下列重要关键词：

- 机会
- 未来
- 投资
- 社区

把关系拉进来

哪些是重要或显赫的人，哪些是有潜力的捐助者，或可能带头捐款的人，其实每个人都心知肚明。调查清楚会员曾就读的学校、参加的俱乐部、宗教信仰，将有助于方案部门有效推行计划，提升董事会募款成功的几率。

每个董事会成员都应有所贡献

至少一开始时，董事会成员所捐助的金额多寡并不重要。而重要的是，让他们每一个人都相信为这个组织服务本身就是最好的投资。

募款应是团队行为

最好的团队组合，应是由精通劝募的整体运作，并且清楚实际可募得的金额的 *194*
一位董事会成员和一位员工组成。除非这个董事会成员特别善于募款，否则每一团队都该规划好阶段性任务，诚心诚意向潜在捐款人阐明组织理念，并说明捐钱给本机构绝对是项好投资的理由。最后，这名员工要能回答对方所有的问题。[8]

明确"董事会募款政策"以理清角色义务[9]

某些事项有写成白纸黑字的必要性。这些文件不一定会被用到，但有一定程度

的效果。

10.11 遴选秘书长并评价其工作表现

董事会重要的任务之一即是，遴选秘书长并评价其工作绩效。一般而言，秘书长被视为直接对董事会负责的员工，扮演着董事会对外联系的主要角色，但并不具投票表决权。处理组织员工和董事会之间的关系，建立双方合作的模式，达成组织的任务，皆是秘书长的工作职责范围。

聘请秘书长

根据上述的缘由，董事会肩负寻找秘书长人选并评估其绩效表现，以及其他需要改进事项的责任。除此之外，董事会也应将其他标准列入人选评估的重点，如美国独立部门（一个全国性的基金会和非营利组织联盟）所列举的遴选标准[10]：

- 热衷于公益服务；
- 善于人际沟通协调；
- 为达成组织的任务，愿意调整个人时间进度；
- 拥有高度耐心；
- 人格个性成熟；
- 工作勤奋且高效率。

评价秘书长的工作绩效

195 评估非营利组织秘书长的工作表现，必须依据组织整体活动规划的运作，仔细确切审评；因为这也是检视组织的优劣势及其发展的大好机会。

下列三项为评估秘书长工作表现的方法：

1. 正式合约；
2. 年度运营计划；
3. 工作成果鉴定评估。[11]

对一个会员不断增加的非营利组织而言，秘书长的任命和职能，应由董事会规定并签订合约，说明薪资、福利、董事会的期望和工作条件，包括秘书长的职责，以及年度应达成的目标。

年度运营计划是第二项评估要点，秘书长和董事会可从组织全盘策略计划中，订出应达到的目标。譬如，双方共同订出改进资深员工的经营管理方式；秘书长的绩效表现，也就完全依据既定目标的实行结果而评定。

在某些状况下，董事会根据行为绩效标准来进行评鉴，两个建立标准的步骤如下：

1. 制定评价行为表现的范围

董事会将列出 10 项～15 项行为，整合大家理想中的秘书长的条件，经过多次研议后，逐一删减，列出评估的优先级。

2. 确立行为表现准则[12]

第二步接着试问：理想中的秘书长的表现应如何？何种活动是预期的行为范例？反之，对于预期目标而言，何种行为表现似乎是不恰当的？

行为表现并不是负面的措辞，基本上，这只是描述理想中非营利组织秘书长的 196
表现、特质和行事态度。至于其他任何绩效评估要点，秘书长和董事会对于秘书长的遴选过程和期望，必须达成共识，往后也会依照这些标准评估秘书长的工作表现。大部分的秘书长都想了解自己的表现，并确认董事会对其表现的认同；和其他员工一样，他们都希望评价过程是公正客观的。那么，秘书长工作绩效的评估标准究竟何在？

- 管理能力：管理人事，带领大家竭尽所能做到最好。
- 领导能力：社区的领导者，鼓舞士气。
- 组织能力：巧妙拟出多项事务的优先级和进度。
- 人际关系：能和各种不同个性的人共事，包括员工和志愿者。
- 通过专业的报告，展现其组织运营方面的知识。
- 募款能力。
- 引进新概念做法并影响组织，提高工作效率，结合可能会影响组织的新趋势和关键论点之能力。

秘书长的职责描述和其工作评价准则如图 10—3 所示：

> 秘书长即是组织机构的负责人，直接向董事会负责，不具有投票权。在董事会的协助之下，负责人为组织建立主要方针，统筹任务和目标，对所有机构的支持者负责。
>
> 任务：
>
> 1. 促使董事会和其委员会善尽其责。
> 2. 肩负遴选、训练组织所有员工的责任，扮演和董事会委员之间沟通桥梁的角色。 197
> 3. 筹划组织年度预算，并向董事会报告。
> 4. 和董事会代表机构共同面对不同的支持群众。
> 5. 和董事长相互配合，推举组织成员，使其配合组织和董事会的方针。[13]

图 10—3　秘书长的职责说明

结语

在新世纪中，难以想象一个死气沉沉、缺乏奉献精神的董事会能经营出成功的非营利事业。企管专家玛莉・佛列德（Mary Parker Follett）在 70 多年前指出，领导者与部属两者皆跟随一个看不见的领袖，他的名字叫做“共同目标”，这是在员工和董事会之间成功的支撑点。[14]

注释

[1] "Characteristics of Strong and Weak Boards," *The Digest of Non-profit Management*, 4 (March/April 1990): 3.

[2] Robert E. Cleary, "Who's in Charge Here?", *AGB Reports*, 21 (November/December 1979): 21 – 24.

[3] Brian O'Connell, "The Role of the Board and Board Members." *Nonprofit Management Series* (Washington, DC: Independent Sector, 1988), 7.

[4] Andrew Swanson, "Learning the Ropes: Orienting New Members." *Nonprofit World*, 7 (March 1990): 34.

[5] 董事会导向手册中的部分条款建议来自于 Carol Strauch, "Getting Oriented," *Foundation News*, 31 (September/October 1990): 31。

[6] George D. Webster, "What Your Board Can Do," *Association Management*, 42 (September 1990): 73.

[7] Kenneth N. Dayton, "Define Your Roles," *Foundation News*, 26 (May/June 1985): 69.

[8] Barry Nickelsberg, "Getting Your Board to Fund Raise." Speech before the Association Foundation Group, Washington, DC, April 10, 1990.

[9] Julia Bonem, "Build Relationships: Funding Will Follow," *NSFRE News*, (April 1990): 1.

[10] Brian O'Connell, "The Board's Biggest Decision," *Foundation News*, 31 (January/February
1990): 48 – 51. 198

[11] Mark Michaels, "CEO Evaluation: The Board's Second Most Crucial Duty," *The Nonprofit World*, 8 (May/June 1990): 30.

[12] Michaels, 30.

[13] Brian O'Connell, "The Roles and Relationships of the Chief Volunteer and Chief Staff Officers." *Nonprofit Management Series* (Washington, DC: Independent Sector, 1988), 24.

[14] Mary Parker Follett, "The Essentials of Leadership," *Classics in Management*, Harwood F. Merrill, ed. (New York: American Management Association, 1960), 331.

第 11 章

志　愿　者

概要

199 吸收和使用具有才华的志愿者是成功的非营利组织得以脱颖而出的优势之一。人口特质的转变、价值观的重塑、时间的投入等，都表明非营利组织必须以吸引杰出志愿者为首要任务。本章将逐一探讨：志愿者的工作领域，包括志愿者给自己设定的角色；志愿行为的动机；21 世纪志愿精神发展的趋向；未来志愿者领袖的重新定位等议题。

本章将探讨如何创建委员会，包括以下促进委员会成功运营的建议：如何培育组织内员工与志愿者的协同合作；建立志愿者应达成的目标和志愿服务测量的标准；如何理解志愿者与委员会成员的责任；工作职责与规范；委员会的各式工作报告；合作的伙伴关系以及对志愿服务的正确认知等。

11.1　志愿者“市场”

非营利组织和一般社会团体一样，由于参与的志愿者具有一定的特质，因而形成一个特有的市场。利用营销技术来动员志愿者资源，并不会削弱他们在社会和非营利组织中所扮演角色的重要性。营销技术的活用，有助于看清组织的利益与整个非营利部门的特性之间的关系。

志愿者市场细分

200 典型的志愿者市场细分可以根据下列标志划分：

- 人口基本资料（年龄、性别）
- 地理细分（地理位置，可能反映出相关社会因素）
- 族群特质（种族、文化）

利用这些信息可以确保供需之间的平衡，举例而言，如果要为弃婴寻找收养家庭，根据相关人口特质资料，就可较为准确地锁定年纪稍长、可能具有更多爱心与养育经验的祖父母级的对象。根据地缘因素，可能可以从市区外招募新成立服务单位的志愿者，或者组织也可依照族群特质，达到照顾弱势儿童并使其及早适应学前教育需求的目的。

11.2 志愿者角色

除此之外，招募志愿者时，应聘人员对自己要在组织中扮演的角色的认知也是评估的重点。凯瑟琳·海德里希（Katheryn Weidman Heidrich）[1]提出志愿者自己认定的四种角色。由于非营利组织从业人员的参与程度各有不同，满足的需求与兴趣以及所吸引到的人士的个性特质也各有不同，招募的志愿者所需发挥的功能需要与组织设定的期望达到平衡，组织的运作才可能更加顺利。

海德里希提出志愿者自己认定的四种角色如下：

领导者

根据现有的研究结论，人们意外地发现，许多被调查的应聘者都想从事领导者的工作。然而，根据多年的经验观察，具有从事领导工作兴趣和能力的志愿者少之又少。其差异之大实在出乎人们的意料。

虽然如此，还是有两点具有一定的共性：

- 一般而言，与几年前相比，志愿者的时间少了许多，因此他们对心无所属的工作没有兴趣。相对地，真正富有创造性的，有实质成效的工作内容才是他们的兴趣所在。

201 ● 已有许多较年轻的人担任了志愿者领袖的职位，他们可能已经转到企业或其他领域发展，而志愿者的经历是他们有益的经验。

海德立希认为志愿者有兴趣从事的领导岗位包括业务主管、理事、委员会主席、项目负责人以及募款人员。

直接服务

提供直接服务与担任志愿者领袖不同，它的优势在于直接接触目标群体，并从帮助对方并使其受益中获得成就感。比如某一个企业人士志愿为盲人阅读书报，某一位律师每周抽出一个晚上为残疾儿童服务，都属于这一类直接服务的志愿者，其他诸如童子军领队、居家陪伴和相关辅导等也都是同类性质的工作。

一般支持

有些人愿意提供的既非志愿者领导，也不是直接服务的辅助性工作。他们可能在某些项目中协助电话沟通、文书处理、跑腿、打扫卫生、维护楼层与环境清洁等。

赞助会员

赞助会员愿意从外围提供方便性的服务，随机行事，但是并不愿意从事持续的经常服务。

11.3　志愿行为的动机

许多文献都探讨了志愿服务的动机问题。SRI 国际组织（SRI Inter-national）的一项研究结果表明，下列三种状况导致目的各异的志愿者：

第一种志愿者是**被需求所驱使**（need-driven），这种类型的人生活上大致仅能勉强糊口，其所作所为只是为了生存，显然不是志愿者的最佳人选。

第二种志愿者是**为了追求外在的认同**（outer-directed），他们追随多数公认的 202
价值理念，为的是要从志愿者的从业中获得一份归属感，或是为了达成某种目标。第三种志愿者是**发自内心的需求**（inner-directed），他们为了追求人生的价值与目标而从事志愿活动，实践个人的理念。年轻一代的志愿者往往将志愿活动看成是追求自身成长的途径，年长一代的志愿者则希望借此平衡身心，得到内心真正的安定，由于他们多半对自己追求的信念忠贞不渝，因此他们是最优秀可靠的志愿者资源。[2]

11.4　志愿者制度：相关的趋势

我们已经进入了 21 世纪。为了吸收、培育和善用志愿者资源，同时鉴于前述时间有限、志愿者领导特质改变等因素，在此格外需要认清几个重要的趋势。

1. 一个好消息：多数人重视志愿者服务。

最近许多研究显示，大多数的美国人都相当重视志愿者服务，切夫士·雷加尔（Chevas Regal）委托“市场研究与预测”（Research & Forecasts）所做的研究发现，有60%的美国人愿意参与自己心中认同的志愿活动。[3]

或许你怀疑竟会有不重视志愿服务的人，事实上这些人可能还不在少数！我们不是都同意有所谓的“以自我为中心的一代”（“me” generation）的存在吗？他们一心一意地向上爬，希望有朝一日荣登副总经理的宝座，开一部宝马牌名车，闲暇时间一定花在“地中海俱乐部”（Club Med）安排的度假胜地享受，怎么可能会把悠闲自在的时间浪费在志愿服务上呢？

不论是真有这种“以自我为中心的一代”，或者仅仅是媒体渲染的产物，有心回馈社会的“雅皮士”还是大有其人。整个社会已开始觉醒，追逐外在成就并不能满足我们的需要，真正的满足可能远远超过任何事业上的成功，这全看我们如何善用时间花费在那些具有更高意义的活动上。《当所有你想要的都不够时》（*When All You're Ever Wanted Isn't Enough*）一书的作者拉比·库什纳（Rabbi Harold Kushner）说：

> 世界上最快乐的人或许不是那些最有钱有势的人，也不是那些为追逐潮
> 203 流、对众多书籍信息趋之若鹜才能安心的人，我相信真正快乐的人慈悲为怀而且诚信可靠，在他们从事这些志愿服务的同时，快乐自然而然地充满了他们的生命。[4]

志愿者对社会的贡献，可从许多逸闻趣事中窥见一二。曾有畅销的媒体报道一些服务于华尔街企业的单身贵族们，每周拿出一个晚上，协助照顾收容所内才出生就已感染毒瘾的弃婴；还有一些市郊的富裕家庭，志愿提供时间和资源给流离失所的游民。

这些事实对志愿者的招募有什么样的魅力呢？只要我们从人本关怀出发，想想非营利组织存在的价值，一切也就了然于心了。或许日复一日、年复一年的繁忙喧嚣中，人们逐渐淡忘了非营利组织成立的初衷，因此原有的信念必须被重新提醒。如此一来，他们才可以向其他除了赚钱还愿意追寻更崇高意义的人士传播志愿服务所带来的丰富体验。

2. 进入中老年的战后婴儿潮人士将成为志愿者资源的主体。

2000年的时候，那些年长的婴儿潮时期出生的人已经55岁了，年轻的也达到35岁。婴儿潮造成了美国人口的畸形分布，然而恰恰是这一大人口群体拥有雄厚的资源，他们的个人所得正值高峰期，因此，值得好好研究一下究竟有哪些因素才能打动这个群体。他们共同的特色如下：

- 受过良好教育；
- 习惯性地受到青睐（他们数量众多，从小就形成不容忽视的影响）；
- 不屈服于权威地位之下——因为他们认为尊重是经过付出才可获得的，而不是天经地义的。

婴儿潮的这些人可能已婚，夫妻俩都在工作，或者是离婚的单亲父母。从他们的角度看，工作和职业生涯上的变迁都是必然的事情。他们可能还要照顾年长的父母，对女性而言，尤其如此。

他们认识到随着年龄的增长，升迁的通道愈来愈窄，即使最拔尖的实力派，都有可能被企业淘汰出局，一股不可忽视的志愿者资源因此产生。

退休人群也可能形成另一派志愿者力量，美国退休人员协会（American Association of Retired Persons）是美国成长最快的组织，估计它的成员人数大约占 55 岁以上退休人士的 30%，他们都再度奉献出一生所学到的本事，从事某些固定的志
愿服务工作。[5]退休主管顾问公司（Service Corps of Retired Executives，SCORE） 204
就有 2 000 位退休人员乐于为非营利组织担任顾问，奉献出他们多年累积的专业技能。

3. 投入的志愿服务要有意义。

前面已经谈过，每周花三个下午帮忙装信封、邀请参加活动和整理工作档案的时代已成为过去，志愿者们希望进行别的、有实质成果的工作。组织的管理人员应当重新思考人员的组成模式，仅有劳役性质的工作没有办法吸引有志之士的参加，组织应该把志愿者的职能提升到专业人士的层次。

这并不代表说只要志愿者对公关推广兴致勃勃，公众宣传报道的活动就该委托志愿者全权处理。组织的管理人应当理性分析公关活动的范围，以及执行上需要的专业技能，才能仔细衡量志愿者们的兴趣和组织的需要。

这些考验常常造成管理人员的离职，因为他们习惯性地认定自己是专家，对于组织该为谁提供什么样的服务一清二楚。其实他们才需要为自己更高层次的技能好好上一课。唯有管理者共同参与经营管理，组织才能招募到优秀能干的志愿者，也才能留得住这些宝贵的人才。[6]

4. 时间难能可贵。

仅仅了解志愿者的从业时间比起 30 年前的同行少许多于事无补，想要吸收有心又有能力的人投身志愿者的行列，志愿工作至少还得具备下列三种魅力：

● 允许朝九晚五以外的工作时间。

为了配合志愿者可奉献的时间，非营利组织应延长工作时间到晚间，甚至利用周末和假日。

● 充分应用科技。

要与另有全职工作在身的志愿者保持有效沟通，必须善于利用传真、电话会议、电子邮件、语音信箱和电子布告栏等设备，这些都是有助于志愿者参与的方式。

● 要及早准备。 205

一般，只有必要时才召开会议，而且事先应该妥善规划并要讲求效率。即使无法参考完整的数据库，为了能够确实结合个人的专长从事活动，至少对志愿者的兴趣与背景信息要牢记在心。

5. 志愿者将呈多元化趋向

本书第 2 章讨论计划的主题时已经提到，社会的变迁正如火如荼地展开，时间

越久，种族和族群多样化的特质就越加明显，非营利组织的服务需要有更广泛的文化包容性，人才吸收方面也是同样的道理。

11.5 志愿者的重新定位[7]

非营利组织服务的对象，以及其任用的志愿者都面临前所未有的转变，身处这个转折点，我们不妨反问：为什么非要志愿者不可呢？

- 为了要完成组织内一些基层的工作吗？
- 鼓励信念，并且演化出更多的支持？
- 孕育未来的领导者队伍？

完成工作

假设机构任用志愿者是为了要完成某些活动的执行工作，或许可以退一步反问："这些工作确实有开始的必要吗？是不可或缺，还是为了要做而做？"

如果这些工作的必要性是确凿可知的，是否可以重新架构，分割成便于管理的单元，交由志愿者或工作人员分别实施？或者需要双管齐下？

鼓励承担责任

志愿行为是一个已经被证实的将个体吸纳进组织的途径。志愿者的主人翁精神是在他开始参与组织的项目，并感觉到自己对这个项目有责任、有承诺时而形成的。然而，我们还应该考虑到其他激发志愿者承担责任的方法。例如，负责重新拟
206 订人事任用方针；成立志愿者营销小组；委托对建筑设计学有专长的志愿者负责新办公室的规划等。当然这些都是有风险的，但是为了培养志愿者的责任心和承担工作的能力，我们不应该忽视那些需要充分发挥想象力的工作。

建立未来的领导者队伍

乍看之下，非营利组织依据志愿者曾经从事领导工作的经验来为志愿者分级是很有道理的。然而，志愿者本身以及他们从事的服务都已有重大的变迁，非营利组织在结构上非正式的变革也势在必行。如果想让志愿者服务的市场与其服务的能力充分兼容，有必要慎重思考下列问题：

1. 为了确保志愿者的能力足以适应工作的要求，究竟应该规划哪些整体性的培训才能让他们发挥作用？

2. 评估志愿者工作成效的标准是什么？

有人会问："评估？我们需要对志愿者的绩效做评估吗？"答案是肯定的！这些

志愿者在组织里扮演举足轻重的角色，因此有权知道自己行为的优缺得失，组织也有义务确认志愿者的表现至少符合最低水准的要求。

11.6　成立有作为的委员会

委员会的存在价值可能自组织成立之初就一直争议不断，作家约翰·高尔斯沃西（John Galsworthy）的说法如下：

> 在几乎一切都由委员会治理的时代，人们倒很清楚该怎么治理委员会。不能在用餐后开会，因为委员们在饭后会昏昏欲睡；也不能在用餐前开会，否则委员们又会只想到用餐而心不在焉。当委员们在听烦了其他委员的见解后，会在不需指示的状况下说出自己的真心话。不过最好有理事长之类的要人在场，这位最高长官应该说得少想得多，当众说纷纭的时候，他一定要保持清醒，在关键时刻提出中庸之道，而被筋疲力尽的委员们所接受。[8]

这样的描述虽然有些刻薄，但是多数非营利组织确有类似的情境，因此我们不 207
禁要问：委员会有存在的必要吗?

1. 协助组织完成任务。

全美国估计约有 9 000 万人除了本身的工作外还为非营利组织从事志愿服务；如果换算成实际工作数值，相当于 750 万年的全职工作，每一年等于节省了 1 500 亿美元的经费。[9]

2. 结交朋友，强化共有意识。

你如果想交朋友，请他们为你做一件事情就是一个好法子。要让某人成为可能的赞助者，请他先为组织工作可能是最好的方法。每个单位都找他们出钱，而他们会捐给自己出过力的单位，因为不为自己成立的委员会提供资助实在说不通。

3. 界定、甄选以及培育领导能力。

委员会是培育领导力的实验室。只要仔细观察它的运作，就会很容易地发现哪些成员乐于奉献，哪些常常有创新的点子，哪些最能受到他人的尊重。

个别委托任务也是开发领导者的途径之一。并非每一位领导者都能言善道，有些优秀的领导者在众人面前，尤其在较大型的会议场所中都比较谨言慎行，然而交付他们的任务一旦达成，他们可能就会有信心接受更多的责任。

4. 吸收创新的想法与宽广的见解。

组织易于产生“一致的想法”，但这也可能会造成相当的危害。同僚们之间的互动与家庭中的成员类似，他们可能穿着相似、想法雷同、消遣的场所一样、看同样的电视节目等，这些共同特性可能会造成和乐一家的表面现象，却反而是值得担心的问题。

这种看法并不是主张让委员会鼓励向和谐挑战的行为。征求更多志愿者的目的之一正是要听取更多不同的意见，尤其当志愿者群的幅员辽阔（借以避免工作人员如死水般欠缺适当的流通）时，委员会必须学会珍视每一位志愿者所提出的问题。

208 许多的组织只选择和专职员工背景相同的志愿者，这是不对的。虽然组织的任务使命是一致的，然而每个人对使命的想法却不尽然相同。不必因志愿者的专业程度不够，裹足不前不敢重用，只要他们够好，就会从实质参与的工作历程中和员工们共同成长。

志愿者职能介绍与训练

非营利组织已经确知，对双方都有利的做法是开诚布公地让志愿者们了解机构的方针。如此一来，投入的志愿者得以在充分了解组织的状况下看清自己的定位，而组织也可借由志愿者传播组织的信息。

职能介绍的内容至少应当包括：

- 该组织的宗旨与任务；
- 创业沿革和主要人物事迹；
- 志愿者对实践机构使命可能带来的影响力；
- 管理结构——指明志愿工作的范畴；
- 组织结构，包括接触对象的姓名（例如那些潜在的捐赠者）；
- 志愿者的工作职责说明，以及其与整个组织运营目标的关系；
- 适当与不当的行为规范。

这些都可以明文列出，可以通过印刷品或手册配合口头说明，让对方随时查阅。有两方面的训练可予以考虑：

1. 基本训练。

比如一个服务残障儿童的组织可以请教育学者或医疗专家前来讲解残障的某些状况。

209 2. 定期集训。

持续地提高志愿者的技能并不断地丰富他们的知识是最佳的方式，其成效可与培养领导者相当。

员工职能介绍和促进员工与志愿者的合作[10]

职能介绍、志愿者领导以及委员会成员的集训只是整个机构教育训练工作的一半，委员会中肩负联络沟通职责的成员更需要受训，这样才能充分发挥与志愿者们亲密无间的合作。以下十个方面可供参考：

委员会的功能

一般来说，成员们都应该大致了解委员会的任务、他们与管理系统的关系以及他们与其他员工的相关性等。训练的范围包括提供有关常设委员会的信息，特别是各委员会的任务，以及各委员会之间的异同等。委员会主席的地位，还有他（她）和员工工作关系的关键，更需加强宣传；如果双方合作顺畅，委员会想要推行的工作就容易执行，成功的几率因此增高。负责沟通联络的员工应该在召开第一次委员

会之前，先行会见委员会主席，以利预先建立关系和确立角色与目标。

成员们应尽量不要让出乎意料的事情发生。如果委员会主席在毫无预警的状况下发现问题的所在，恐怕会因此丧失合作的意愿与信赖感。

团队动力

如果员工欠缺在委员会工作的实务经验，可能会在毫无准备的状况下贸然行事，因此对团体互动（团体成员的角色定位、决策模式、组织运作理论）的基本了解极为重要。

五五开的原则可视为定律，任何一个会议的成效，50％依赖其实质的内容，50％依靠其进行的过程。虽然结果才是重点，但是想要获得满意的结论，在过程中培育团体里成员的互动关系，达成共识，并不断地形成积极的能量，才是取得最后成效的关键。

团队运作的过程

如果委员会主席熟悉团队运作的技巧，就会避免让会议陷入喋喋不休的泥沼，而与达成共识背道而驰。相关运作技巧请参阅本书第 9 章。

组织的沿革

由于不是每一个委员会的成员都对组织、委员会的工作或其他事务全盘了解， 210
因此往往会造成一些无意的伤害。为了让相关人员（如委员们、甚至委员会主席）能够进入状态，详述组织的历史、文化和宗旨都是必要的。委员会主席也许希望在某些成员的协助下，让尚未明白状况的委员得到更多信息。

组织的使命

员工对组织缺乏热诚的时候，低落的情绪会不经意地影响整个委员会的运作。任何一个组织都有缺陷，光是埋怨于事无补，而且会对志愿者的工作造成负面影响。同样，对组织的热爱与贡献社会的热诚也是会互相感染的。

组织的政策和运作程序

组织内的员工理当是组织政策和工作的思想库。是否应该提出正式的报告？委员会是否应妥善备齐相关问题的解决方案以向董事会报告？委员会主席可否参加董事会？或者径自与其他的委员会直接联系？

召集会议必须经过什么样的核准程序？委员会的运作应当告知哪些相关人士？这些都应该有明确的规章可循。

预算和财务

员工对委员会的各项运作因素都应有通盘的了解：是否每一个委员会都有个别的预算？动用经费必须经过哪些审批程序？如果需要在外面印制宣传品，必须经过何种报批程序？委员会如果在市内餐厅会餐，费用可否报销？

会议细节

即使议程再精彩，会议场所太小、太热、没有准备会议用白报纸等事宜，都会影响会议的成效。从外地出差来开会的成员，如果差旅安排失当，在会议桌上一定心情沮丧，根本无心议事。同样，如果与会成员在开会前没有充分了解会议或准备资料，开会效果必然不佳。

尊重

211 年轻资浅且与志愿者合作经验不足的同事，面对委员会里一群职位与经验都更胜一筹的成员，可能感到手足无措。这时候理事长与其他资深的主管可以事先面授机宜（提示适当与不适当的行为），正式向志愿者们介绍这位新人；在会议前后与进行中向大家介绍都是很适合的时机。初期先安排该员工担任某些助理性质的事务，进而逐渐加强其能力与责任；量才适用方为上策。

会后行动

每当会议结束时大家总有一种“终于结束了”的如释重负感，其实事情才刚刚开始！称职的联络负责人会向主席报告会议的结论，陈述成效（当然还有需要改进之处）、行动决策以及下一步的进行事项。志愿者们开完会可能就算了事，回到自己的岗位做他们该做的工作，但是组织的正式员工就不同了，他们必须继续跟进，确保各项议决的事宜都能付诸执行。

委员会的应尽义务

从非营利组织的角度来看，21 世纪志愿者投入到无偿服务和领导工作的价值远超过了财物方面的捐助。20 世纪 60 年代赞助的类型多限于慈善聚会、利益赞助和参观名宅大院之类，赞助者都是有钱有闲的社交名流（或至少期望能有这样的地位）的阔太太，其中愿意投入时间精力监督组织运作的实在少之又少，她们通常自认为基于本身的社会地位与相当的能耐，能够得心应手地协调、驾驭组织各种活动的进展。

新世纪，资源的募集仍是重头戏。达成组织目标的幕后工作诸如计划、营销、公关、政策拟订、消费者教育等才是志愿者的主要职责与功能。各委员会以及成员本身应确实理清他们的本职，并作出各项有助于志愿事业发展的绩效评估。

委员会成员应该具备的条件

212 针对委员会成员归纳出的几项必要条件如下：

- 熟知委员会的职责所在，对于其责任内涵以及每个人在会议中所应扮演的角色都能够充分了解。
- 至少出席 2/3 以上排定的委员会议。
- 协助完成交付给委员会的任务，以及安排给自己的工作。
- 切实理解组织的整体目标，以便在机会来临时对人阐述。
- 如果对委员会的运作有不同见解，请直言不讳地和委员会主席或负责沟通的同仁协商解决。
- 力争成为团队合作的典范。
- 把负责沟通的同僚当做是委员会的核心分子，而不仅仅是一个记事员；分担他在会议记录、准备茶水等方面的工作。

委员会应尽的义务

委员会也应担当相应的责任，除了上述对成员要求的条件以外，还包括以下各点：

- 恪守本职，如有权限范围之外的事情，应当向负责与委员会协调的理事反映，提交给理事会商议，或者向负责沟通的主管和秘书长报告。

● 牢记“三个臭皮匠胜过一个诸葛亮”这句名言，委员会的效能是众人智慧的集成。

● 与其他部门有效沟通。当你的提案可能影响其他单位时，千万别让该提案出其不意地呈现在他人面前，要善于利用各种沟通的渠道，传播自己的想法并且欢迎各方的回馈。

专职员工和委员会：双方角色的认知

明文规定常常有助于工作的认知，员工和志愿者在委员会的角色定位尤其应该
以白纸黑字记载作为依据。如果你的机构尚未形成这样的规范，不妨把握机会进行 213
尝试，让志愿者领导和员工一起做出蓝本，对于整个组织作业将更为有利。

组织内专职员工在委员会的角色定位

许多组织的主要成员也自然担任各委员会或相关单位的要员，这几乎已是公认的不成文规定，因此理事长也可直接任命某一成员担当要职。

员工在委员会的角色举例如下（见图 11—1）：

> 虽然联络负责人没有投票权，却属于委员会的专任成员，且与整个组织息息相关。他们被指派这项任务是因为有能力为组织作出具体的贡献。也正因为如此，他们与其他委员会的成员分担一样的功能和责任，并在合作的事务上参与其他委员会的讨论。
>
> 组织的员工可以向委员会提供有关组织历史、组织业务背景、组织政策宗旨与组织的运作方针等见解。如此可改进委员会的工作内容，加快工作进度。
>
> 委员会主席或联络负责人可要求或安排具有相关专长的员工，支持与委员会一起工作的同仁。
>
> 与委员会业务相关的信息应备齐，提供给委员会主席、联络负责人与身兼监督该委员会职责的董事会成员。委员会主席与员工都有责任确保会议的议事效率，以及相关单位都已被告知。

图 11—1　联络负责人的角色

图 11—2 是对委员会主席角色的说明。

> 委员会主席的遴选基于其协调能力。适合的委员会主席人选应具备下列条件：对主题了解清楚；具备优秀沟通与阐述的技巧；对团队运作有经验；在组织内外都受尊重。
>
> 委员会主席需督促委员会达成任务，并与联络负责人、董事会成员密切配合。委员会主 214
> 席主导议事气氛，一方面要参与讨论，一方面要确保每位委员都有机会发表意见。
>
> 委员会主席准备议程，与联络负责人一起分发资料，控制发言时间，通知董事会。
>
> 在董事会联络人以及员工联络人的合作下，委员会主席推荐未来委员会的成员。

图 11—2　委员会主席的角色

委员会主席责任重大，选任不得不慎重行事。委员会如若成绩卓著，不仅能够完成组织的任务目标，更可以为领导力的形成找出正确的方向，他/她需要有超越本职工作的反思能力：

● 委员会与组织的长期发展有何关联？该计划与委员会负责的相关要素有哪些？

● 委员会是怎样契合正式组织结构和非正式组织文化的？

是否还需要与组织内部其他单位或个人保持联系？如果有此必要，正当的沟通渠道有哪些？委员会的工作对主要员工可能造成什么影响？是不是该邀请他们参加某些具有反思作用的探讨？

还有一项或许没有明文规定却属于委员会主席的责任，就是要对垄断发言、不服众议的委员进行个别沟通，或者提供额外的游说。

委员会主席和协调人负责沟通串连、促进委员会研讨的业务进展、考虑执行目标与工作进程的必要修正，以及未来委员会的组成等，这些都是理当发挥的功能。

联络负责人与委员会主席的职能有一明显的分野：作会议记录并非联络负责人的工作，但主席可以请其帮助建档，以便整理所有的资料；会议记录是委员会主席
215 本身的责任，如果指定某位联络负责人记录，无疑是将对方当作记事员，剥夺其参与商议的对等机会，反而造成委员会的损失。允许联络负责人提供意见，可以让委员会多一份智慧的力量。

想要委员会主席既记录议事内容，又兼顾会议的主持，恐怕难以两全其美！下面有三种做法可以参考：

1. 会议的记录可由委员们轮流担任。

2. 进行总结时可以预留 10～15 分钟整理会中讨论事项的摘要。请和另一位委员一起用墙报、白板或其他器材摘记重点，表明讨论的内容、达成的决议以及有待进行的工作。

3. 当场全程或部分录音。

委员会功能显著的第三要素当然是委员们本身，委员会的角色职责如图 11—3 所示：

委员会在一个机构中扮演着关键的角色，它提供了对议题的审慎思考，并促进计划的执行。委员会根据董事会针对特定任务的指派而成立，通常与董事会密切配合，因此委员会是董事会的咨询顾问。

委员会成员的选派基于他们深入了解议题与相关组织服务对象。委员会成员会不时提出个人意见，但同时又承担及时有效完成工作的责任。

委员会成员至少需参加 2/3 以上的委员会议，并必须参与所有的议题讨论。

图 11—3 委员会的职责

委员会、董事会、特别事务小组、任务小组、议事委员会的差异

委员会、董事会、特殊事务小组、任务小组和议事委员会的定义虽然常常混淆不清，但是却不可互相替代。董事会有可能是指导董事会（board of directors）、信托董事会（board of trustees）或是监理董事会（board of governors），但从定义上而言都担负有信托的责任，且董事会也可能属于组织的一部分。换言之，董事会受 216
组织的托付，对整个非营利组织经营包括财务状况的成败负责。

监理董事会比单纯扮演咨询角色的指导董事会庞大，它虽不是真的监理单位，却有决策权，至少有推荐权。有些非营利组织设有执行信托董事会（operating board of trustees），负责拟订政策，另外再设置组织较松弛的监理董事会，其成员由可能提供组织实质赞助，或代表某些利益群体的人士所组成。

委员会为董事会拟订政策提供咨询。它可能是一个法定职责明确的常设委员会（如：提名委员会或财务委员会），或具有某些专业功能，如筹募经费、公关宣传、预算管理等。特别事务小组恰如其名，是为特定的目的而设立的，一旦任务完成就自动解散。如此一来，特别事务小组的功用当然远胜过徒具其形而可能责权不明的委员会。

任务小组和特别事务小组有些雷同，都是为执行特定的项目形成的临时编组，员工日间托儿服务就是一个例子。在某些机构里，特定的任务工作小组的主管可能由具备该项专业知识的人员担当，特别事务小组的主管则由志愿服务的人士担当。

议事委员会可能有咨询或决策的功能，负责咨询的议事委员会通常是由获授权的主管所成立，以取得针对敏感议题的意见，或至少表示关心。这种公民式的议事委员会虽然不具有决策权，但是却可形成相当的影响力。

有些非营利组织以议事委员会（或议事代表大会）来作为组织决策的立法依据，这在职业团体和商业组织中屡见不鲜。

专职人员和志愿者迈向伙伴关系

前面的章节已经对员工和志愿者的角色进行了详细的阐述，希望也为双方应该具有的素质做了提示。专职员工和志愿者之间伙伴关系的培养，存在着一些不确定的因素，以下各点或许可供参考：

委员会对员工该有哪些期待

- 会议相关事务的协调——邮寄通知、议事场所安排、背景及支持性信息的提供；
- 及时响应被提出的要求； 217
- 提出各种建设性做法，而不只是指出问题与障碍；
- 提供随手可得的相关知识或者进一步的咨询；
- 高昂的合作意愿与精神；

- 强化工作成效。

员工对委员会的期待

- 委员对组织目标和委员会任务投入的明证。
- 及时完成所负责的工作。
- 同僚式的人际相处之道。
- 本身主动“卷起袖子就干”的态度，而不是“交办”才办的态度。
- 高昂的合作意愿与精神。
- 强化工作成效。

员工之间和委员会可能造成的摩擦

- 员工间缺乏沟通，即使有沟通也多有延误；
- 办公室里常有政治斗争，排挤不同的派系；
- 少有回应；
- 对委员会的运作评价很低；
- 对整个组织、委员会的背景和职责认识不清；
- 各种行不通的事由经常被挂在嘴边（被“我们以前就尝试过了”，“这是绝对行不通的”的气氛所包围）。

委员会令员工却步的行为

- 很少让员工参与各项行为和计划，也很少提供信息；
- 未经事先商议直接向员工的上司或者其他人打小报告；
- 对同仁所付出的努力毫不感激；
- 落入委员会之间政治争斗的圈套当中；

218 ● 委员会成员借委员会做踏板或舞台，以辅助实现个人的政治意图；

- 志愿者应允的工作不能及时完成。

委员会报告

委员会的报告并不是如流水账般的细节记录，以下是一个例子：

L常委在上午9点14分宣布委员会正式开始……M委员报告跳蚤市场的筹办计划，由于地方政府要求本机构通过正式渠道提出申请，M委员希望获得如何妥善进行的指示。

大家对于会议召开的时间有所讨论，有一位委员表示上午8点开会实在太早了，经过大家的意见沟通后，同意以后会议开始时间改为上午9点。

这个例子或许荒诞，但却与许多委员会的实际情况相距不远。正常的报告应该陈述下列内容：

- 与会人员、会议时间、地点；
- 主题（以摘要方式列出，条列尤佳）；
- 讨论重点；

- 行动事项；
- 工作分配；
- 其他建议/杂项；
- 下次会议相关细节；
- 会议记录者名称；
- 记录分送对象（该记录该传送给哪些人士：其他委员会、董事会、某些同仁）；
- 内部刊物适用的信息，或者可用于对外发表的消息。

委员会的成效评估

这项评估应当兼具持续性和结论性，可从下列三个问题着手：

1. 该委员会是否称职？（是否达成当初设定的目标？）
2. 有些问题是否原本就可以预见？ 219
3. 成员之间是否亲密无间？（团队的动能有无“扶摇直上”的正向发展？成员能否畅所欲言？）

议程的最后应保留时间，主持人邀请与会人士检视：各项议题是否完成？有哪些重要的结论？有无脱离主题？有何未尽事宜？可能会有什么新的问题产生？

委员会主席或许需要和成员个别谈话，以下是两种可能的情况：

“林达，上次会议中我发现你有些沮丧，或许我们可以谈谈应该怎么做才会更好，你是会里的重要支柱，我相当重视你的见解。”或者：

“唐，坦白说，我想要了解你目前在会里的工作负荷是否过重了。好多事等着我们呢，我希望能让你有一个评估的机会，考虑一下如何才能发挥贡献。无论如何，我们会尊重你的决定和你目前为止为本会所做的一切。”

委员会的绩效评估和一般员工的评价并无太大差异，如果经双方研讨设定的标准具体明确，经常性的评估就只会是轻车熟路的事。一般而言，监测评估委员会的执行事项，诸如工作报告之类，会比评估工作的品质容易得多。

有时有些委员会主席对员工的评价是非正式性的，双方不论是委员会或个人，其工作表现如果被率直地提出来讨论，被评价者都应该表现出正确的态度。

委员会完成某项工作总评价之后，成员可以获得相当的成就感（相对也强化了他们对组织的肯定）。总评价还可以用来考虑下一步行动，某些问题是否适宜委托其他委员会协助？相关的议题是否应提交给策略规划委员会？负责监督的单位是不是要有所改变？

为了孕育未来的领导人才，总评价更应该进行必要的隐秘措施，有效地鼓励委员会里被看好的优秀成员。

会议管理记录：提供评估的工具

上述方法对委员会工作的评估很有帮助；另一项有用的监督工具则是会议管理 220

记录（meeting management record）[11]，所含项目包括：

- 任务/活动（委员会协议的工作事项）；
- 负责人（由谁负责）；
- 费用/收入（直接成本初估，预测实质的收益）；
- 时限（工作开始和完成的时间）；
- 政策/程序（与长期计划的关联，相关政策或书面作业程序）；
- 进度（时间进度）。

11.7 肯定志愿者的奉献

肯定志愿者们的奉献是基本的态度，这是对志愿者本人和志愿者制度应有的最根本的认识，但是我们一般的想法却将之视为理所当然，每年犹如例行公事一般，由机构主持人签发一堆奖状，感谢________（填上姓名）志愿为组织贡献。

我们并不反对感谢信式的奖状，它确实是表达谢意的一种方式，但绝非唯一的方式，就像组织的管理理当属于整个组织行为的一部分一样，组织的营运也应当适时反映出对志愿者的肯定。

1. 肯定的态度。

员工们对志愿者有什么感觉？是视他们为团队的一分子，还是专业人士，抑或无可避免的麻烦人物？有没有志愿者参与过员工的会议，以利执行其沟通桥梁的功能？志愿者是否像员工一样穿着，甚至有制服而被认为也是组织重要的推动力？

如果有辅助志愿者，他们的主管有与资深员工互动沟通的机会吗？

2. 根据实质贡献给以肯定。

实际上，千篇一律地向前一年服务的志愿者颁发感谢状，有大锅饭的嫌疑。试想，如果你义务担任某委员会的主席，与员工们花了一百多个小时协力修正了整个
221 非营利组织的年度预算营运计划，才让组织得以用最快捷和最正确的方式检查各项开销以及服务的收费，这样繁重的工作，你所得到的感谢状，竟与某人为某中学协助春季大扫除工作的感谢状一模一样，你心里的感受如何？

表达感谢并不需要昂贵的花费，虽然偶尔也有必要稍作破费（譬如感谢某位志愿者服务 20 年退休），但可不可以在感谢状的设计上匠心独运？或者将该志愿者的服务事迹在当地报纸或刊物披露？或是植树以示纪念？或者以市长、州长甚至总统的名义致谢函？

其他建议还有：

- 通过刊物提名，以表彰该志愿者的功劳。
- 如果服务的对象是孩子们，可以请他们以绘画或感谢卡表达感激。
- 以服务年限区分感谢品（满 1 年者颁发感谢状，3 年者颁给别针，5 年者得颁奖杯等）。

即使一般的感谢信函，也要能充分表达组织确实了解该志愿者所贡献的事迹，

明示的内容大致有下列：

- 明确记载该名志愿者服务的工作；贡献的成果（例如："多亏您的协助，使得高尔夫巡回赛的基金筹募超过了 25 000 美元"）；
- 表明组织盼望该志愿者继续提供帮助；
- 由对该志愿者有所影响的人士亲笔签名。[12]

机构的主持人如理事长或董事长等并不需要签发每一封感谢信。这些高层人士有时确有相当的作用，但是由直接合作的同仁或另一位志愿者签发，或许更具实质的意义。

不论肯定的形式如何，都应发挥四点作用： *222*

1. 让志愿者感受到其工作真正的价值。
2. 诚恳邀请该志愿者继续一如既往地投入，甚至更上层楼。
3. 通过对志愿者的肯定，吸引其他人投入时间。
4. 展现组织的正面形象。

结语

普林斯顿大学的毕业训词上，伍德罗·威尔逊（Woodrow Wilson）提到：

> 没有任何其他的事物能像志愿者服务这样充实你的生命、带来喜悦的源泉……
>
> 投入越多，你越能体现自己所具有的崇高品质，置身在这个纷繁复杂的世界里，你并不会愤世嫉俗，只是一心一意地为世界奉献。[13]

谆谆教诲和示范志愿服务的精神理念，是非营利组织管理者特有的机会和责任。十多年前，志愿者与组织内员工的角色较为混杂。那时，人们很难区分谁开始从事志愿工作，谁又不再从事志愿工作。但是志愿者们从事的是无偿服务，应以各种方式充实他们工作的内容，这个理念一定要牢记在心。

注释

[1] Katheryn Wiedman Heidrich, "Volunteers: Life Styles: Market Sigmentation Based on Volunteers' Role Choices," *Nonprofit and Voluntary Sector Quarterly*, 19 (Spring 1990): 21—31.

[2] "Study Consumer Actions to Recruit Volunteers," *The Taft Nonprofit Executive*, 18 (August 1989): 10.

[3] Research & Forecasts, *The Chevas Regal Report on Working Americans: Emerging Values for the* 1990*s* (New York: The House of Seagram, 1989) xvi.

[4] Harold Kushner, *When All You've Ever Wanted Isn't Enough: The Search for a Life That Matters* (New York: Simon & Schuster, 1986), 23.

[5] 美国退休人员协会搜集到的数据曾发表在 *Nonprofit Management Strategies*, 2 (September

1990)：18。

[6] Joan Carolyn Kuyper，"Volunteer Management into the 21st Century，" *A Sharing of Expertise & Experience*，Vol. 7 (Washington，DC：American Society of Association Executives，1988)，72.

[7] The section on rethinking volunteer roles draws on Henry Ernstthal，"A Marketing Approach to Voluntary Involvement." Spring Meeting，Council of State Speech-Language-Hearing Association Presidents，Baltimore，MD，May 1990.

223 [8] John Galsworthy，*The Forsyte Saga* (New York：Charles Scribner's Sons，1948)，577.

[9] Peter Drucker，*The New Realities：In Government and Politics / In Economics and Business / In Society and World View* (New York：Harper & Row Publishers，1989)，197.

[10] 这一部分关于员工如何与委员会一起工作的一些思考来自于 Anette E. Petrick，"Orient Your Staff，" *Association Management*，43 (February 1991)：41－45.

[11] 会议管理记录的内容摘自 Charles Rumbarger 的著作以及他在 Association Foundation Group 上的演讲，March 12，1991。

12. Rebecca F. Brillhart，ed. *Accent on Recognition：Saying Thank You to Donors and Volunteers* (Washington，DC：Philanthropic Service for Institutions，Adventist World Headquarters，1988)，9.

[13] 关于 Woodrow Wilson 的引用来源于 Harold J. Seymour，*Designs for Fund Raising，Second Edition* (Ambler，PA：Fund-Raising Institute，1988)，198。

第 *12* 章

保持竞争优势：管理学院学不到的实务

概要

224 虽然本章不是以非营利组织管理人员的个人发展作为讨论的重点，但需要注意的是，任何事业的成功绝对与其团队主要成员的能力密不可分。本章将探讨投身于非营利组织的管理人员的职业生涯，包括：如何打造职业生涯发展的晋升阶梯；如何面对职业生涯中可能出现的身心疲惫的状况，以及如何做好职业生涯成长中的自我管理。

12.1　打造职业生涯的阶梯

与企业界、学术界或军旅界的管理人员比，非营利组织的管理人员对其个人职业生涯的了解，相形之下可能更为有限。

由于现今大部分的非营利组织管理人员是来自于其他的领域，因此他们过去很少有机会接受如何管理一个非营利组织的正规教育。

然而，在某种程度上这可能也是一种优势，那就是这些人士有更多发挥创造力的空间。

教育

在美国、加拿大和英国有愈来愈多的大专院校提供与非营利组织相关的正式学位和课程，而在一些传统的企业管理课程中，也增加了不少与非营利组织领域有关的内容。这是一个令人欣喜的趋势，特别是对有意丰富其职业生涯内涵的个人而言，提供了很好的学习机会。

225 同时，在大专院校所开办的继续教育课程中，也提供个人吸取非营利组织知识的学习机会，由于这些教育机构的推广促销工作做得很好，因此我们无须在此详列这些机构的名称和地址。有关非营利组织的研讨课程之详细信息，可由如《慈善期刊》(*Chronicle of Philanthropy*）等资料中找到。

此外，选修一些并非针对非营利组织管理人员的课程，例如美国管理协会或其他培训机构所举办的领导才能发展课程，还会获得其他的益处。因为若只是接受纯粹为非营利组织开办的课程，可能会因此局限了管理人员们的思考空间，多吸取有关一般营利组织的相关知识，反而有助于个人眼界视野的拓展。

另外一个通过接受教育而增加职业生涯晋升机会的方法，就是取得与非营利组织管理领域相关的专业人士认证执照，例如基金募集、公共关系、会计、协会管理(在此仅举出这些例子作为说明，其他可能的认证执照还有很多)。取得这些专业执照的非营利组织管理人员，可以在他们名片上的名字前加上此一头衔，以显示其专业成就（例如：CFRE 是指基金募集的认证执照；APR 是指公共关系的认证；CPA 是指专业会计师执照；CAE 是指协会管理的执照)。这些头衔代表该人在这些专业领域中具有坚实的知识基础，同时经国家级的认证机构鉴定为学识丰富的专业人士。有调查数字显示，这些经过认证的非营利组织管理人员通常获得较高的薪资，但究竟是因为这些认证执照本身的效力，还是这些追求认证人士的进取心所促成，则尚未有明确的证明。

12.2 追求成长的机会

正如非营利组织的管理人员所知，在非营利组织领域中，无论是薪资水准或升迁机会，都难以与一般的大公司相提并论。不过非营利组织仍然为管理人员们提供了不同的发展机会，例如：

掌管较大规模的组织

与一个掌管数十万美金年度预算和二三个地区代理商的私人机构相比较，一个非营利组织的管理人员，可能动辄就掌握了数百万美金的年度预算和上百名员工，因此虽然头衔不变，他们所接受的挑战和成长机会却大不相同。

参与协会的运作

大多数的美国成年人基于职业利益、政治倾向、产业关系、个人成长和基本信念，会隶属于至少一个特殊利益团体。[1]因此，通过投身非营利组织领域而取得某一协会的会员资格，进而参与该协会的运作，将有助于获得知识、教育、人际关系网络和个人领导能力成长等机会。

与他人分享信息

信息的分享则可以通过在研讨会的演讲、撰写文章和传授实务经验等方式 226
实现。

作为一个志愿者

从事志愿者是一个双赢的状况，非营利组织可受惠于免费的服务，而该志愿者可获得个人的成就感。同时，如果该志愿者是一位非营利组织的管理人员，这样的经验可以让他对一位志愿者的需求和应具备的能力有进一步的了解。

12.3　面对身心疲惫的挑战

面对职业领域身心疲惫状况的第一步骤，就是分辨出其可能发生的症状，包括：

- 健忘症；
- 睡眠习惯的改变；
- 在工作时会做白日梦；
- 对所工作的非营利组织做不合理的批评；
- 周一早晨上班时所产生的厌倦感；
- 过度进食、饮酒和偏好甜食；
- 与部属或同僚在相处上经常产生挫折感；
- 对子女、配偶甚或交通状况产生超乎寻常的不耐心；
- 经常感冒和生病。

以上项目如果有超过一半（亦即五个以上）的情况发生，则意味着你应该重新思考这份工作的意义。如果身心疲惫的状况确实发生——事实上，每个人在其事业上的某个阶段都在所难免——以下是一些应对之策。有些做法是在目前工作岗位上做改变，亦即如前所建议包括更多的进修、参与协会活动、从事志愿服务等做法，再不然就该考虑转换到其他的非营利组织工作。在本章的后段，我们会以重新审视人生目标的方法来应对，这是另一种有效处理身心疲惫的方法。

以下所述是在一个非营利组织内，处理身心疲惫的一些其他建议：

- 将眼光放远。

人们很容易因为繁杂的日常事务而迷失，从而遗忘了未来更远大的目标。

- 将工作负担的优先级列出来——如“最优先”、“重要”和“其他”等。先将 227
“其他”之事务置于一边，虽然有时我们很想将“其他”事务先完成，但谨记“最优先”的事务往往是最具挑战性的工作。

- 集中精力在你认为最有把握的事务上，并发挥它最大的效益。

● 对自己的缺点寻求补救方法。

● 如果你较擅长于解决问题，而非处理细节，那么就务必找到一位既喜好又擅长处理细节的部属来协助你。

● 了解你能够接受别人工作成果的程度。

你必须认识到，你交给部属所完成的一些工作，可能无法达到你自己亲自完成的效果。因此，你必须要决定，何时你应该介入该工作；何时应该让部属在失败中学习，以及何时可以接受部属略有瑕疵的工作成果。

● 谨记迈向成功的进度往往是迟缓的。

12.4 想想人生的目标

一般人在建议他人的职业生涯规划时，总是言之成理，却反而较不善于规划自己的人生目标。思考未来目标的一个切入方法就是审视哪些事务对你的人生意义的影响最为重大。请依你个人的价值判断，将图 12—1 所列出的项目按优先等级排出，在做排列时，尽量避免将这些项目的优先级勾选成一体或是给予同样的重要性，而应将每一个项目的优先级一一列出。

优先级	项　目	描　　述
	专业	成为在某些领域被高度认可的专家
	知识	对诸多主题有丰富的知识与见地
	智慧	表达的能力，能看到“更广阔的远景”
	爱	对他人的感情
	尊敬	为部属、同僚和他人所敬重
	权力	具有执行控制力的力量
	心灵精神	追求更高层次的心灵成长
	财富	赚取更高的收入
	愉悦	享受生活的情趣
	快乐	满足、心灵平和
	安全感	职业的稳定性
	成就	自我实现与追求人生目标
	家庭	结婚、育儿或两者得兼
	服务	对他人的承诺[2]

图 12—1　人生目标的优先级

228 一旦你完成了对以上人生目标项目的优先级排列，再好好思考：这些人生目标与你日常作业的内容是否互相契合？对于你列为最前面五项的人生目标，你是否每天都在付出努力去实践？

从今天起的 10 年后

另一种探讨你个人人生目标的方法是想象你在十年后的情景，再根据你自己设定的人生目标，思考一下你是否必须对你目前的个人生活和职业生涯做某种改变，才能达成你为自己所设定的人生目标。另外，假设你所追求的这些人生目标已获得某种程度的成果时，则不妨问问自己：

- 你目前住在哪里？
- 你与谁住在一起？
- 想想如果今天是星期五，在每一个小时你会做些什么事？
- 你对自己的感受如何？以及你目前在做些什么？[3]

著名的作家威廉·格拉瑟（William Glasser）曾提出一个论点，就是在我们的生活中需要有某种程度所谓的“积极沉溺”（positive addiction）——“积极”是指这些“沉溺”可以让我们强化生命的意义和满足感。[4]他认为即使只是要实现我们十年后想要达成人生目标的一小部分，也必须要有这种“积极沉溺”的力量所驱使。换言之，如果这些人生目标果真如同你认为的那么重要，那么采用某种程度的强迫方式来达成，其实也是一种健康的做法。

举例而言，如果成为一个非营利组织的秘书长是你的人生目标，你就必须具体实践格拉瑟所论述“积极沉溺”的真义。“积极沉溺”是一种驱动力，它强迫人们去承担风险，也驱使你要不断地超越自我。

结语

1984 年，耶和华教会牧师威廉·拜伦（William S. Byron）在美国迈阿密市圣汤姆士大学的毕业典礼致辞中，回应了格拉瑟“积极沉溺”的观点：

> 在座的每一个人都应该以健康的心态，经过追求正当的愉悦和诚实的成就，来达成一生中最高的境界……
>
> 那些在你们之前踏入现实生活的先驱们未必真的能超越你们。因为一般人在其人生大部分的时间，总是将快乐人生与安逸生活混为一谈……
>
> 不要被我们文化中充斥的追求消费者享乐主义的大谎言所蒙蔽。不要相信，去拥有是人生的目的，以及拥有更多人生才更完整。而最糟糕的谎言就是认为，生活安逸才是快乐的人生。[5]

21 世纪的非营利组织管理人员应能体会这位智者在以上演讲内容中感性的一 229
面，那就是生命的意义远远超越取得和消耗。真正能赋予生命意义的在于我们是否能在有生之年做出对这个世界有所改善的事情。我想，这也相当贴切地阐述了非营利组织的定义。

注释

［1］James J. Dunlop，*Leading the Association：Striking the Right Balance Between Staff and Volunteers*（Washington，DC：American Society of Association Executives，1989），1.

［2］这个关于人生选择的表获益于 George A. Ford and Gordon L. Lippitt 的著作，*Planning Your Future*（San Diego，CA：University Associates，1976），7。

［3］感谢 Ken Blanchard 的问题："从今以后的 10 年"。

［4］William Glasser，*Positive Addiction*（New York：Harper & Row，1976），2.

［5］William J. Byron，S. J.，毕业典礼致辞，St. Thomas University，Miami，May 14，1989；引自 *The Executive Speaker*，10（August 1989）：10。

作者在本书中所提到的非营利组织网站索引
Thanks for the following Non-For-Profit Organizations.

- THE PETER F. DRUCKER FOUNDATION FOR NONPROFIT MANAGEMENT
  彼得·德鲁克非营利事业管理基金会
  www. pfdf. org/

- COUNCIL FOR ADVANCEMENT AND SUPPORT OF EDUCATION (CASE)
  美国教育促进援助局
  www. case. org/

- ASSOCIATION OF BOVERNING BOARDS OF UNIVERSITIES AND COLLEGES
  美国大学与独立学院董事协会
  wwww. agb. org/

- PUBLIC RELATIONS SOCIETY OF AMERICA (PRSA)
  美国公共关系社会组织
  www. prsa. org/

- NATIONAL CHARITIES INFORMATION BUREAU
  美国国家慈善信息局
  www. give. org/

- MARY PARKER FOLLETT
  美国 20 世纪 70 年代著名作家与演说家玛莉·波克·福莱德女士
  www. plgrm. com/history/women/F/Mary _ Parker _ Follett. HTM

- GIRL SOCUTS
  美国女童子军协会
  www. gsusa. org/

- AMERICA MANAGEMENT ASSOCIATION INTERNAIONAL
  美国管理协会

www. amanet. org/

- THE CHRONICLE OF PHILANTHROPY
  美国慈善中心
  www. philanthropy. com/

- NATIONAL ASSOCIATION OF HOME BUILDERS
  美国家园重建协会
  www. nahb. com/

- THE UNITED WAY OF AMERICA
  美国联合劝募
  www. unitedway. org/

索　　引

（以下所标页码为英文原书页码）

AARP. *See* American Association of Retired Persons（AARP），参见美国退休人员协会

Accounting. *See also* Fiscal management，会计，也参见财务管理

　cash vs accrual accounting，现金会计原则和权责会计原则，108—110

　chart of accounts，，会计账户表，110—112

　definition of，定义，107

　fund accounting，基金会计，117—118

　projecting expenses，费用处理，110

Accounts payable，应付账款，definition of，定义，109

Accounts receivable，应收账款，definition of，定义，109

Accrual vs cash accounting，权责会计原则和现金会计原则，108—110

Ad hoc committees 特别事务小组，216

Addiction，沉溺，positive，积极的，228—229

Aging population，老龄化人群，*See* Older persons，参见年纪大的人

Agnew，Spiro T.，斯皮罗・T・阿格纽，167

American Association of Retired Persons（AARP），美国退休人员协会，203

Assets，资产，definition of，定义，107

Association of Governing Boards of Universities and Colleges，全国大专院校理事会联盟，119，183

Associations，协会，225，*See also* names of specific associations，也参见特别协会的名称

Audience，听众，of speeches，讲演，165，167

Audit，审计，independent，独立的，118—119

Automation of fiscal functions，财务功能自动化，126—127

Bell，Daniel，丹尼尔・贝尔，10

Blanchard，Ken，肯・布兰查德，22，133

Board handbook，董事会手册，186—187

Board of directors，指导董事会，215，216

Board of trustees，信托董事会

　case study on，个案研究，179—180

　chair of，董事长，190

　characteristics of good board，健全的董事会的特征，181—182

　definition of，定义，215—216

　fiscal responsibility of，财务职责，119—122，184

　fund raising and，募款，190—194

　governance and，治理，182—183

handbook for，手册，186—187
hiring and evaluation of the CEO，遴选和评价秘书长，194—197
legal and fiduciary responsibilities of，法人和信托责任，182
liability of，责任，189
orientation of，方针，186—187
planning process and，制定计划的过程，25
policy setting and，政策制定，183
position descriptions to describe board roles and responsibilities，工作职责阐述董事会的角色和责任，189—190
problems involving，相关问题，xii
public relations plan and，公关计划，59
questions prospective board members should ask about the institution，未来的董事会成员应该了解组织的情况，187—189
roles and responsibilities of 角色和责任，182—184，189—190
selection of，选举，185
Brainstorming，头脑风暴，174—175
Buckley，William F.，威廉·F·巴克利，167
Budget，预算，*See also* Fiscal management，也参见财务管理
approval of，核定，115
forecasting and，预测，116—117
implementation of，实施，115
interim statements and，期中报表，115—116
monitoring of，监测，115—116
preparation of，准备，114—115
staff and board involved in，员工和董事会，115
steps in budget process，编制预算的步骤，113—117
strategic planning and，战略规划，114
zero-based budgeting，零基预算，114
Burnout，身心疲惫，xiii，226—227
Business plan，业务计划，48—49
Bylaws，条例，182
Byron，William S.，威廉·S·拜伦，228

Career ladder，职业生涯阶梯，224—225
CASE. *See* Council for Advancement and Support of Education (CASE)，参见教育促进援助局
Cash vs accrual accounting，现金会计原则和权责会计原则，108—110
CEO. *See* Chief executive officer (CEO)，参见秘书长
Cetron，Marvin，马文·赛特龙，156
Change，变化，12，13，42
Chart of accounts，会计账户表，110—112
Charter，章程，182
Chief executive officer (CEO)，秘书长
burnout，身心疲惫，226—227
career ladder for，职业生涯阶梯，224—225
education for，教育，224—225
evaluation of，评价，195—197
fund raising and，募款，101，191
hiring of，遴选，194
as leader，作为领导者，147—148，150
life goals of，人生目标，227—228
marketing and，营销，151
opportunities for growth，成长的机会，225—226
policy setting and，政策制定，183
position description of，职责说明，196—197
positive addiction，积极的沉溺，228—229
as volunteer，作为志愿者，226
Committees，小组
ad hoc committees 特别事务小组，216
definition of，定义，216
evaluation of work of，成效评估，218—219
expectations for，期待，211—212
negative view of，消极的观点，206
orientation and training of volunteers for work on，志愿者职能介绍与训练，208—209
partnership between staff and volunteers，专职人员和志愿者的伙伴关系，216—218
reasons for 原因，207—209
reports of，报告，218
respective roles of staff and，员工和委员会各自的角色，212—215
role of，角色，215
role of committee chair，委员会主席的角色，213—215

role of staff liaison on，联络负责人的角色，213，214—215
Communication，沟通
apocryphal story on，虚构的故事，154—155
infoglut and，信息泛滥，155—156
and information as power，信息的力量，156
lack of useful strategies for，缺少良好的策略，156—157
listening，倾听，158—161
morale and，士气，141
problems involving，相关问题，xii
public speaking，公开演讲，163—168
reasons for problems in，困难的原因，155—157
steps in establishing climate for，建立气氛的步骤，161—163
values of，价值，157—158
Compression planning，计划浓缩，176—177
Constituents，组成分子，identification of，识别，46
Continuing education，继续教育，225
Corporate giving，企业赞助，84—85
Council for Advancement and Support of Education (CASE)，教育促进援助委员会，94
Councils，委员会，216
Credits，贷方，112—113

De Tocqueville，Alexis，托克维尔，vii
Debits，借方，112—113
Deferred income，递延所得，definition of，定义，109
Delegation，授权，136—138，150
Desktop publishing，计算机排版
efficiency and high quality in use of，使用计算机排版的有效性和高品质，61—62
public relations and，公关，60—62
Developmental research，发展研究，45—46
Dimensional model of management，管理四象限，144—145
Direct mail，直接信函，45，81—83
Donors，捐赠者，*See also* Fund raising，也参见募款
financial reports to，财务报告，122—123
major gifts，重量级捐助，86—88
planned giving，计划性捐赠，88—89
Drucker，Peter，彼得·德鲁克，vii，xiii，13，53，130—131，147

Editor，编辑，relationship with，关系，71
Education，教育
mission of，使命，4
trends concerning，相关趋势，10
Eisenhower，Dwight，艾森豪威尔，191
Employment，雇佣，*See* Workforce，参见劳动力
Empowerment，授权，150
Endowment funds，捐赠基金，88—89，121—122
Entrepreneurial climate，企业般的气氛，42
Environmental scan，环境评估，in strategic planning，在战略规划中，20—22
Equity，净值，definition of，定义，108
Ervin，Sam，山姆·欧文，168
Ethics，道德，75，151
Evaluation，评价
of CEO，秘书长，195—197
of committees，委员会，218—220
summative evaluation，总评价，219
Excellence，优异，characteristics of，特色，xiv—xvi
Expenses，费用，definition of，定义，108
Exploratory research，探索式的研究，43—44

Facilitator，主持会议的高手，of meetings，会议，172—173
Feasibility study，可行性研究，for fund raising，募款，99—101
Finance，财务，definition of，定义，107
Financial management，财务管理，See Fiscal management，参见财务管理
Financial statement，财务报表，definition of，定义，107
Fiscal management，财务管理
automation of fiscal functions，财务功能自动化，126—127
board's responsibility for，董事会的职责，

119—122，184
case study on，个案研究，105—106
cash flow，现金流量，124
cash reserves，预备金，124
cash vs accrual accounting，现金会计原则和权责会计原则，108—110
CEO and，秘书长，151
chart of accounts，，会计账户表，110—112
contingency plans for，临时应变的计划，124—125
cost containment，成本缩减，125
debits and credits，借方和贷方，112—113
definitions concerning，相关定义，107—108
developing and using a budget，编制和使用预算，113—117
endowment management，捐赠基金的管理，121—122
financial condition，财务状况，121
financial performance，财务表现，120—121
fund accounting，基金会计，117—118
independent audit，独立审计，118—119
problems involving，相关问题，xi
program income，项目收入，124—125
projecting expenses，费用处理，110
reporting to donors，向捐赠者提交财务报告，122—123
for small nonprofit organizations，对小型非营利组织，127—128
Forecasting，and budget process，预测和预算过程，116—117
Formative research，事后追踪研究，46
Foundations，基金，83—84
Fund accounting，基金会计，117—118
Fund raising，募款
board of trustees and，信托董事会，190—194
CEO's role in 秘书长的角色，101
contingency plans and，临时应变的计划，125
corporations，企业，84—85
direct mail，直接信函，81—83
excellence and，优异，xvi
feasibility study for，可行性研究，99—101
foundations，基金，83—84
4 P's of，募款的 4P，50—51
fund raising audit，募款调查研究，98—99
goals of，目标，92
government funding，政府赞助，89—90
grantseeking，开发经济援助，steps in，步骤，91—93
hiring fund raising staff，聘请筹款高手，93—98
knowing when organization is ready to raise money，洞悉最佳筹款时机，98—101
major gifts，重量级捐助，86—88
marketing and，营销，90
marketing principles applied to，营销原理应用，49—52
motivation for giving，赞助动机，101—103
nature of，本质，76—77
planned giving，计划性捐赠，88—89
problems involving，相关问题，xi
pro's and con's of various methods of，各种方法的优点与难处，80—90
salary for fund raising staff，给募款工作者的薪资报酬，98
segmenting and，细分，51—52
in small nonprofit organization，在小型非营利组织中，91
special events，特定主题活动，85—86
trends in，其中的趋势，77—80
Fund raising audit，募款调查研究，98—99
Future wheel，未来示意图，20—22

Galsworthy，John，约翰・高尔斯沃西，206
Gardner,John，约翰・加登，147—148
General systems theory，系统理论，31—32
Gilbreth，Frank，弗兰克・吉尔布雷思，144
Gilbreth，Lillian，莉莲・吉尔布雷思，144
Girl Scouts of America，美国女童子军，1—2
Glasser,William，威廉・格拉瑟，228
Goals，目标
of fund raising，募款的，92
life goals，人生目标，227—228
public relations and，公关，52
of public relations program，公关工作，68—69

in strategic planning，在战略规划中，22—23
Governance，治理，182—183
Government funding，政府赞助，89—90
Grantseeking，开发经济援助，steps in，步骤，91—93
Group process，团体方法，*See* Meetings，参见会议

Healthcare，医疗保健，11
Heidrich，Katheryn Weidman，凯瑟琳·海德里希，200
Hershey，Paul，保罗·赫尔希，145
Herzberg，Frederick，佛雷德·赫茨伯格，138
Hesselbein，Frances，弗朗西斯·赫瑟尔本，1—2
Hiring，遴选
of CEO，秘书长，194
of fund raising staff，募款人员，93—98
of public relations staff，公关人员，64—67
Human resource management，人力资源管理
delegation，授权，136—138
dimensional model of，管理四象限，144—145
leadership and，领导，147—149
managerial styles and，管理风格，141—146
MBWA (Management by Walking Around)，走动式管理，143—144
motivation of staff，员工激励，138—141
organic or mechanistic style，有机式的或机械式的，142—143
performance management，绩效管理，131—135
situational leadership，情境领导，145—146
tasks for the 1990s，20世纪90年代的任务，149—152
Theory X/Theory Y，X理论/Y理论，141—142

Image，形象
creation of，创造，58—59
decision about image to project，定位组织的形象，58
developing an image in print，确立组织出版物的标准格式，59—60
Image management，形象管理，59—60
Implications wheel，关系循环图，20—22
Independent audit，独立审计，118—119
Infoglut，信息泛滥，155—156
Information as power，信息的力量，156
Interim budget statements，期中报表，115—116
Intern program，实习生制度，in public relations program，在公关制度中，69—70
Internal Revenue Service (IRS)，美国国税局，182
Interviewing，面试
for fund raising staff，面试募款人员，97—98
for market research，市场研究，44
for public relations staff，面试公关人员，66—67
IRS. *See* Internal Revenue Service (IRS)，参见美国国税局

Job description，工作职责描述
board members，董事会成员，189—190
CEO，秘书长，196—97
fund raising staff，募款人员，95—96
public relations director，公共关系主任，67
Johnson & Johnson，强生公司，73

King，Martin Luther，马丁·路德·金，148，168
Kotler，Philip，菲利普·科特勒，46
Kushner，Rabbi Harold，拉比·库什纳，202—203

Leadership，领导
of CEO，秘书长，147—148，150
definition of，定义，147
management compared with，管理与领导比较，147—149
of senior staff，资深员工，149
situational leadership，情境领导，145—146
as volunteer role，志愿者角色，200—201，206，207
Leading lady/leading man，惟我独尊型，in meetings，在会议中，174

Liabilities，负债，definition of，定义，108
Listening，倾听，158—161
Long-range planning，长期性计划，15—17

McCormick & Co.，麦康美公司，17，18
McGregor，Douglas M.，道格拉斯·麦格雷戈，141
Magazines，杂志，72
Mail surveys，邮寄问卷调查，*See* Direct mail，参见直接信函
Major gifts，重量级捐助，86—88
Management，管理，*See also* Fiscal management; Human resource management，也参见财务管理；人力资源管理
  definition of，定义，xiii—xiv
  lacks in managers' skills and knowledge，缺乏几项基本的技能和知识，viii
  principles of，原则，130—131
  styles of，风格，141—146
  for year 2000，21 世纪，viii—ix
Management by Walking Around (MBWA)，走动式管理，143—144
Market planning，营销计划，40
Market research，市场研究
  developmental research，发展研究，45—46
  exploratory research，探索式研究，43—44
  formative research，事后追踪研究，46
  importance of，重要性，41
  interviewing for，访问，44
  mail surveys，邮寄问卷调查，45
Marketing，营销
  becoming market-driven，以市场为导向的，39—40
  business plan and，业务计划，48—49
  CEO and，秘书长，151
  definition of，定义，35
  elements of，元素，35—37
  entrepreneurial climate and，企业般的气氛，42
  evaluation and，评估，41
  and financial viability of programs，财务上的可行性，42—43
  4 P's，4P，35—37
  fund raising and，募款，90
  identification of constituents，组成分子的识别，46
  market planning，营销计划，40
  market research，市场研究，41，43—46
  marketing office，营销总部，43
  principles applied to fund raising，营销原理应用在募款活动上，49—52
  principles applied to performance management，营销原理应用在绩效管理上，132
  public relations and，公关，52—53
  purpose of，目的，34—35
  reasons for failure of，失败的原因，47—48
  segmenting the market，市场细分，47
  situation analysis of new products or services，为新产品或服务进行环境分析，40—41
  steps in launching a marketing program，展开营销活动的步骤，40—43
  trends in，趋势，37—39
  volunteer program and，志愿者，199—200
Marketing office，营销总部，creation of，创造，43
Maslow，Abraham，马斯洛，142
MBWA (Management by Walking Around)，走动式管理，143—144
Mechanistic or organic management style，有机式的或机械式的，142—143
Media coverage，媒体的报道，70—73
Meeting convener (leader)，会议主持人，171—172
Meetings，会议
  brainstorming at，头脑风暴，174—175
  committee reports on，委员会报告，218
  effective group process techniques，高效率会议的主持技巧，174—177
  facilitator，主持人，172—173
  leading lady/leading man，惟我独尊型，174
  meeting convener (leader)，会议主持人，171—172
  meeting management record，会议管理记录，220
  middle child，和事佬型，173—174

practical tips for productive meeting，高效率会议的秘诀，177—78
roles and behaviors in，角色和任务，171—174
silent observer，沉默观众型，173
storyboarding，演示文稿图板，176—177
willow as group member，墙头草型，174
Middle child，和事佬型，173—174
Mills，Quinn，奎因·米尔斯，11
Minority groups，少数民族，9，39，78，150—151，205
Mission，使命
case example of，案例，1—2
examples of mission statements，使命陈述的例子，7—8
functions of mission statement，使命陈述的功能，2—3
importance of，重要性，3—4
as strategic planning，作为战略规划，20
trends affecting，影响使命的趋势，8—12
as visioning statement，作为愿景陈述，4—7
Morale，of staff，员工士气，139—141
Motivation，激励
for giving，赞助，101—103
of staff，员工，138—141
of volunteers，志愿者，201—202

NAHB，*See* National Association of Home Builders (NAHB)，参见全国家园建设协会
NAHD，*See* National Association for Hospital Development (NAHD)，全国医院发展协会
Naisbett，John，约翰·奈斯贝特，10，159
National Association for Hospital Development (NAHD)，全国医院发展协会，94
National Association of Home Builders (NAHB)，全国家园建设协会，17，18
National Charities Information Bureau (NCIB)，全国慈善信息管理局，79，182
National Society of Fund Raising Executives (NSFRE)，全国专业筹款人协会，94
NCIB，*See* National Charities Information Bureau (NCIB)，全国慈善信息管理局
Net income，净收入，definition of，定义，108
Newspapers，新闻报纸，70—73
NGT，*See* Nominal Group Technique (NGT)，参见团体荐举法
9-Box，九宫格，27—28
Nominal Group Technique (NGT)，团体荐举法，23—24
Nonprofit organizations，非营利组织
carccr ladder in，职业生涯阶梯，224—225

change-oriented nature of，催化变革 13
compared with for-profit sector，与营利部门相比，ix
competition from the for-profit sector，来自营利部门的竞争，37
continuing education in，继续教育，225
education on，教育，224—225
excellence criteria for，优异的标准，xiv—xvi
guiding principles of，指导性原则，ix
management for the year 2000，21 世纪的管理，viii—ix
negative perceptions of，负面的洞悉，vii—viii
opportunities for growth，成长的机会，225—226
problems of，问题，ix—xiii
quality of service and，服务的品质，38
recognition of value of，认识到非营利组织的价值，vii
NSFRE，*See* National Society of Fund Raising Executives (NSFRE)，参见全国专业筹款人协会

Older persons，年纪大的人，9，78，203—204
Operational planning，操作性计划，19
Organic or mechanistic management style，有机式的或机械式的，142—143
Orientation，定位
of board members，董事会成员，186—187
of staff to work with volunteers，员工与志愿者合作，209—211
of volunteers，志愿者，208—209

Pannas，Jerold，杰罗尔德·潘纳，94
Performance management，绩效管理

marketing principles applied to，运用营销原则，132
negative response to，负面的回答，131—132
principles of，原则，133—135
Planned giving，计划性捐赠，88—89
Planning，规划，*See* Strategic planning，参见战略规划
Policy，政策，183
Population trends，人口趋势，*See also* Societal trends，也参见社会趋势
baby boomers，战后婴儿潮，78，203—204
diversity of population，人口多元化，9，39，78，150—151，205
fund raising and，募款，78—79
median age，中年，9，78
women in workforce，职业女性，10，78—79，150—151
Position description，工作职责阐述，*See* job description，参见工作描述
Positive addiction，积极的沉溺，228—229
Prepaid expenses，预付费用，definition of，定义，109
PRSA，*See* Public Relations Society of America（PRSA），参见美国公共关系社会组织
Public information audit，公共信息调查，57
Public relations，公共关系
appearance of organization，组织给人的印象，62—63
creation of image，创造形象，58—59
creation of public relations strategy，创造公关策略，56—57
decision about image to project，定位组织的形象，58
desktop publishing and，计算机排版，60—62
development of image in print，确立组织出版物的标准格式，59—60
ethics and，道德，75
goals of，目标，68—69
hiring and management of public relations staff，雇用并管理公关人员，63—67
importance of，重要性，55—56
information gathering and，收集资料，59—60
job description for public relations director，公共关系主任工作说明书，67
magazines，杂志，72
management of public relations program，公共部门的管理，67—70
marketing and，营销，52—53
media coverage and，媒体的报道，70—73
organization as expert，组织本身就代表专业，72
public information audit，公共信息调查，57
radio talk shows，广播脱口秀，72
relationship with the editor，和编辑的关系，71
in small nonprofit organization，在小型非营利组织中，69—70
special event，特定主题活动，72—73
staff and board involvement in public relations plan，参与公关计划的董事会和员工，59
terms for，称谓，56
trends in，趋势，73—75
Public Relations Society of America（PRSA），美国公关协会，65，70
Public speaking，公开演讲，163—168

Quality circles，质量管理圈，151

Radio，广播，70—73
Radio talk shows，广播脱口秀，72
Relaxation techniques，放松的技巧，164
Reports of committees，委员会报告，218
Research，*See* Market research，参见市场研究
Resume，简历，public relations staff，公关人员，64—66
Revenues，收入，definition of，定义，108

Salary，薪资报酬，for fund raising staff，募款人员，98
SCORE，*See* Service Corps of Retired Executives（SCORE），参见退休主管顾问公司
Service Corps of Retired Executives（SCORE），退休主管顾问公司，204
Service society，服务业，10—11
Shakespeare，William，莎士比亚，168

Silent observer，沉默观众型，in meetings，在会议中，173
Situation analysis，环境分析，of new products or services，新产品或服务，40—41
Situational leadership，情境领导，145—146
Small nonprofit organizations，小型非营利组织
fiscal management for，财务管理，127—128
fund raising within，募款，91
public relations in，公关，69—70
Societal trends，社会趋势
baby boomers，战后婴儿潮，78，203—204
diversity of population，人口多元化，9，39，78，150—151，205
median age of population，中年人口，9，78
and mission of nonprofit organizations，非营利组织的使命，8—12
9-Box and，九宫格，27—28
trend line and，趋势图，28—29
understanding and using information on，了解和使用信息，27—29
Speaking in public，公开演讲，163—168
Special events，特定主题活动
as fund-raising method，作为募款方法，85—86
public relations and，公关，72—73
Speech file，演讲档案，165
SRI International，SRI 国际组织，201
Staff，员工，*See also* Human resource management，也参见人力资源管理
attitude toward volunteers，对志愿者的态度，220
contingency plans and，临时应变的计划，125
excellence and，优异，xv
hiring and managing public relations staff，雇用并管理公关人员，63—67
hiring fund raising staff，雇用募款人员，93—98
independent audit and，独立审计，119
interaction with the media，和媒体的互动，73
leadership of senior staff，资深员工的领导，149
morale of，士气，139—141
motivation of，激励，138—141
orientation and training of to work with volunteers，员工职能介绍和促进员工与志愿者合作，209—211
partnership with volunteers，和志愿者的伙伴关系，216—218
planning process and，制定计划的过程，25
policy setting and，政策制定，183
problems involving，相关问题，xii，xiii
respective roles of staff and committees，员工和委员会各自的角色，212—215
role of staff liaison on a committee，联络负责人在委员会中的角色，213，214—215
Storyboarding，演示文稿图板，176—177
Strategic planning，战略规划
budget process and，预算过程，114
compared with long-range planning，和长期性计划比较，15—17
compared with operational planning，和操作性计划比较，19
decisions about appropriate programs，选择适合的计划，26—27
definition of，定义，14—17
environmental scan as step in，环境评估，20—22
focus of，焦点，16—17
fund raising and，募款，191
goals as step in，目标，22—23
implications wheel in，关系循环图，20—22
inclusive vs selective，包容广纳还是择优选取，16
making the plan “doable”，促使计划可行，29—31
mission as step in，使命，20
9-Box and，九宫格，27—28
Nominal Group Technique as step in，团体荐举法，23—24
planning to plan，计划的准备，25—26
reasons for failure of，失败的原因，18—19
steps in，步骤，19—24
successful efforts with，成功的尝试，17—18
systems thinking and，系统思考，31—32
time span of，时距，15—16

translating multiyear plans to measurable activities，把跨年度的计划落实为可量度的行动，30—31
trend line and，趋势图，28—29
trends and，趋势，27—29
Surveys 调查，for market research，市场研究，45，*See also* Direct mail，也参见直接信函
Systems thinking，系统思考，31—32

Task forces，任务小组，216
Taylor，Frederick，弗雷德里克·泰勒，144
Teamwork，团队合作，150
Technology，科技，trends concerning，相关趋势，12
Television，电视，70—73
Theory X/Theory Y，X 理论/Y 理论，141—142
Total Quality Management（TQM），全面质量管理，151
TQM.，*See* Total Quality Management（TQM），参见全面质量管理
Training，训练
of board members，董事会成员，186—187
of staff to work with volunteers，训练员工和志愿者合作，209—211
of volunteers，志愿者，208
Trend line，趋势图，28—29
Trust，信赖，160—161
Trustees，信托，*See* Board of trustees，参见信托董事会

United Way，联合劝募，17，18

Values，价值观，workforce，职业，11
Visioning statement，愿景陈述，4—7
Visuals 视觉效果
in meeting，在会议上，177
in public speaking，公开演讲，166—167
Volunteers，志愿者
CEO as，秘书长，226
commitment of，鼓励承担责任，205—206
committees and，委员会，206—220
contingency plans and，临时应变的计划，125
direct service role of，直接服务，201
establishment of expectations for committees，委员会应尽的义务，211—212
excellence and，优异，xv
general support role，一般支持，201
leadership role of，领导的角色，200—201，206，207
as market，市场，199—200
as member-at-large，赞助会员，201
motivation of，动机，201—202
orientation and training of，职能介绍与训练，208—209
partnership with staff，和员工的伙伴关系，216—218
problems involving，相关问题，xiii
in public relations program，在公关工作中，69—70
recognition of，肯定，220—222
and respective roles of staff and committees，员工和委员会各自的角色，212—215
rethinking the roles of，重新定位，205—206
roles of，角色，200—201，205—206，212—215
segmenting the volunteer market，细分志愿者市场，200
staff attitude toward，员工对志愿者的态度，220
staff orientation and training to work with，员工职能介绍和促进员工与志愿者合作，209—211
trends concerning，相关趋势，9，202—205

Willow，墙头草型，in meeting，在会议中，174
Wilson，Woodrow，伍德罗·威尔逊，222
Women，女性，in workforce，劳动力，10，78—79，150—151
Workforce，劳动力
diversity of，多元化的员工，150—151
values of，职业价值观，11
women in，职业女性，10，78—79，150—151

Zero-based budgeting，零基预算，114

人大版公共管理类翻译（影印）图书

公共行政与公共管理经典译丛

书名	著译者	定价
公共管理名著精华："公共行政与公共管理经典译丛"导读	吴爱明　刘晶　主编	49.80元
公共管理导论（第四版）	［澳］欧文·E. 休斯　著 张成福　马子博　等　译	48.00元
政治学（第三版）	［英］安德鲁·海伍德　著 张立鹏　译	49.80元
公共政策分析导论（第四版）	［美］威廉·N. 邓恩　著 谢明　等　译	49.00元
公共政策制定（第五版）	［美］詹姆斯·E. 安德森　著 谢明　等　译	46.00元
公共行政学：管理、政治和法律的途径（第五版）	［美］戴维·H. 罗森布鲁姆　等　著 张成福　等　译校	58.00元
比较公共行政（第六版）	［美］费勒尔·海迪　著 刘俊生　译校	49.80元
公共部门人力资源管理：系统与战略（第六版）	［美］唐纳德·E. 克林纳　等　著 孙柏瑛　等　译	58.00元
公共部门人力资源管理（第二版）	［美］埃文·M. 伯曼　等　著 萧鸣政　等　译	49.00元
行政伦理学：实现行政责任的途径（第五版）	［美］特里·L. 库珀　著 张秀琴　译　音正权　校	35.00元
民治政府：美国政府与政治（第23版·中国版）	［美］戴维·B. 马格莱比　等　著 吴爱明　等　编译	58.00元
比较政府与政治导论（第五版）	［英］罗德·黑格　马丁·哈罗普　著 张小劲　等　译	48.00元
公共组织理论（第五版）	［美］罗伯特·B. 登哈特　著 扶松茂　丁力　译　竺乾威　校	32.00元
公共组织行为学	［美］罗伯特·B. 登哈特　等　著 赵丽江　译	49.80元
组织领导学（第七版）	［美］加里·尤克尔　著 丰俊功　译	78.00元
公共关系：职业与实践（第四版）	［美］奥蒂斯·巴斯金　等　著 孔祥军　等　译　郭惠民　审校	68.00元
公用事业管理：面对21世纪的挑战	［美］戴维·E. 麦克纳博　著 常健　等　译	39.00元
公共预算中的政治：收入与支出，借贷与平衡（第四版）	［美］爱伦·鲁宾　著 叶娟丽　马骏　等　译	39.00元
公共行政学新论：行政过程的政治（第二版）	［美］詹姆斯·W. 费斯勒　等　著 陈振明　等　译校	58.00元
公共部门战略管理	［美］保罗·C. 纳特　等　著 陈振明　等　译校	49.00元
公共行政与公共事务（第十版·中文修订版）	［美］尼古拉斯·亨利　著 孙迎春　译	68.00元
案例教学指南	［美］小劳伦斯·E. 林恩　著 郄少健　等　译　张成福　等　校	39.00元
公共管理中的应用统计学（第五版）	［美］肯尼思·J. 迈耶　等　著 李静萍　等　译	49.00元
现代城市规划（第五版）	［美］约翰·M. 利维　著 张景秋　等　译	39.00元
非营利组织管理	［美］詹姆斯·P. 盖拉特　著 邓国胜　等　译	38.00元

书名	著译者	定价
公共财政管理：分析与应用（第九版）	［美］约翰·L. 米克塞尔　著 苟燕楠　马蔡琛　译	138.00 元
公共行政学：概念与案例（第七版）	［美］理查德·J. 斯蒂尔曼二世　编著 竺乾威　等　译	75.00 元
公共管理研究方法（第五版）	［美］伊丽莎白森·奥沙利文　等　著 王国勤　等　译	79.00 元
公共管理中的量化方法：技术与应用（第三版）	［美］苏珊·韦尔奇　等　著 郝大海　等　译	39.00 元
公共部门绩效评估	［美］西奥多·H. 波伊斯特　著 肖鸣政　等　译	45.00 元
公共管理的技巧（第九版）	［美］乔治·伯克利　等　著 丁煌　主译	59.00 元
领导学：理论与实践（第五版）	［美］彼得·G. 诺斯豪斯　著 吴爱明　陈爱明　陈晓明　译	48.00 元
领导学（亚洲版）	［新加坡］林志颂　等　著 顾朋兰　等　译　丁进锋　校译	59.80 元
领导学：个人发展与职场成功（第二版）	［美］克利夫·里科特斯　著 戴卫东　等　译　姜雪　校译	69.00 元
二十一世纪的公共行政：挑战与改革	［美］菲利普·J. 库珀　等　著 王巧玲　李文钊　译　毛寿龙　校	45.00 元
行政学（新版）	［日］西尾胜　著 毛桂荣　等　译	35.00 元
比较公共行政导论：官僚政治视角（第六版）	［美］B. 盖伊·彼得斯　著 聂露　李姿姿　译	49.80 元
理解公共政策（第十二版）	［美］托马斯·R. 戴伊　著 谢明　译	45.00 元
公共政策导论（第三版）	［美］小约瑟夫·斯图尔特　等　著 韩红　译	35.00 元
公共政策分析：理论与实践（第四版）	［美］戴维·L. 韦默　等　著 刘伟　译校	68.00 元
公共政策分析案例（第二版）	［美］乔治·M. 格斯　保罗·G. 法纳姆　著 王军霞　贾洪波　译　王军霞　校	59.00 元
公共危机与应急管理概论	［美］迈克尔·K. 林德尔　等　著 王宏伟　译	59.00 元
公共行政导论（第六版）	［美］杰伊·M. 沙夫里茨　等　著 刘俊生　等　译	65.00 元
城市管理学：美国视角（第六版·中文修订版）	［美］戴维·R. 摩根　等　著 杨宏山　陈建国　译　杨宏山　校	56.00 元
公共经济学：政府在国家经济中的作用	［美］林德尔·G. 霍尔库姆　著 顾建光　译	69.80 元
公共部门管理（第八版）	［美］格罗弗·斯塔林　著 常健　等　译　常健　校	75.00 元
公共行政学经典（第七版·中国版）	［美］杰伊·M. 沙夫里茨　等　主编 刘俊生　译校	148.00 元
理解治理：政策网络、治理、反思与问责	［英］R. A. W. 罗兹　著 丁煌　丁方达　译　丁煌　校	69.80 元
政治、经济与福利	［美］罗伯特·A. 达尔　等　著 蓝志勇　等　译	待出
新公共服务：服务，而不是掌舵（第三版）	［美］珍妮特·V. 登哈特　罗伯特·B. 登哈特　著 丁煌　译　方兴　丁煌　校	39.00 元
议程、备选方案与公共政策（第二版·中文修订版）	［美］约翰·W. 金登　著 丁煌　方兴　译　丁煌　校	49.00 元

书名	著译者	定价
政策分析八步法（第三版）	［美］尤金·巴达克　著 谢明　等　译　谢明　等　校	48.00 元
新公共行政	［美］H. 乔治·弗雷德里克森 丁煌　方兴　译　丁煌　校	23.00 元
公共行政的精神（中文修订版）	［美］H. 乔治·弗雷德里克森　著 张成福　等　译　张成福　校	48.00 元
官僚制内幕（中文修订版）	［美］安东尼·唐斯　著 郭小聪　等　译	49.80 元
民营化与公私部门的伙伴关系（中文修订版）	［美］E. S. 萨瓦斯 周志忍　等　译	59.00 元
行政伦理学手册（第二版）	［美］特里·L. 库珀　主编 熊节春　译　熊节春　熊碧霞　校	168.00 元
政府绩效管理：创建政府改革的持续动力机制	［美］唐纳德·P. 莫伊尼汗　著 尚虎平　杨娟　孟陶　译　孟陶　校	69.00 元
后现代公共行政：话语指向（中文修订版）	［美］查尔斯·J. 福克斯　等　著 楚艳红　等　译　吴琼　校	38.00 元
公共行政的合法性：一种话语分析（中文修订版）	［美］O. C. 麦克斯怀特　著 吴琼　译	45.00 元
公共行政的语言：官僚制、现代性和后现代性（中文修订版）	［美］戴维·约翰·法默尔　著 吴琼　译	56.00 元
领导学	［美］詹姆斯·麦格雷戈·伯恩斯　著 常健　孙海云　等　译　常健　校	69.00 元
官僚经验：后现代主义的挑战（第五版）	［美］拉尔夫·P. 赫梅尔　著 韩红　译	39.00 元
制度分析：理论与争议（第二版）	［韩］河连燮　著 李秀峰　柴宝勇　译	48.00 元
公共服务中的情绪劳动	［美］玛丽·E. 盖伊　等　著 周文霞　等　译	38.00 元
预算过程中的新政治（第五版）	［美］阿伦·威尔达夫斯基　等　著 苟燕楠　译	58.00 元
公共行政中的价值观与美德：比较研究视角	［荷］米歇尔·S. 德·弗里斯　等　主编 熊　缨　耿小平　等　译	58.00 元
公共决策中的公民参与	［美］约翰·克莱顿·托马斯　著 孙柏瑛　等　译	28.00 元
再造政府	［美］戴维·奥斯本　等　著 谭功荣　等　译	45.00 元
构建虚拟政府：信息技术与制度创新	［美］简·E. 芳汀　著 邵国松　译	32.00 元
突破官僚制：政府管理的新愿景	［美］麦克尔·巴泽雷　著 孔宪遂　等　译	25.00 元
政府未来的治理模式（中文修订版）	［美］B. 盖伊·彼得斯　著 吴爱明　等　译　张成福　校	38.00 元
无缝隙政府：公共部门再造指南（中文修订版）	［美］拉塞尔·M. 林登　著 汪大海　等　译	48.00 元
公民治理：引领 21 世纪的美国社区（中文修订版）	［美］理查德·C. 博克斯　著 孙柏瑛　等　译	38.00 元
持续创新：打造自发创新的政府和非营利组织	［美］保罗·C. 莱特　著 张秀琴　译　音正权　校	28.00 元
政府改革手册：战略与工具	［美］戴维·奥斯本　等　著 谭功荣　等　译	59.00 元

书名	著译者	定价
公共部门的社会问责：理念探讨及模式分析	世界银行专家组　著 宋涛　译校	28.00 元
公私合作伙伴关系：基础设施供给和项目融资的全球革命	[英] 达霖·格里姆赛 等　著 济邦咨询公司　译	29.80 元
非政府组织问责：政治、原则与创新	[美] 丽莎·乔丹 等　主编 康晓光 等　译　冯利　校	32.00 元
市场与国家之间的发展政策：公民社会组织的可能性与界限	[德] 康保锐　著 隋学礼　译校	49.80 元
建设更好的政府：建立监控与评估系统	[澳] 凯思·麦基　著 丁煌　译　方兴　校	30.00 元
新有效公共管理者：在变革的政府中追求成功（第二版）	[美] 史蒂文·科恩 等　著 王巧玲 等　译　张成福　校	28.00 元
驾御变革的浪潮：开发动荡时代的管理潜能	[加] 加里斯·摩根　著 孙晓莉　译　刘霞　校	22.00 元
自上而下的政策制定	[美] 托马斯·R. 戴伊　著 鞠方安 等　译	23.00 元
政府全面质量管理：实践指南	[美] 史蒂文·科恩 等　著 孔宪遂 等　译	25.00 元
公共部门标杆管理：突破政府绩效的瓶颈	[美] 帕特里夏·基利 等　著 张定淮　译校	28.00 元
创建高绩效政府组织：公共管理实用指南	[美] 马克·G. 波波维奇　主编 孔宪遂 等　译　耿洪敏　校	23.00 元
职业优势：公共服务中的技能三角	[美] 詹姆斯·S. 鲍曼 等　著 张秀琴　译　音正权　校	19.00 元
全球筹款手册：NGO 及社区组织资源动员指南（第二版）	[美] 米歇尔·诺顿　著 张秀琴 等　译　音正权　校	39.80 元

公共政策经典译丛

书名	著译者	定价
公共政策评估	[美] 弗兰克·费希尔　著 吴爱明 等　译	38.00 元
公共政策工具——对公共管理工具的评价	[美] B. 盖伊·彼得斯 等　编 顾建光　译	29.80 元
第四代评估	[美] 埃贡·G. 古贝 等　著 秦霖 等　译　杨爱华　校	39.00 元
政策规划与评估方法	[加] 梁鹤年　著 丁进锋　译	39.80 元

当代西方公共行政学思想经典译丛

书名	编译者	定价
公共行政学中的批判理论	戴黍　牛美丽 等　编译	29.00 元
公民参与	王巍　牛美丽　编译	45.00 元
公共行政学百年争论	颜昌武　马骏　编译	49.80 元
公共行政学中的伦理话语	罗蔚　周霞　编译	45.00 元

公共管理英文版著作

书名	作者	定价
公共管理导论（第四版）	［澳］Owen E. Hughes （欧文·E. 休斯） 著	45.00 元
理解公共政策（第十二版）	［美］Thomas R. Dye （托马斯·R. 戴伊） 著	34.00 元
公共行政学经典（第五版）	［美］Jay M. Shafritz （杰伊·M. 莎夫里茨）等 编	59.80 元
组织理论经典（第五版）	［美］Jay M. Shafritz （杰伊·M. 莎夫里茨）等 编	46.00 元
公共政策导论（第三版）	［美］Joseph Stewart，Jr. （小约瑟夫·斯图尔特）等 著	35.00 元
公共部门管理（第九版·中国学生版）	［美］Grover Starling （格罗弗·斯塔林） 著	59.80 元
政治学（第三版）	［英］Andrew Heywood （安德鲁·海伍德） 著	35.00 元
公共行政导论（第五版）	［美］Jay M. Shafritz （杰伊·M. 莎夫里茨）等 著	58.00 元
公共组织理论（第五版）	［美］Robert B. Denhardt （罗伯特·B. 登哈特） 著	32.00 元
公共政策分析导论（第四版）	［美］William N. Dunn （威廉·N. 邓恩） 著	45.00 元
公共部门人力资源管理：系统与战略（第六版）	［美］Donald E. Klingner （唐纳德·E. 克林纳）等 著	48.00 元
公共行政与公共事务（第十版）	［美］Nicholas Henry （尼古拉斯·亨利） 著	39.00 元
公共行政学：管理、政治和法律的途径（第七版）	［美］David H. Rosenbloom （戴维·H. 罗森布鲁姆）等 著	68.00 元
公共经济学：政府在国家经济中的作用	［美］Randall G. Holcombe （林德尔·G. 霍尔库姆） 著	62.00 元
领导学：理论与实践（第六版）	［美］Peter G. Northouse （彼得·G. 诺斯豪斯） 著	45.00 元

图书在版编目（CIP）数据

非营利组织管理/（美）盖拉特著；邓国胜等译. —北京：中国人民大学出版社，2012.12
（“十二五”国家重点图书出版规划项目　公共行政与公共管理经典译丛. 经典教材系列）
ISBN 978-7-300-16811-1

Ⅰ.①非…　Ⅱ.①盖…②邓…　Ⅲ.①社会团体-管理-教材　Ⅳ.①C912.2

中国版本图书馆 CIP 数据核字（2012）第 304030 号

公共行政与公共管理经典译丛
经典教材系列
“十二五”国家重点图书出版规划项目
非营利组织管理
［美］詹姆斯・P・盖拉特（James P. Gelatt）　著
（繁体版）张誉腾　桂雅文 等　译
（简体版）邓国胜 等　译
Feiyinglizuzhi Guanli

出版发行	中国人民大学出版社		
社　　址	北京中关村大街 31 号	**邮政编码**	100080
电　　话	010－62511242（总编室）		010－62511770（质管部）
	010－82501766（邮购部）		010－62514148（门市部）
	010－62515195（发行公司）		010－62515275（盗版举报）
网　　址	http://www.crup.com.cn		
经　　销	新华书店		
印　　刷	北京宏伟双华印刷有限公司		
开　　本	185 mm×260 mm　16 开本	**版　　次**	2013 年 1 月第 1 版
印　　张	13.5 插页 2	**印　　次**	2020 年 11 月第 3 次印刷
字　　数	304 000	**定　　价**	38.00 元